中国社会科学院创新工程学术出版资助项目

中国哲学社会科学学科发展报告·当代中国学术史学系列

商法基础理论研究的新发展

NEW DEVELOPMENT OF BASIC THEORIES OF COMMERCIAL LAW

邹海林　张　辉●著

中国社会科学出版社

图书在版编目（CIP）数据

商法基础理论研究的新发展 / 邹海林等著 . —北京：中国社会科学
出版社，2013. 12
　（中国法学新发展系列丛书）
　ISBN 978 - 7 - 5161 - 3887 - 8

　Ⅰ. ①商…　Ⅱ. ①邹…　Ⅲ. ①商法 - 研究　Ⅳ. ①D913. 990. 4

　中国版本图书馆 CIP 数据核字（2014）第 011894 号

出 版 人　赵剑英
责任编辑　任　明
责任校对　周　昊
责任印制　李　建

出　　版　中国社会科学出版社
社　　址　北京鼓楼西大街甲 158 号　（邮编 100720）
网　　址　http：//www. csspw. cn
　　　　　中文域名：中国社科网　　　010 - 64070619
发 行 部　010 - 84083685
门 市 部　010 - 84029450
经　　销　新华书店及其他书店

印　　刷　北京奥隆印刷厂
装　　订　北京市兴怀印刷厂
版　　次　2013 年 12 月第 1 版
印　　次　2013 年 12 月第 1 次印刷

开　　本　710 × 1000　1/16
印　　张　17. 5
插　　页　2
字　　数　293
定　　价　50. 00 元

总　序

当今世界正处于前所未有的激烈的变动之中，我国正处于中国特色社会主义发展的重要战略机遇期，正处于全面建设小康社会的关键期和改革开放的攻坚期。这一切为哲学社会科学的大繁荣大发展提供了难得的机遇。哲学社会科学发展目前面对三大有利条件：一是中国特色社会主义建设的伟大实践，为哲学社会科学界提供了大有作为的广阔舞台，为哲学社会科学研究提供了源源不断的资源、素材。二是党和国家的高度重视和大力支持，为哲学社会科学的繁荣发展提供了有力保证。三是"百花齐放、百家争鸣"方针的贯彻实施，为哲学社会科学界的思想创造和理论创新营造了良好环境。

国家"十二五"发展规划纲要明确提出："大力推进哲学社会科学创新体系建设，实施哲学社会科学创新工程，繁荣发展哲学社会科学。"中国社会科学院响应这一号召，启动哲学社会科学创新工程。哲学社会科学创新工程，旨在努力实现以马克思主义为指导，以学术观点与理论创新、学科体系创新、科研组织与管理创新、科研方法与手段创新、用人制度创新为主要内容的哲学社会科学体系创新。实施创新工程的目的是构建哲学社会科学创新体系，不断加强哲学社会科学研究，多出经得起实践检验的精品成果，多出政治方向正确、学术导向明确、科研成果突出的高层次人才，为人民服务，为繁荣发展社会主义先进文明服务，为中国特色社会主义服务。

实施创新工程的一项重要内容是遵循哲学社会科学学科发展规律，完善学科建设机制，优化学科结构，形成具有中国特色、结构合理、优势突出、适应国家需要的学科布局。作为创新工程精品成果的展示平台，哲学社会科学各学科发展报告的撰写，对于准确把握学科前沿发展状况、积极推进学科建设和创新来说，是一项兼具基础性和长远性的重要工作。

中华人民共和国成立以来，伴随中国社会主义革命、建设和改革发展的历史，中国特色哲学社会科学体系也处在形成和发展之中。特别是改革开放以来，随着我国经济社会的发展，哲学社会科学各学科的研究不断拓展与深化，成就显著、举世瞩目。为了促进中国特色、中国风格、中国气派的哲学社会科学观念、方法和体系的进一步发展，推动我国哲学社会科学优秀成果和优秀人才走向世界，更主动地参与国际学术对话，扩大中国哲学社会科学话语权，增强中华文化的软实力，我们亟待梳理当代中国哲学社会科学各学科学术思想的发展轨迹，不断总结各学科积累的优秀成果，包括重大学术观点的提出及影响、重要学术流派的形成与演变、重要学术著作与文献的撰著与出版、重要学术代表人物的涌现与成长等。为此，中国社会科学出版社组织编撰"中国哲学社会科学学科发展报告"大型连续出版丛书，既是学术界和出版界的盛事，也是哲学社会科学创新工程的重要组成部分。

"中国哲学社会科学学科发展报告"分为三个子系列："当代中国学术史"、"学科前沿研究报告"和"学科年度综述"。"当代中国学术史"涉及哲学、历史学、考古学、文学、宗教学、社会学、法学、教育学、民族学、经济学、政治学、国际关系学、语言学等不同的学科和研究领域，内容丰富，能够比较全面地反映当代中国哲学社会科学领域的研究状况。"学科前沿研究报告"按一级学科分类，每三年发布，"学科年度综述"每年度发布，并都编撰成书陆续出版。"学科前沿研究报告"内容包括学科发展的总体状况，三年来国内外学科前沿动态、最新理论观点与方法、重大理论创新与热点问题，国内外学科前沿的主要代表人物和代表作；"学科年度综述"内容包括本年度国内外学科发展最新动态、重要理论观点与方法、热点问题，代表性学者及代表作。每部学科发展报告都应当是反映当代重要学科学术思想发展、演变脉络的高水平、高质量的研究性成果；都应当是作者长期以来对学科跟踪研究的辛勤结晶；都应当反映学科最新发展动态，准确把握学科前沿，引领学科发展方向。我们相信，该出版工程的实施必将对我国哲学社会科学诸学科的建设与发展起到重要的促进作用，该系列丛书也将成为哲学社会科学学术研究领域重要的史料文献和教学材料，为我国哲学社会科学研究、教学事业以及人才培养作出重要贡献。

王伟光

中国法学新发展系列丛书
编 委 会

《中国法学新发展系列》序

历史给了中国机会，而我们在场。历史正在给中国法治进步和法学繁荣以机会，而我们正好在场。回首历史，恐怕没有哪个时代会像当今那样，给了法学研究者这样多的可以有所作为也必须有所作为的机会与责任。社会发展需要法治进步，法治进步需要法学繁荣。我们真的看到，在社会发展和法治进步的期望与现实的交织作用下，在以改革、发展、创新为时代价值的理论生成机制中，中国法学的理论建树与学科建设均呈现出前所未有的成就，其具体表现是那样的明显以至于任何法学研究者均可随意列举一二。因此，在中国法学的理论形成与学科发展的场域中，我们有足够的与我们学术努力与事业贡献相关的过程与结果事例作为在场证明。

但是，我们作为法学研究者，是否对我们的理论创造过程以及这一过程的结果，特别是这一过程中的自己，有着十分清醒与充分准确的认识，这恐怕不是单靠态度端正或者经验丰富就能简洁回答的问题。在当前的学术习惯中，对法学研究成果的认识与评价缺乏总体性和系统性，往往满足于某项单一指标的概括标识和简要评述。对于法学研究成果，通常依赖著述发表载体、他引次数、获奖等级等指标进行衡量；对于法学研究过程，通常要在教科书的理论沿革叙述、项目申报书的研究现状描述中获得了解；对于法学研究主体，通常要靠荣誉称号、学术职务甚至行政职务予以评价。（当然，这种学术习惯并不为法学专业所专有，其他学科亦然。）这些指标都是有用的，作为一定范围或一定用途的评价依据也是有效的。但是，这些指标也都是有局限的，都是在有目标限定、范围限定和方法限定的体系中发挥着有限的评价功能。由于这些指标及其所在评价体系的分散运作，其运作的结果不足以使我们在更宏大的视野中掌握中国法学的理论成就和学科发展的整体状况，更不足以作为我们在更深入的层次上把握法学研究与学科建设规律性的分析依据。然而，这种对法学理论与学科现状的整体掌握，对法学研究与学科规律性的深入把握，都是十分重要的，因为这是法学研究者得以自主而有效地进行学术研究的重要前提。因其对法学理论与学科现状的整体掌握和对法学研究与学科建设规律性的深入把握，法学研究者才能在法学的理论形成与学科发展的过程中，明晰其理论生长点的坐标、学术努力的方向和能动创造的维度，从而做出有效的学术贡献，而不是兴之所至地投入理论形成机制中，被法学繁荣的学术洪流裹挟前行。为有效的法学研究助力，这就是我们为什么要撰写中国法学的学科新发展系列丛书的初衷。

在规划和撰写本系列丛书时，我们对"学术研究的有效性"予以特别的关注和深入的思考。什么是"有效的"学术研究，"有效的"学术研究有何意义，如何实现"有效的"学术研究，如此等等，是始终萦绕本系列丛书整个撰写过程的思维精灵。探求学术研究的有效性，不是我们意图为当今的学术活动及其成果产出设置标准，实在是为了本系列丛书选粹内容而设置依据，即究竟什么才是理论与学科"新发展"的判断依据。

首先，有效的法学研究是产生创新性成果的研究，而不是只有重复性效果的研究。学术研究的生命在于创新，法学研究的过程及其成果要能使法学理论得以丰富，使法治实践得以深入，确能实现在既有学术成果基础上的新发展。但由于读者、编辑甚而作者的阅读范围有限或者学术记忆耗损，许多只能算作更新而非创新的法学著述仍能持续获得展示机会，甚而旧作的迅速遗忘与新作的迅速更新交替并行。法学作为一门应用性很强的学科，观点或主张的反复阐释固然能加深世人印象并有助于激发政策回应，但低水平重复研究只能浪费学术资源并耗减学术创新能力，进而会降低法学研究者群体的学术品格。通过与最新的法学研究既有成果进行再交流与再利用，有助于识别与判定法学理论创新的生长点，从而提高法学知识再生产的创新效能。

其次，有效的法学研究是有真实意义的研究，而不是只有新奇效应的研究。法学应是经世致用之学，法学研究应当追求研究成果的实效性，其选题确为实际中所存在而为研究者所发掘，其内容确能丰富法学理论以健全人们的法治理念、法治思维与法治能力，其对策建议确有引起政策回应、制度改善的可能或者至少具有激发思考的价值。当然，法学研究不断取得发展的另外一个结果就是选题愈加困难，法学研究者必须不断提高寻找选题的学术敏感性和判断力以应对这种局面，而不是在选题的闭门虚设与故作新奇上做功夫。谁也不希望在法学研究领域也出现"标题党"与"大头军",无论是著述标题亮丽而内涵无着的"标题党",还是题目宏大而内容单薄的"大头军",都不可能成为理论创新的指望。力求真实选题与充实内容的质朴努力,才是推进有效的法学研究的主要力量。

再次,有效的法学研究是有逻辑力量的研究,而不是只有论断效用的研究。法学研究的创新并不止步于一个新理论观点的提出或者一个新制度措施的提倡,而是要通过严格的论据、严谨的论证构成严密的论点支撑体系,由此满足理论创新的逻辑自洽要素。法学创新的判断标准实质上不在于观点新不新,也不在于制度建议是不是先人一步提出,而是在于新观点、新建议是否有充分的逻辑支持和清晰的阐发论述。因为缺乏论证的新观点只能归属于学术武断,而学术武断只能引起注意却不能激发共鸣。法学研究者常常以其学术观点或制度建议被立法采纳作为其学术创新及其价值的证明,其实在理论观点或制度建议与立法采纳之间,很难确立以特定学者为连接点的联系,即使能够建立这种联系,导致立法采纳的原由也并不在于观点或建议的新颖性,而在于观点或建议的论证充分与表述清晰。

第四,有效的法学研究是有利他效应的研究,而不是只有自我彰显效能的研究。在法学研究的运作机制中,学术成果固然是学者个人学术创造力的结晶,其学术影响力是作品的学术质量与作者的学术声誉的综合评判,但学术成果的正向价值却是其学术影响力的本质构成要素。法学研究成果必须有益于法治进步、社会发展和人民福祉,也就是具有超越彰显个人能力与成就的利他效应。如果法学研究成果的形成目的只是在于作者的自我满足,或者其表达效果只有作者自己能够心领神会,其作用结果无益于甚至有损于法治进步、社会发展和人民福祉,那就绝不能视为有效的法学研究。所以,坚守学术成果的正向价值,提高具有正向价值的学术成果的可接受性,是实现法学研究有效性的根本要件。

本系列丛书最为主要的撰写目的,就是通过对一定时期我国法学研究成果的梳理与选粹,在整体上重构我国法学研究既有成果的表述体系,从中析出确属"新发展"的内容成分并再行彰显,以有助于对中国法学研究现状的整体掌握与重点检索,从而促使当今的法学研究能够实现如上所述的有效性。在此主要目的之外,还有一些期望通过本系列丛书达到的目的。诸如其一,有助于提高法学专业学生的学习效率与研读效果。本系列丛书将法学二级或三级学科在近期的知识积累和学术发展予以综合、梳理和评价，从而构成一般法学教科书之外并超越一般法学教科书的知识文本体系。通过阅读本系列丛书，可以更为系统准确地掌握中国法学某一领域的知识体系、学术重点、研究动态、理论沿革、实践效果以及重要学者。其二，有助于强化法学研究人员的学术素质养成。一个学者能够完成法学某个二级学科或三级学科新发展的撰写，就一定会成为这个法学二级学科或三级学科的真正专家。因为他或她要近乎被强迫地对该学科领域学术著述进行普遍阅读，由此才能谈得上对该学科领域新发展的基本把握；要深下功夫对该学科领域的各种学术事件和各家理论观点进行比较分析，由此才能做出是否确属法学新发展的准确判断。通过对法学某个二级学科或三级学科新发展的撰写，可以提高作者对法学研究成果的学术判断力和法学科研规律的认识能力。其三，有助于加强科研人才队伍建设。本系列丛书的主要作者或主编均为中国社会科学院法学研究所和国际法研究所的科研人员，通过本系列丛书的撰写，不仅使法学所和国际法所科研人员的个人科研能力获得大幅度提升，也使得法学所和国际法所的科研人员学科布局获得质量上的均衡，从而使法学所和国际法所的整体科研能力获得大幅度提高。说来有些自利，这也是法学所和国际法所何以举两所之力打造本系列丛书的重要原因之一。

本系列丛书以法学某个二级或三级学科作为单本书的撰写范围，基本上以《××学的新发展》作为书名，如《法理学的新发展》、《保险法学的新发展》等。如果不便称之为"××学的新发展"，便以《××研究的新发展》作为书名，如《商法基础理论研究的新发展》。本系列丛书的规划初衷是尽可能的涵括所有的法学二级学科或三级学科，但由于法学所和国际法所现有科研人员的学科布局并不完整，尤其是从事不同法学二级或三级学科研究的科研人员的素质能力并不均衡，即使联合外单位的一二学界同道助力，最终也未能实现本系列丛书涵括范围的完整性。这种规划上的遗憾再次提醒我们，加强科研队伍建设，既要重视科研人员个体科研能力的提高，也要重视一个机构整体科研能力的提高。我们希望，如果五年或十年之后再行撰写中国法学新发展系列丛书时，其所涵括的法学二级或三级学科将会更多更周延。

本系列丛书对各个法学二级或三级学科研究成果的荟集范围，限于2000年至2012年间已发表的专业著述。既然阐释学科新发展，总得有一个适当的标定期间范围。期间太短，则不足以看清楚学科新发展的内容、要点、意义与轨迹；期间太长，则不便称之为学科的"新发展"。本系列丛书选萃材料的发表期间截止为 2012 年，这是本系列丛书的撰写规划年份，也是能够从容荟集材料并析出其中"新发展"要素的最近年份；本系列丛书选萃材料的发表期间起始为 2000 年，倒不是因为 2000 年在法学研究的学术历史中有什么特别意义，只是因为前至到 2000 年能够确立一个易于阐释学科新发展的适当期间。当然，人们通常认为 2000 年是新世纪的起点，以 2000 年为起始年份，多少有些借助万象更新好兆头的意思。

　　本系列丛书中每本书的具体内容由其作者自行把握，在丛书规划上只是简略地做出一些要求。其一，每本书要从"史、评、论"三方面阐释一个法学二级或三级学科的新发展。所谓"史"，是指要清晰地描述一个学科的发展脉络与重要节点，其中有意义的学术事件的起始缘由与延续过程，重点理论或实践问题研究的阶段性结果，以及各种理论观点的主要内容与论证体系，特别是各种观点之间的起承转合、因应兴替。所谓"评"，是指对一个学科的学术事件和各家观点予以评述，分析其在学术价值上的轻重，在理论创新上的得失，在实践应用上的可否。所谓"论"，是指作者要对撰写所及的该学科重要理论或实践问题阐释自己的看法，提出自己的观点并加以简明论证。"史、评、论"三者的有机结合，可以使本系列丛书摆脱"综述大全"的单调，提升其作为学术史研究的理论价值。这里特别需要说明的是，因本书撰写目的与方法上的限定，"论必有据"中"据"的比重较大，肯定在重复率检测上会获得一个较高的数值。对属于学术史研究的著述而言，大量而准确地引用学界既有论述是符合学术规范的必要而重要之举。可见，重复率检测也是很有局限性的原创性判定方法，本系列丛书的重复率较高并不能降低其原创性。其二，每本书要做一个本学科的关键词索引，方便读者对本书的检索使用。现在的大多数学术著作欠缺关键词索引，不方便读者尤其是认真研究的读者对学术著作的使用。本系列丛书把关键词索引作为每本书的必要构成，意在完备学术规范，提高本系列丛书在学术活动中的利用价值。其三，每本书在其书后要附上参考资料目录。由于 2000 至 2012 年间的法学著述洋洋洒洒、蔚为大观，在确定参考资料目录上只得有数量限制，一般是每本书所列参考资料中的学术论文限 100 篇，学术专著限 100 本，只能少列而不能多列。这种撰写要求的结果，难免有对该学科学术成果进行重要性评价的色彩。但因作者的阅读范围及学术判断力难以周全，若有"挂百漏万"之处，万望本系列丛书的读者海涵。

中国社会科学院正在深入推进的哲学社会科学创新工程，是哲学社会科学研究机制的重大改革。其中一项重要的机制性功能，就是要不断提高科研人员和科研机构的科研效能、科研效率与科研效果。深入系统地掌握具体学科的发展过程与当前状况，不仅是技术层面的学术能力建设，更是理念层面的学术能力建设。因为对既有科研过程和学术成果的审视与省察，可以强化科研人员的学术自省精神和学者社会责任，从而提高理论创新的动力与能力。中国社科出版社以其专业敏锐的学术判断力，倾力打造学科新发展系列图书，不仅是"中国法学新发展系列丛书"的创意者，更是本系列丛书的规划者、资助者和督导者。正因法学所、国际法所与中国社科出版社之间的良性互动，本系列丛书才得以撰写完成并出版面世。可见，科研机构与出版机构之间的良性互动与真诚合作，确是学术创新机制的重要构成。

陈 甦

2013 年 7 月 1 日于北京

目　　录

第一章

商法研究的基本情况

第一节　商法研究的状况

中国的商法及商法学从 1949 年新中国成立到现在，经历了一个曲折的发展历程。自 1949 年到 1978 年近三十年间，与其他法律学科相比，中国商法及商法学的发展陷入了前所未有的低谷。"自 1949 年后，通过对私有财产的社会主义改造，逐步建立了国家所有和集体所有的社会主义公有制。以社会主义公有制为基础，我国实行高度集中的计划经济体制。高度集中的计划经济体制，排斥商品的流通和市场的竞争，有关商品的流通和市场的竞争的规则没有存在的空间，以民商法为核心的私法制度，难以融入以计划经济为基础的社会生活中来。我国在计划经济时代，若论及商法，那简直是无的放矢；在计划经济时代，不仅没有适用商法的需要，而且连商法的观念都被遗忘了。"① 立法者完全忽视这一法律部门的存在，无一高校开设与之相关的课程，理论著作也基本处于空白状态，"商法"一度成为了历史名词。特别是 1966—1976 年，法律虚无主义盛行，商法就更加成为被遗忘的角落，"商法学"几乎在中国内地绝迹。"我国从有大清商律开始，商法的历史至今将近一个世纪。但人们对商法的研究却没有这么长时间。以商法制度支撑的商法研究，由于商法历史在我国的中断，也不得不留下历史的空白。"②

但是，从中共十一届三中全会到中共十四大直至十七大，伴随着从

---

① 邹海林：《中国商法的发展研究》，中国社会科学出版社 2008 年版，第 1 页。
② 王保树：《带入 21 世纪的我国商法课题》，《法制日报》2000 年 1 月 2 日。

"扩大企业自主权"到"有计划的商品经济",再到"建设有中国特色社会主义市场经济体制",直到"构建和谐社会",中国的经济体制改革不断地向纵深方向发展,中国的商法和商法学由停滞走向复兴,由复兴步入昌盛,逐渐形成了一个具有中国特色的商法体系和重要的、独立的商法法学部门。① 商法是市场经济法律体系的重要组成部分,然而,从 2000 年至今,无论在商法的基础理论研究方面,还是商法的规范体系以及制度规范方面,中国的商法研究仍然存在很多问题。商法学者能够正视这些问题,并从理论和实践层面,寻求解决这些问题的路径,以推动中国的商法研究。

对于商法的基础理论研究状况,有学者指出,我国商法研究起步很晚,商法研究者的数量相较于民法可谓极其逊色,而这些有限的商法学者又绝大多数以公司、保险等商事部门法为研究方向。事实上商法研究者自身对商法基础理论缺乏起码的关注,或者说缺乏真正深入的关于商法理论体系的基础性学理研究。②

在商法的独立地位方面,因为存在"民商合一"与"民商分立"的争议,对商法及其商法学的独立发展产生了巨大的负面效应。有学者指出,"如果历史地看待商法,民商分立或者民商合一或许具有显著的意义,确实有争论的必要;但是现实地看待我国商法,这种争论是没有基础的。"③ 更有学者指出,商法在我国的地位与其所发挥的作用不相适应,商法和商主体的独立性问题一直在理论上没有解决。我们应当跳出"民商合一"、"民商分立"的理论陷阱,摈弃"简单商品生产完善的法"的不利影响,以现代市场经济为基础,构建符合我国经济发展的现代商法体系。④ "民商合一"抑或"民商分立",仅仅属于立法技术层面的争论,本来就不应当将之扩大适用于私法规范体系或者民商法体系的建构、解释与适用层面,从而在基础上影响商法的学科发展以及商法制度体系的建构

---

① 华中师范大学商法研究中心:《中国商法及商法学三十年》,《法学杂志》2009 年第 2 期。

② 范健、王建文:《商法论》,高等教育出版社 2003 年版,第 3 页。

③ 邹海林:《我国商法发展过程中的若干问题》,载《中日民商法研究》(第三卷),法律出版社 2005 年版。

④ 郑在义:《论我国商主体的法定化》,《国家检察官学院学报》2006 年第 3 期。

与发展。①

在商法的规范体系方面，有学者指出，由于商法典（或商事通则）的缺失，已有的商事单行法没有可以归属的上位法。这种大经济法的传统和商法典的缺失使得我国仅有的商事单行法中还包含着大量的经济法规范，甚至一些单行法规被划归经济法的行列之中。因此，现行法律中应当由商法调整的经济关系一部分由民法调整，一部分被经济法蚕食。② 还有学者明确指出了中国商法规范体系方面存在的问题：第一，"商法总则"性的规范缺位。第二，缺少体现效益与安全的统一法律原则。第三，商主体立法标准不一，缺乏开放性。第四，忽视"具体商行为"的特殊性，缺少"抽象商行为"规则。第五，商事登记立法分散，缺少统一理念与立法精神。第六，部分商事立法功能定位不清晰，妨害商事法律体系的完整性。第七，立法落后于商事实践，不利于健全商法体系。③

还有学者指出了商法研究方法、研究力量分布以及研究领域等存在的问题：（1）在研究方法上，缺乏对商法多角度、多维度的考察与审视，仅仅以具体制度研究为主，对于中国目前商业发展和商事行为的具体实践，关注得很不够，甚至有"贵族化"的倾向，很多学者把主要精力放在了对于外国商事制度的研究与比较，而忽略了对中国本土的研究和了解，因而，加强商法社会学研究，更多地吸收哲学、社会学、经济学、历史学和民法、经济法等相关学科的研究成果，吸收商业习惯，找出适合中国国情的商法发展道路，构建起一个具有中国特色的、更为科学、合理、务实的商法理论和法律体系，乃中国商法学者应当努力的方向。（2）在研究力量的分布上存在不均匀与不平衡的现象。学者们大多关注公司法、证券法等具体制度的研究，而对商法基础理论、票据法、保险法、金融法、商事登记、商事组织及其他商事领域的研究，则显得过于薄弱，有的学者对此甚至表现出不屑一顾的态度，这恐怕与利益驱使不无关系，也反映出学界研究触角的不敏锐。商法学者应当加大对基础理论和中国国情的研究力度，把中国的商法研究推向一个更高的阶段。（3）对一些领域的

---

① 邹海林：《中国商法的发展研究》，中国社会科学出版社2008年版，第8页。
② 郑在义：《论我国商主体的法定化》，《国家检察官学院学报》2006年第3期。
③ 范健：《论我国商事立法的体系化——制定〈商法通则〉之理论思考》，《清华法学》2008年第4期。

研究缺乏深度，比如，对于中国固有的商事制度和商业习惯，以及保险法、货币金融法等领域，应当进行比较深入、细致的研究，从中挖掘出一些能够为当前的商事立法、商事实践和理论研究提供有益的、可资借鉴的东西来。①

有不少学者对中国的商事立法模式进行了分析评价。"我国立法机关对于商法的技术处理采用的是单行商事法律的模式。此种立法模式以客观需要、务实实用、灵活简便为原则，而不受合一与分立的影响。在这种立法思想的指导下，我国已经制定了公司法、票据法、保险法、海商法等最主要的商事法律，虽无独立的商法典，但商事法律已趋完善。有的分立论者以市场经济需要商法调整为由，论证制定独立商法典的必要，这实际上是陷入了一个理论误区。事实上是我国虽无独立的商法典，但并不欠缺对商事关系的法律调整，只不过这种调整是由单行的商事法律来担负和完成的。系统的、单行的商事法律同样可以起到独立法典的作用。"② 当然，也有不同的声音表达了对我国商事单行法模式的不满意：一是立法缺少法典或基本法的统帅和指引，坚持单行法立法模式。这种立法模式具有灵活性、适用性和易变性等优势，但单行法之间的协调性和统一性明显不足，相互冲突、交叉乃至重复情况难以避免，不利于系统化和体系化商法制度的形成。二是大多商事单行法的制定带有应急性目的。这些单行法对解决我国在市场经济发展中出现的各种问题，满足规范商主体和商行为的基本需要发挥了重要作用。但这种应急性立法必然带有一定的盲目性，"在系统性、科学性、前瞻性和国际性方面还存在一定的不足"。三是商事法律制度构建缺少核心概念的支撑。众所周知，商人和商行为是近现代商法的两大核心概念，我国商事立法至今未对此作出法律规定，明显有悖于大陆法系国家的商法都是在这两大核心概念的基础上构建制度体系的传统做法。四是商事法律制度体系缺少基础性制度的支撑。商法有关商事登记、商号、营业、商业账簿、商业辅助人（包括商事代理、代理商、商业使用人等）等制度的规定，构成了商法制度体系的基础性制度。这些制度都

---

① 华中师范大学商法研究中心：《中国商法及商法学三十年》，《法学杂志》2009 年第 2 期。

② 石少侠：《我国应实行实质商法主义的民商分立——兼论我国的商事立法模式》，《法制与社会发展》2003 年第 5 期。

是有关商人的基础性制度，各国商法都将其作为一般商事规则进行规定。作为商法的基础性制度，不仅对商法的其他特殊制度发挥一般适用和补充适用的一般法作用，以此确保法律制度的体系化和系统性，而且作为商人建立基本商事制度的兜底规则，仍然是没有被特殊类型化的商人（公司、企业等）须遵循的规则。由于我国目前既没有商法典，也没有商事基本法，以个别领域调整为特征的商事单行法不可能对这些适用于所有商人的基础性制度作出规定，不能不说是制度体系中的一大缺憾。①

第二节　商法研究的主要问题

从 2000 年至今，尽管商法的独立性一直遭到质疑，商事一般法仍然阙如，但商法学者依然孜孜不倦地从事着商法基础理论的研究工作。从商法的体系化，到商法的具体制度，国外商事法中的制度规则对中国商法的借鉴，在中国的商法研究中几乎都有相应的体现，这也为中国商法的未来发展提供了充分的理论准备。以下将 21 世纪以来，中国商法研究的主要问题列出，以供参考。

1. 我国商法体系的构建问题。这个问题的核心为商法的独立性，以及与之有关的商法的结构体系。在技术层面，学者主要讨论的仍然是我国商法的范围、我国商法体系的构建方式，诸如采取商法典的方式，还是商法通则的方式，或者保持目前的商事单行法现状等。商法学者持续性地主张制定我国的商事通则，并在拟议的商法通则的基础上，力图找寻出我国商事立法的新的出路。当然，商法体系的构建不单纯是个学术问题。

2. 民商分立与民商合一问题。民商合一还是民商分立的讨论，一直是中国民商法学界关注的焦点问题。在这一点上，不仅民法学者与商法学者之间存在不同看法，甚至商法学界内部也有不同的声音。争论归争论，但学者应当注意的是，民商合一或者民商分立究竟对我国商法的独立发展会产生什么样的效果，这个问题究竟是否为我国商法的核心问题或者我国商法发展必须解决的问题。当然，有不少学者认为，这个问题关系到中国商法未来应采取哪种体系化方法的问题。

---

① 王作全：《中国特色社会主义法律体系中的商法立法分析——兼论商法的存在价值》，《青海社会科学》2011 年第 5 期。

3. 商法的基本原则。这个问题的焦点是商法有无基本原则和商法的基本原则的内容与表现形式。学者已就商法基本原则的地位、内容以及对各项具体商法原则的含义、在商事单行法中的表现等做了相应的研究，但争议还是比较明显的。

4. 商主体制度。我国学者就商主体与企业概念的选择、商主体的内涵、类型及其法律适用规则、商主体法律规范的构建等进行了广泛的研究，其中还有关于流动商贩的法律地位，即是否纳入商个人的法律规范中，还是按照自然人的法律属性对其行为进行规范等问题。不少学者认为，商主体问题是中国商事立法亟须解决的现实问题。但从学者研究的技术层面看，关于商主体的研究基本上立足于商事单行法，对于我国商法基础理论的推动究竟产生了怎样的效果，还需要做更深入的分析和研究。

5. 商行为制度。我国学者就商行为的内涵、商行为的独立性、特征、性质、类型化以及中国商行为法律规范存在的问题和重构等进行了持续的研究。商行为理论是商法学体系中的基本理论，而且多数学者都认同商行为制度是我国商法存在的基础。但是，商行为制度的研究成果是否切合我国商法发展的实践，是否已经形成我国商法的基本理论体系，仍然具有相当程度的不确定性。

6. 商事登记制度。学者研究的内容，包括商事登记的概念、性质、功能、法律效力、管理体制以及商事登记的立法模式、法律规范体系等。其中，主体资格与营业资格的分离问题以及分离方法，是中国商事登记制度的核心问题之一。

7. 营业制度。学者研究的内容，包括营业在商法上的地位、营业财产的认定标准及其构成、营业转让等。这其中，学者重点研究了营业财产的范围、营业转让合同以及营业转让中的债权人保护等问题。

8. 商事责任。学者对商事责任的研究，主要集中于商事责任相对于民事责任的地位、商事严格责任的法律表现以及商事责任的法律安排、具体规则等。总体上，商事责任的研究还主要是漂浮于民事责任制度之上，尚缺乏构建商事责任体系化的理论和路径，估计与我国商事单行法规定的"商事责任"进行理论提炼的深度和广度不够有关，而且也没有引起商法学者的高度关注。

9. 商事审判。商事审判是一个相对崭新的商法课题，学者围绕着商事审判的独立性、商事法庭或商事法院的设置、商事审判程序的建构以及商事审判理念等，进行了持续性的研究，产生了一定的效果。其中，有关在中国设置独立的商事法庭和运行有特点的商事审判程序的研究，不仅是理论问题，更具有重要的实践意义；尤其是有关商事审判理念的塑造，对于推动我国商法及其学说的发展，更具有价值。

第三节　商法研究的成果

自 2000 年以来，商法研究的成果通过公开出版的商法基础理论研究专著、商法学教材以及学术论文等形式展现出来。据粗略统计，有关商法基础理论的论文和研究报告有八百余篇，专著和教材百余部。

商法基础理论研究专著，主要有：高在敏：《商法的理念与理念的商法》，陕西人民出版社 2000 年版；赵万一：《商法基本问题研究》，法律出版社 2002 年版；张家镇等编：《中国商事习惯与商事立法理由书》，中国政法大学出版社 2003 年版；范健：《德国商法：传统框架与新规则》，法律出版社 2003 年版；范健、王建文：《商法的价值、源流及本体》，中国人民大学出版社 2004 年版；黄晓林：《商法总论》，齐鲁书社 2004 年版；张民安、龚赛红：《商法总则》，中山大学出版社 2004 年版；任尔昕、石旭雯：《商法理论探索与制度创新》，法律出版社 2005 年版；顾肖荣：《商法的理念与运作》，上海人民出版社 2005 年版；彭真明、常健、江华：《商法前沿问题研究》，中国法制出版社 2005 年版；范健、王建文：《商法基础理论专题研究》，高等教育出版社 2005 年版；陈醇：《商行为程序研究》，中国法制出版社 2006 年版；谢怀栻：《外国民商法精要》，法律出版社 2006 年版；苗延波：《中国商法体系研究》，法律出版社 2007 年版；魏国君等：《变革中的平衡——中国商事法律制度更新初探》，法律出版社 2007 年版；王保树：《商法总论》，清华大学出版社 2007 年版；于新循：《现代商人法纵论——基本理论体系的探寻与构建》，人民法院出版社 2007 年版；雷兴虎：《商主体法基本问题研究》，中国检察出版社 2007 年版；王璟：《商法特性论》，知识产权出版社 2007 年版；张民安：《商法总则制度研究》，法律出版社 2007 年版；童列春：《商法学基础理论建构：以商人身份化、行为制度化、财产功能化为基点》，法律出版社 2008 年版；邹海林主编：《中国商法的发展研究》，中国社会科学出版社 2008 年版；苗延波：《商法通则立法研究》，知识产权出版社 2008 年版；

李平主编：《商法基本理论问题研究》，四川大学出版社 2007 年版；全先银：《商法上的外观主义》，人民法院出版社 2007 年版；石少侠：《商法思考的印迹》，中国检察出版社 2008 年版；童兆洪：《商事审判的理论思辨》，人民法院出版社 2008 年版；石玉颖主编：《商事登记制度与实践》，中国工商出版社 2009 年版；王建文：《中国商法立法体系：批判与建构》，法律出版社 2009 年版；王保树主编：《中国商法》，人民法院出版社 2010 年版；周晖国：《商法本位论：商法作为独立法律部门的内在依据》，法律出版社 2010 年版；郭晓霞：《商行为与商主体制度研究》，中国人民公安大学出版社 2010 年版；王妍：《商事登记中公权定位与私权保护问题研究》，法律出版社 2011 年版；等等。

商法方面的教材，主要有：任先行、周林彬：《比较商法导论》，北京大学出版社 2000 年版；范健主编：《商法》，高等教育出版社、北京大学出版社 2002 年第 2 版；李黎明等：《商法教程》，首都经济贸易大学出版社 2002 年版；林嘉主编：《商法总论教学参考书》，中国人民大学出版社 2002 年版；赵万一：《商法学》，中国法制出版社 2002 年版；范健、王建文：《商法论》，高等教育出版社 2003 年版；赵金龙：《商法学》，中国财政经济出版社 2004 年版；官欣荣：《商法原理》，中国检察出版社 2004 年版；赵旭东主编：《商法学教程》，中国政法大学出版社 2004 年版；刘永军：《商法学》，中国政法大学出版社 2004 年版；柳经纬、刘永光：《商法总论》，厦门大学出版社 2004 年版；施天涛：《商法学》，法律出版社 2004 年版；覃有土主编：《商法学》，高等教育出版社 2004 年版；高在敏等：《商法》，法律出版社 2006 年版；高在敏、王延川、程淑娟：《商法》，法律出版社 2006 年版；樊涛、王延川：《商法总论》，知识产权出版社 2006 年版；王保树：《商法总论》，清华大学出版社 2007 年版；叶林主编：《商法学原理与案例教程》，中国人民大学出版社 2007 年版；赵中孚主编：《商法总论》，中国人民大学出版社 2007 年第 3 版；赵万一：《商法》，中国人民大学出版社 2009 年版；陈本寒主编：《商法新论》，武汉大学出版社 2009 年版；等等。

第 二 章

商法的体系化

第一节　商法的独立性

一　商法的独立性发展：历史的视角

我国商法的发展，离不开对大陆法系商法的历史脉络的考察，尤其是商法理论。

罗马法作为调整商品经济关系的私法，包含了若干商法规范，但罗马法中的商法并未形成独立于民法的特殊规则体系。这是因为这一时期没有形成区别于一般法律主体的商人阶层，实质商法尚未诞生与独立，商品经济关系仅仅作为传统民事关系的附庸而存在。在价值观念和政策上，商人和商业是被抑制的。在罗马帝国后期，这一政策表现得最为明显，从而导致了有限的商人数量迅速降低。在实行庄园制的中世纪前期的西欧，尽管已存在具有一定影响力的商人，但商品交换并未形成规模，商人也尚未形成独立的阶层。[①] 在商业发展的刺激下，一些原本依附于庄园的农民脱离庄园选择了经营商业，并逐渐发展成为专职商人。随着流浪商人的不断发展以及城市和市集的逐步复兴，商人阶层逐渐在西欧社会形成。于是，"商"以其独有的特征开始区别于传统市民社会，在商人阶层和商事行为中所形成的一系列习惯、精神和价值得以普遍确立，"实质商法"完成了

---

① 赵立行：《商人阶层的形成与西欧社会转型》，中国社会科学出版社 2004 年版，第 17—28 页。

自身的独立，并伴随商事活动的发展而延续和存在。①

　　毫无疑问，商法的独立性有其特定的历史场景，但从历史的商法出发，是否能为我国商法的独立发展找到理论上的支撑，仁者见仁、智者见智。尤其是，我国商法的发展环境已经全然不同于历史的商法所处的环境，难以从历史的角度找到我国商法独立发展的支撑点。有学者指出，"法学家们如果把理论的满足置于现实之上，虚拟出一个实在的商法，除可能对现实造成损害之外，没有根基的楼阁更终究会倒塌的。"②

二　商法的独立性发展：学者的视角

　　我国商法学界有相当多的学者将商法的法典化形式与我国商法的独立与否联系在一起，似乎没有商法典或者商事通则，就没有独立的商法。事实上，我们没有任何理由担心欠缺商法典或商事通则的我国商法，会失去其独立地位。我国商法的独立发展并不依赖于形式意义上的商法典，这已经是商法学者的普遍认识。

　　商法的独立并不取决于有无法典，商法的功能与作用的发挥也并不以统一法典的存在为前提。③ 以形式理性考量，商法实质上难以独立，形式渊源亦表现为民商统一趋势，商事部门不应再单独制定基本法。商法站在现实主义的角度，以民法典为核心的商事部门分别立法模式也是必然选择。④ 我们不应当将独立性要求过于绝对化，独立性要求并不否定民法与商法之间的联系，一个形式独立的商法仍然需要以民法为一般法，因此商事立法体系的独立性仅是一种相对独立。⑤

---

　　① 范健：《论我国商事立法的体系化——制定〈商法通则〉之理论思考》，《清华法学》2008 年第 4 期。

　　② 史际春、陈岳琴：《论商法》，《中国法学》2001 年第 4 期。

　　③ 石少侠：《我国应实行实质商法主义的民商分立——兼论我国的商事立法模式》，《法制与社会发展》2003 年第 5 期。

　　④ 周友苏、钟凯：《"商事通则"：纠缠在历史与现实中的误会——兼议私法的统一及其现代化》，王保树主编《中国商法年刊（2007）》，北京大学出版社 2008 年版，第 144 页。

　　⑤ 范健：《论我国商事立法的体系化——制定〈商法通则〉之理论思考》，《清华法学》2008 年第 4 期。

三 民法与商法的关系

至于民法和商法的关系，一般认为，商法是民法的特别法，依照特别法优先于普通法的适用原则，凡有关商事的事项，应首先适用商法的特别规定，只有在商法未予明确规定的情况下，才适用民法的有关规定。[①] 有学者针对反对观点提出，如果否定民法与商法的关系是一般法与特别法的关系，那势必将一些最为一般的问题，诸如诚信原则、法人等，也要由商事法律作出规定。而这样做，势必造成立法上的浪费和法律规则间的不必要的冲突。[②]

但有学者指出，不宜轻言商法是民法的特别法，而是要重新思考和研究这个问题。理由是：（1）民法与商法的制定主体不是同一主体。因此，作为民法特别法的商法与民法一般法之间就不能适用所谓"特别法优于一般法"的原则。如果这个命题成立，在民法一般法与商法之间就不存在适用上的关系问题，也就失去了将商法作为民法特别法的任何现实意义。（2）从商法与民法之间的关系看，商法是相对独立于民法，且又是完全地独立于其他部门法的一个独立的法律部门，这里的"相对独立于民法"，从法律适用的层面上讲，也只仅仅是指民法总则部分所规定的民法的基本原则和法人制度、代理制度、民事法律行为等基本法律制度，以及属于民法范畴的《合同法》、《担保法》等民事单行法律可在商法中的适用问题，而与商法自身的体例、固有的原则、制度毫无关系。[③] 基于商事社会的到来，商法有成为一般法的趋势，因此，商法远非民法的一种特别法，而是已成为现代社会的一种基本法。而商法中之所以不规定私法中的一般性原则，而只是规定特殊性规则，纯粹是为了立法成本的节约，并不意味着商法就是民法的特别法。商法和民法具有不同的对象和方法，这

---

① 赵万一：《论民商法价值取向的异同及其对我国民商立法的影响》，《法学论坛》2003 年第 6 期。

② 王保树：《商事通则：超越民商合一与民商分立》，《法学研究》2005 年第 1 期。

③ 苗延波：《论商法的独立性》，《河南省政法管理干部学院学报》2008 年第 1 期。

使得商法成为与民法不同的法律部门。①

还有学者提出，商法教材编写中也应大胆抛弃"民法特别法"之通说，才能与时俱进。②"民法特别法"说不足为取，持"基本法"说之主张更科学些。③还有学者也认为，应该彻底扬弃商法乃民法之"特别法"理论，确立其作为"私法性质的商事基本法"观念，将商法的法律地位之认识提升到"具有私法性质的商事基本法"的高度，而作为商法的龙头法、一般法的"商事通则"也该相应地定位于调整市场经济的基本法来对待。④

有学者在论证《商法通则》时提出，《商法通则》乃民法典的特别法，凡是民法典已经规范了的有关民商事通用的原则、制度、规则，如合同制度、担保制度、民事法律关系体系，等等，《商法通则》均无必要予以重复规定，其必须规定的应当是那些民法典中尚未规定，或者民法典无须，或者本不属于民法典调整范畴的内容，如商法特有的基本原则、商法的适用范围和适用规则、商主体、商行为的基本形式和类型，等等。但是，应当重申的是：作为一个商事立法集合体的商法则不是民法的特别法。⑤

商法和民法的关系问题，若论及普通法和特别法的关系，也仅仅是为了应对法律规范的适用，丝毫不影响商法不同于民法的独立地位，也不影响商法学科的独立发展。在商法和民法的关系问题上，我们要看到它们之间所具有的共性，但更要看到它们之间存在的不可替代性。另有学者认为，不论学术上对于商法和民法的关系如何争论，我国商法相对于民法，仅仅是民法的理念、原则和制度包容和影响着商法的制度建构，以商事单行法表现的我国商法所代表的理念、原则和制度并不能被民法全部吸收；

---

① 王延川：《商法的独立性考察——以商法与民法的关系为对象》，《贵州大学学报》（社会科学版）2007年第4期。

② 任先行：《商法总论》，北京大学出版社、中国林业出版社2007年版，前言。

③ 官欣荣：《反思商法的法律地位——在制订〈商事通则〉的语境下展开》，《法学杂志》2009年第12期。

④ 官欣荣：《反思商法的法律地位——在制订〈商事通则〉的语境下展开》，《法学杂志》2009年第12期。

⑤ 苗延波：《论中国商法的立法模式（下）——兼论〈商法通则〉的立法问题》，《法学评论》2008年第2期。

相反，以商事单行法表现的我国商法，则普遍建构了自成体系的制度，事实上已经日益脱离民法而独立存在了。①

第二节　商法的渊源

商法渊源是对商行为具有约束力的法律规范效力的重要来源，是商事交易活动的重要法律依据。商法基于其调整瞬息万变的市场交易关系的特点，在坚持以成文法为基本渊源的同时，适当引入具有灵活性与适应性的判例法机制，并将商事习惯法作为重要的补充，应当是必要而且可能的。②

至于商法渊源的具体形式，有学者认为，主要为商事制定法、商事判例法、商事习惯法与商法学说，其中在大陆法系国家中，具有重要意义的是以商法典为代表的商事制定法。至于商事交易习惯在何种情况下具有效力以及效力的范围如何，商法典和商事法规通常都针对具体情况有不同规定。在大陆法系国家，尽管制定法占主导地位，但法官不再是消极地适用法律，在一定条件下法官也可造法。这主要是针对一些法律没有具体规定的情况，法官可以根据法律的基本原则，或从公平、正义等法律价值观念出发，对争议进行创造性的处理。此外，在大陆法系的部分国家，商法学理论著作、百科全书、法律期刊以及有关商法典和其他商事法规的学理评纂等，在商事交易的法律适用中也具有一定的指导意义。③

关于商事习惯的地位，一般认为，商事习惯在适用次序上劣后于民事法律的顺位。④ 使商事习惯和惯例发生法律效力的最为普通的方式是将其制定为合同的条款。商事习惯和惯例要得到法律的承认，它必须是确定的，从此意义上来说，它必须是业已确立的，众所周知的，以至于可以推定合同当事人据此签订了合同；它还必须是合理的，以至于理智和诚实的人愿意接受它。如果新的商事习惯和惯例一旦确立，只要它们符合确定

---

① 参见邹海林《中国商法的发展研究》，中国社会科学出版社 2008 年版，第 9 页。

② 范健：《我国〈商法通则〉立法中的几个问题》，《南京大学学报》2009 年第 1 期。

③ 同上。

④ 王保树：《商法总论》，清华大学出版社 2007 年版，第 67 页。

性、众所周知和合理性的要件，那么它们就可以获得司法承认。①

但也有学者认为，商事习惯一般应优先于民法适用，既符合商人自治、规则自足的逻辑，也一扫法官商业裁判时适用惯例之疑惑。当然，为杜绝不良商习之滥用，可增加一款限制："商事习惯不得与国家法律、行政法规、公序良俗原则相抵触。"针对民法的补充适用而言，在商事规范出现漏洞或规范穷尽处时，可明确规定对"本法未予规定者，依照民法补充适用"。②

关于商法的渊源，学者普遍认为不以我国制定的商事单行法为限，商事习惯应当成为商法渊源的组成部分。

第三节　民商合一与民商分立的选择

在我国商法学上，存在一个属于历史的、但又被学者们反复提及的论争："民商合一"与"民商分立"的对立。

一　民商合一模式

关于民商合一，我国学者从不同的角度进行诠释。

综观我国近年来的立法实践，很明显也是朝着民商统一的立法方向发展的，典型的如新颁布的统一合同法就是将传统的"商事合同"与"民事合同"融为一体，统一纳入民法调整的范围之内。因此我们选择民商合一，并不是基于一时的理论冲动，而是基于民法和商法在调整内容及调整方法上存在大量的相同点。具体说来，我国现阶段之所以要采取民商合一的立法体例，主要是基于以下几个方面的原因：第一，商法和民法在基本价值追求上具有重合性。第二，民法和商法在调整对象上具有不可区分性。第三，民商分立必须以民法的高度发达为条件，商法是在高度发达的民法因其自身条件的限制无力对现行社会经济关系作出全面调整时而产生的一个法律部门。目前我国的情况是，民法无论就其法典化还是就其理论研究本身尚有待完善和深化，民法的一些基本观念如公平、诚实信用等也

① 陈雪萍：《论商法的原则》，《社会科学论坛》2005 年第 10 期。
② 官欣荣：《反思商法的法律地位——在制订〈商事通则〉的语境下展开》，《法学杂志》2009 年第 12 期。

有待于进一步弘扬。在民法制度和民法理论本身尚有待进一步发展的条件下来实行严格的民商分离，不但不利于民法制度的完善和私权观念的确立，而且只会延缓我国民事立法的进程。第四，我国有民商合一的立法传统和深厚的思想意识基础。①

至于民商合一的具体表现形式，学者也提出了一些有意义的观点。"我国民事立法实际上采用的是民商合一的体例，由民法典统一调整社会商品经济关系。商事法规本身不可能组成部门法体系，而只能适用民法的总则。"② 有学者认为，对于民商合一在立法上应采取何种模式，世界各国又有不同做法：一是在民法典中直接包含商事法规，该模式属于传统模式；二是在民法典外另订商事单行法以作为民法的特别法，该模式属于现代模式。两种模式的共同点是坚决维护民法与商法在私法本质上的统一，反对以两法分立为特征的民商分立。前者偏重要求将商法内容全部纳入民法典，既固守实质合一，又坚持形式合一，其缺点是会造成理论的僵化和封闭。而后者可以做到将民法典与作为民事特别法的商事单行法有机结合，既坚持民商法的实质合一，又能适应商法变动性的要求，具有开放性。③

更有学者对此做了进一步的阐述，认为：民商合一模式应当区分为法典意义上的合一论与观念意义上的合一论，两者的共性是都反对在民法典之外另行制定商法典，两者的区别则在于：法典意义上的民商合一论主张只制定一部民法典，同时将商法的内容完全融入民法，使商法民法化，用民法取代商法，并认为商法独立于民法的基础已不复存在；而观念意义上的民商合一论则并不强求法典意义上的合一，对传统的民法表现出更多的尊重，对传统的商法表现出相当的宽容，对法典意义上的合一表现出务实的理性，只是主张在观念上应将一切单行商事法都视为民法的特别法，并不刻意追求民法对商法内容的包容。④

① 赵万一：《论民商法价值取向的异同及其对我国民商立法的影响》，《法学论坛》2003年第6期。

② 王利明等：《民法学》，法律出版社2005年版，第13页。

③ 赵万一：《论民商法价值取向的异同及其对我国民商立法的影响》，《法学论坛》2003年第6期。

④ 赵旭东：《〈商法通则〉立法的法理基础与现实根据》，《吉林大学社会科学学报》2008年第2期。

二 民商分立模式

关于民商分立，有学者提出实质意义上的民商分立论。随着社会经济的发展，"实质商法"的精神和价值得以弘扬和传播，并逐渐扩大其影响范围，以致深刻地影响了传统的民事生活范畴，使得传统民法逐渐吸收了"实质商法"的精神和价值，并在一定的范围内被"实质商法"所同化和征服，相应范围的"形式民法"和"形式商法"便出现了合一的趋势。但是即使在民商合一的发展态势下，"形式民法"仍然无法全部包容"形式商法"，在《民法典》之外依旧存在着大量与民法规定无对应关系的纯粹的商法规定，这种纯粹的商法规定得以存在完全依赖于"实质商法"的支撑。① 民商分立模式有法典意义上的分立论与实质意义上的分立论之分，两者的共性是都强调商法较之于民法的独立性，两者的区别在于：法典意义上的民商分立论过于强调商法、商行为的特性以及民商分立的好处，认为我国应制定独立于民法典的商法典，并将民商分立看作是世界各国商事立法的发展趋势；而实质意义上的民商分立论则不以制定独立的商法典作为民商分立的基础，只是主张要承认商法的相对独立性，要促进我国商法的体系化进程，使之成为一个有特定的规范对象和适用范围的法律体系和法律部门。②

当然，形式意义上的民商分立仍有其存在的基础。有学者针对民商合一模式，从立法技术的角度分析认为，将大量商法规范直接纳入民法规范，还将导致商法的变动性与民法的安定性之间的矛盾。③ 主张民商合一的学者认为可以通过制定民法典来解决商法总则的问题，但事实上这种意图注定是要失败的，因为民法典不仅不可能涵盖商法分则的内容，就连商法总则的内容也难以全部覆盖，因为毕竟实质商法具有区别于民法理念的

---

① 范健：《论我国商事立法的体系化——制定〈商法通则〉之理论思考》，《清华法学》2008 年第 4 期。

② 赵旭东：《〈商法通则〉立法的法理基础与现实根据》，《吉林大学社会科学学报》2008 年第 2 期。

③ 范健、王建文：《商法基础理论专题研究》，高等教育出版社 2005 年版，第 33 页。

相对独立性。① "就我国现行的立法的体例而言……的确是采取了民商合一的编制体例，但是，我国民商法的此种编制体例是在特殊的时期所形成的。……20 世纪 80 年代末尤其是 90 年代以来，随着计划经济体制的废除和市场经济体制的确立，商人阶层大量出现，他们不仅在社会经济生活的各个层面发挥作用，而且还在社会的政治生活和文化生活等众多层面产生影响，国家通过众多的法律刺激商人的从商积极性，保护商人的利益，在此种情况下，再以我国现行的立法体例作为反对实行民商分立的编制体例是站不住脚的。我们应当制定独立的商法典，规定商人的身份和地位"；"在我国，制定独立的商事法典的时机已经基本成熟，甚至比制定民法典的时机更加成熟，因为我国已经制定了众多的商事单行法规，将它们进行整合，附加商事法总则，即构成商事法典。"②

三 民商合一与民商分立的选择

就什么是民商合一或者民商分立，我国学者的认识并无太大的差别。但是，就我国商法和民法的关系而言，我国究竟应当选择民商合一还是民商分立的模式，学者间存在对立。不同的理论或主张，皆有其合理成分。

有不少学者支持民商合一论。例如，有学者认为，商法本身不可能组成部门法体系，而只能适用民法的一般原则，商法不可能形成自身的独立的总则，而只能适用民法的总则；民法的总则、物权制度、债权制度实际上已对商品经济活动的重要方面都作出了一般规定，对商事法规中的一些问题同样适用。③ 采用民商合一体例，首先意味着在民法典之外不再单独制定商法典，确切地讲，是不制定单独的商法总则。此外，由于民商合一并非民法与商法的法律汇编，故采用民商合一体例，也不能像意大利民法那样，把一些商事特别法都规定在民法典之中，而是承认公司、海商、保险等商事特别法的客观存在，只是没必要再规定一个独立于民法典的商法总则，以明确商人、商行为、商事特别诉讼时效、商事代理等制度。④ 当

---

① 范健：《论我国商事立法的体系化——制定〈商法通则〉之理论思考》，《清华法学》2008 年第 4 期。

② 张民安：《商法总则制度研究》，法律出版社 2007 年版，第 14—15 页。

③ 王利明：《民法》，中国人民大学出版社 2000 年版，第 16—17 页。

④ 王利明：《中国民法典的体系》，《现代法学》2001 年第 4 期。

然，也有学者认为，事实上，民商合一并不是说要将商法完全融入民法之中，而是以承认民法和商法之间存在价值取向上的重大差异性为条件，即承认商法在现行法律体系中的相对独立地位。在具体立法上，应在制定一部统一的民法典之外，通过另外制定若干商事单行法规的方式，完成对社会经济关系的综合调整。这样一来，既能够保证民法典的相对稳定性和原则性，又能保证商事法规的相对灵活性和具体性，从而使民商立法体系达到稳定与灵活、原则与具体的统一。在法律的适用上，商法应以民法基本原则作为最基本的原则，商法适用是对民法原则一般适用的有效延伸。①

也有学者支持"民商分立论"，但其对民商分立的诠释，似乎与上述"民商合一论"并无本质的区别。现代意义上的民商分立已经超越了传统民商分立的范畴，即民商分立并不意味着需要制定一部鸿篇巨制的商法典，传统商法典的老化、陈旧及其他弊端已是有目共睹。商法通过大量的商事单行法而存在是当代商事立法的重要表现形式，也是民商分立的新形式。② 不可能否认商法不同于民法的独立性和特殊性，使民法完全包容商法内容，由民法典来包揽一切；将纷繁复杂的民商事法律规范均集中规定在一部民法典中，由民法典吞并商法，这种形式不仅使民法典的体系过于庞杂，而且由于商事关系极强的变动性和时势性，需要经常对法典进行修改或补充，如此一来，将有损于民法典的稳定性和权威性。即使在民商合一国家，民法典之外也须制定单行商法，如瑞士的保险法就是采取单行法的形式。因此，采民商分立模式可能更加适合今天和未来的社会经济发展的趋势。当然，这也并不是说，只要采民商分立模式，就一定要制定一部所谓完整、科学、统一的商法典。至于采用哪种具体的分立模式，关键还要与一个国家的国情相适应，盲目地追求所谓的完美，往往也是不现实。③

在"民商合一论"和"民商分立论"的基础上，还有学者提出了我国商法的折中主义立法模式。有学者认为，我国应当制定《民商法律总

---

① 赵万一：《论民商法价值取向的异同及其对我国民商立法的影响》，《法学论坛》2003年第6期。

② 苗延波：《中国商事立法模式的理性选择与构建》，载王保树主编《中国商法年刊（2007）》，北京大学出版社2008年版，第97页。

③ 苗延波：《论中国商法的立法模式（下）——兼论〈商法通则〉的立法问题》，《法学评论》2008年第2期。

纲》，实现民商的大合一、小分立，或者称之为"适当分立"。一方面制定一部在功能上总揽民商事活动基本原则和民商法律通则，类似于现行《民法通则》的法律文件，我们称为《中国民商法律总纲》；另一方面则对于现有的各个单行的民商事法律进行整理加工，查漏补缺，分别加以完善，使之相互协调，形成民商单行法的系列，从而建立起一个在《中国民商法律总纲》统率下的以各单行民商事法律为支撑的民商事法律网络体系，作为这个体系的各个组成分子的单行法基本不需要重新编纂，它们既可以汇编到一起，又可以相互独立。《民商法律总纲》是一个总揽民商事法律全局的带纲领性的文件，它的基本架构包括：民商法律的任务和基本原则（包括制定根据、任务、民商法基本原则等）——民事通则（民事主体、民事法律行为、民事代理、民事法律渊源）——商事特则（包括商主体、商行为、商代理、商业账簿、商事法律渊源如商业惯例、行业规范等）——民、商事法律的相互关系及适用规则——期间与时效的一般规定。① 但有学者随即提出，这一主张的实现必须以否定制定民法典为前提，而制定民法典却为我国民法学界及立法机关的既定选择。尽管制定民法典未必就有民法学界所主张的价值与必要性，但在具有法典化传统的大陆法系国家确实可谓一种可行的选择，因而民法作为一种具有相对稳定性的法律规范体系，也不妨采取法典化的立法形式。更为重要的是，即使立法机关基于去法典化的立法潮流，最终决定放弃民法典的立法方案，但所谓民商法律总纲，无非将总纲性民法规范与商法规范强行合并立法而已。由于商法规范具有实质独立性，在立法技术上，民商法律总纲只能采取汇编的方式，并不能使之成为内在体系和谐的法律文件。因此，与其采取难以被普遍认同且客观上不具有科学依据的民商法律总纲立法方案，还不如将总纲性商法规范统一纳入形式商法之中，反而有利于民法与商法规范体系的内在和谐。随着现代商法的发展，商法规范体系早已超越了传统商法典的体系，各国无一例外地都在民法典或商法典之外，另行制定了大量商事单行法。这就说明，不仅现代各国采行的民商合一立法模式已超出了传统意义上的体系结构，从而演变成仅仅排除了商法典的折中主义的立法模式，而且现代各国采行的民商分立立法模式也已超出了传统意义上的

---

① 余能斌、余立力：《制定"民商法律总纲"完善民商法律体系》，《武汉大学学报（社会科学版）》2002 年第 6 期。

体系结构，从而演变为商法典主要规定总纲性商法规范的"去法典化"的立法模式。①

也有学者提出，人的普遍商化使得商主体与一般法律主体相融合，无法将"商人"与民法规定的公民和法人相区别，要把"商行为"分别于民事行为也如同抽刀断水般困难。② 因此，在我们国家讨论民商合一或者民商分立，其意义并不是太大。因为我们根本不存在像西方的历史传统，商人在任何时候也没有真正成为一个相对独立的阶层，更没有自己不可动摇的商事规则。所以，我国从国民党开始就实行民商合一，是极其自然的。而在西方，民商分立却是传统的，而正是这种传统才是民商合一的真正障碍。③ "我国立法机关对于商法的技术处理采用的是单行商事法律的模式。此种立法模式以客观需要、务实实用、灵活简便为原则，而不受合一与分立的影响。在这种立法思想的指导下，我国已经制定了公司法、票据法、保险法、海商法等最主要的商事法律，虽无独立的商法典，但商事法律已趋完善。有的分立论者以市场经济需要商法调整为由，论证制定独立商法典的必要，这实际上是陷入了一个理论误区。事实上是我国虽无独立的商法典，但并不欠缺对商事关系的法律调整，只不过这种调整是由单行的商事法律来担负和完成的。系统的、单行的商事法律同样可以起到独立法典的作用。"④ 民法和商法的区分根源于历史，但可以认为导致这种区分的历史原因在我们这个时代已不复存在了。"如果历史地看待商法，民商分立或者民商合一或许具有显著的意义，确实有争论的必要；但是现实地看待我国商法，这种争论是没有基础的。"⑤

有学者认为，"民商合一"还是"民商分立"的理论，在我国恰恰是缺乏具有中国特色的商法学科和制度实践支持的学术虚构或者预设。我国

① 王建文：《中国现行商法体系的缺陷及其补救思路》，《南京社会科学》2009年第3期。

② 史际春、陈岳琴：《论商法》，《中国法学》2001年第4期。

③ 李永军：《论商法的传统与理性基础——历史传统与形式理性对民商分立的影响》，《法制与社会发展》2002年第6期。

④ 石少侠：《我国应实行实质商法主义的民商分立——兼论我国的商事立法模式》，《法制与社会发展》2003年第5期。

⑤ 邹海林：《我国商法发展过程中的若干问题》，载《中日民商法研究》（第三卷），法律出版社2005年版。

的商法理论根本就不应当借助大陆法系国家曾经出现的"民商分立论"或者"民商合一论"来解读和建构我国已经独立存在的商法学或者商法制度体系，尤其是我国现在所处的环境已经远不同于大陆法系国家在近代法典化过程中创制商法典的环境；"民商合一论"抑或"民商分立论"若再深深影响着我国已经处于21世纪的商法学和商法制度体系的发展，将是我国私法现代化过程的悲哀。①

第四节　商法体系化的方式

一　商法体系的构建方式

从商法典的角度来看，其内部规范体系的构建方式可区分为：主观主义、客观主义和折中主义体例。一般来说，《法国商法典》属于客观主义，它首先确立商行为的概念，将商法界定为："调整商行为的法律，即商法是在民法之外，专门规范大多数生产、销售与服务活动的一个私法分支。"然后，从商行为的概念出发延伸、发展、形成商法典的规范体系。主观主义体例的典型代表是《德国商法典》。它从商人的概念出发，首先界定商人概念的内涵与外延，认为商法是商人之法；然后，以此为基点演绎出整个商法的制度体系。《日本商法典》是折中主义的代表。在确定商事关系时，首先规定某种行为为专属商事行为，不论其是否为商人所为，都视为商事行为，而此外的其他行为，必须由商人所为才属于商事行为。《日本商法典》第4条规定：本法所称的商人，指以自己的名义，以实施商行为为业者。公司或依店铺或其他类似设施，以出卖物品为业者，或经营矿业者，也视为商人。该法于"商行为"编规定了4种绝对商行为和12种营业商行为。那么，中国未来商法的体系化采取哪种方式呢？

有学者认为，客观主义标准的缺陷不可避免并且十分明显：第一，客观主义使商法体系的构建显得捉襟见肘。第二，客观主义将商行为的界定建立在营利目的的基础之上与逻辑不符。第三，客观主义无从防止和避免商业中的失范现象的产生。同时指出，与客观主义标准相比，新商人主义标准可以避免客观主义标准的诸多缺点。同时，新商人主义标准还有以下

---

① 参见邹海林《中国商法的发展研究》，中国社会科学出版社2008年版，第8、10页。

优点，从而使其成为一种科学的商事关系确认的标准。从价值层面而言，商法是典型的主体法。新商人主义标准有利于立法通过罗列以穷尽商人概念之外延，从而使商法的制度体系范围得以确定。但主观主义也有不尽如人意之处，比如日本学者批评法定商人的存在是新商人主义标准的悖反。并最终得出结论，商人身份是一个客观的存在，且处于商事关系确认的核心与基础地位。①

反对主观主义标准的学者认为，现代商法的主要内容是商行为规范，商法的价值由商行为法体现，行为法集中体现商法的特征。因此，尽管商主体制度在决定商法适用和商法立法目的上有一定意义，但商行为规则应当占据通则的核心位置。②

还有学者提出了商法体系化的折中主义方式。因为主观与客观主义作为商法典内两种规范体系的营造技术，仅以单一的"商人"或"商行为"作为编纂的基本概念，均无法做到法律适用上的完美自足，需要彼此之间结合，实现功能的互补。立法者对采取"主观主义体系"抑或采取"客观主义体系"的选择只是一个立法适当性问题。"两者都不比对方具有一般意义上的优势"。同时提出，应当采取折中主义，把商主体与商行为的概念结合起来决定其适用范围。③ 还有学者认为，客观主义立法体系具有难以界定商行为的弊端，主观主义立法体系与折中主义立法体系则克服了这一弊端；同时，折中主义立法体系吸收了主观主义立法体系的优点，又克服了其局限于商人而使商法的适用受到不合理限制的缺陷。基于此，我国《商法通则》立法体系理应选择折中主义立法体系。不过，需要说明的是，我国《商法通则》所适用的折中主义立法体系与传统折中主义立法体系具有明显差异。应以商行为为中心，至于是否有必要确立商人或类似商主体的概念，实际上已不重要。但由于企业在商事法律关系主体中处于特殊地位，其获准设立即意味着具备了相应的经营能力，因而应对其作特殊规制，并将其确定为商法理论中的商主体。基于此，在不确立商主体的法律概念的情况下，可通过对企业的特殊规制，使其行为原则上可纳入

① 李少伟、王延川：《商法的规范对象——商事关系论要》，《甘肃政法学院学报》2005 年第 3 期。

② 刘云升：《商事通则构造论》，《河北法学》2007 年第 4 期。

③ 郭富青：《论我国商法体系的建构技术》，《法律科学》2008 年第 2 期。

商行为，从而受到商法调整。①

　　事实上，因为存在主观主义和客观主义，我国商法理论始终无法理清究竟什么是"商法"的问题。有学者指出：通说认为商法调整的对象就是商事关系，但商事关系又是什么？商事关系与民事关系的相互关系又如何？将商事关系定义为商人之间因商行为而形成的法律关系，是最精确和安全的，但却未能解决全部的问题，何为商人，何为商行为，本身又是需要加以定义的问题，正是在此问题上，产生了商法上的客观主义、主观主义和折中主义的立法原则。但是到底什么是商事行为，商事行为与民事行为的关系如何？在商行为的界定上，同样存在着客观主义和主观主义的两种方式，但两者也都有着先天的缺陷。商事行为应否作为商法的调整对象，是否应建立单独的商事行为法的规范体系？自有商法以来，买卖、票据、行纪、承揽、运送、保险、海商等即被作为主要的商行为规定在商法之中，由此构成了商法中的商业活动法。但传统商法规定的商行为不过是营利性的民事行为，撇开行为者的主观意图，这种商行为与民事行为并无差别，因此这种商行为法存在的必要性就需要检讨了。② 在这个意义上，在我国商法的体系化构建上讨论主观主义和客观主义，似乎没有任何的现实基础和正当性。

　　商人和商行为制度为大陆法系国家的商法典所建构的核心制度，离开商人和商行为制度，当然不能很好地理解大陆法系国家的商法。近代商法直接源自中世纪的商人法，而商人法是专门调整商人所从事的商业贸易活动的法律或惯例。大陆法系在选择民法典的规范内容时，并没有将涉及并发展了几个世纪的"商人法"所代表的特殊利益关系纳入民法典，使得"商人法"的法典化得以另立门户。大陆法系国家的商法所建构的商人和商行为制度，形成的前提条件是当时存在不能为民法典所涵盖的商人及其传统。在概念法学的体系框架内，若没有商人和商行为制度的解释和应用，商法（典）也就不复存在了，更不能人为地割裂商人和商行为制度与商法（典）的关系。但是，我国本身就不存在大陆法系的商法所建构的"商人"和"商行为"制度，"商人和商行为只不过是我国学者借用大

---

① 范健：《我国〈商法通则〉立法中的几个问题》，《南京大学学报》2009 年第 1 期。

② 参见赵旭东《商法的困惑与思考》，《政法论坛》2002 年第 1 期。

陆法系国家商法的"术语"研究我国商法的工具"。当资本主义生产关系得以普遍确立并获得发展后，商人的特殊地位被日益发展的社会关系融合并逐渐消失，基于商人和商行为而建构制度的"商法典"的存在基础正在逐步丧失。在我国，商人的特殊地位因为作为商人的特殊阶层的消失而不复存在了，商人的存在及其交易行为已经被我国日益发展和成熟的民商法制度包容，是否有必要将作为学术研究的"工具"当作社会存在而加以承认，并将我国的商法与大陆法系的商法确立的"商人"和"商行为"制度或观念"接轨"？恐怕没有这样的必要性。①

二 商法法典化的必要性

法典是制度文明的显豁篇章，是治国治法的要途要径，是法的形式的最高阶段。② 那么在我国制定一部商法典，有无可能和必要呢？事实上，自20世纪90年代以来，我们也曾设想在我国制定一部形式意义上的商法典。21世纪以来，我国制定商法典的呼声也存在，但随后因为民法典的兴起，制定商法典似乎成为了历史。

有学者坚持认为，"就我国现行的立法的体例而言……的确是采取了民商合一的编制体例，但是，我国民商法的此种编制体例是在特殊的时期所形成的。……20世纪80年代末尤其是90年代以来，随着计划经济体制的废除和市场经济体制的确立，商人阶层大量出现，他们不仅在社会经济生活的各个层面发挥作用，而且还在社会的政治生活和文化生活等众多层面产生影响，国家通过众多的法律刺激商人的从商积极性，保护商人的利益，在此种情况下，再以我国现行的立法体例作为反对实行民商分立的编制体例是站不住脚的。我们应当制定独立的商法典，规定商人的身份和地位"；"在我国，制定独立的商事法典的时机已经基本成熟，甚至比制定民法典的时机更加成熟，因为我国已经制定了众多的商事单行法规，将它们进行整合，附加商事法总则，即构成商事法典。"③

---

① 参见邹海林《中国商法的发展研究》，中国社会科学出版社2008年版，第6页。

② 周旺生：《法典在制度文明中的位置》，载封丽霞主编《法典编纂论——一个比较法的视角》，清华大学出版社2002年版，序言。

③ 张民安：《商法总则制度研究》，法律出版社2007年版，第14—15页。

我国本来就没有任何制定商法典的传统或经验，目前也没有制定出民法典，但民法的原则、理念和制度已经包容和规范了我国的社会经济生活的绝大部分关系，民法和商法之间也不存在明显的界限，如何选取商法典的规范内容和体系，恐怕不是一句有制定商法典的必要性所能够解决的问题，实际上涉及我国民法和商法的关系问题。① 正如有学者指出的那样，"民法与商法究竟是什么关系？在民法典之外是否需要制定商法典？对此，有两种截然相反的观点：即肯定说与否定说，前者为民商分立，而后者为民商合一。对于这一问题，我国学理上争论激烈，并均持之有故。我们不仅要问：民商分立是一个理性的选择，还是一个自然的历史过程？是科学的分类还是历史分类？如果真的像许多学者认为的那样——商人阶层以后，并没有合乎逻辑地消失而自然地民商合一，而是在民法典之外独立为法典？即使是在今天西方许多学者呼吁建立民商合一的具有法典化传统的国家，也只是'雷声大而雨点小'，像德国、法国这样的较早地拥有民法典的国家，民法与商法的合一也没有完成。为什么每一民法学者在编写民法教科书时，内容几乎是一致的，而编写商法教科书则有这么大的差异？这种取舍是有根据的，还是任意的？由此可见，理性与单纯的价值判断并不是推动民商合一的全部因素，更不是决定的因素，而历史与传统才是商法产生的基础，也是其存在的基础，也是民商分立的真正支持，也许正是历史与传统的因素真正阻碍着民商合一。"商事规则本来就是民法的"弃儿"，商法典是对游离于民法之外的"散兵游勇"的收容，故其内在联系性远远不如民法。虽然商事立法也遵循一定的脉络，有的以商人为主线，有的以商行为主线，有的兼而有之，但也有一些基本的概念，如商人、商行为、商事权力义务等，但是，商行为、商主体的概念是如此的不确定，以至于难以抽象出共同的可称为"原则"的东西来。例如，保险行为、票据行为、破产清算、期货买卖行为、证券买卖行为之间的差异性远远大于共同性，所以，其共同适用的原则难以抽象出来，所以无论是大陆法系的商法典，还是商法教科书，都是把这些部分放在一起，其间的联

---

① 参见邹海林《中国商法的发展研究》，中国社会科学出版社 2008 年版，第26 页。

系性与柔和性令人生疑：这些商行为是否是一个有机的整体？① 民法和商法的关系问题，在我国同样是一个历史问题。这个问题产生的原因主要还是因为学者的争论，而非我国的历史条件使然。若论民法和商法的关系问题在我国形成的历史条件，则与大陆法系近代法典化运动时期的历史条件迥然不同。即使在 20 世纪初的我国，因为并没有一个类似于大陆法系近代法典化时期的"商人法"基础，民国时期都未能形成商法典。当下的我国已经进入 21 世纪，民法和商法的关系问题源自 20 世纪 90 年代后的商事立法的大量创制，有其历史的偶然性和必然性，但是并不存在分别制定民法典和商法典的历史条件和需求，以"民商合一"还是"民商分立"来解读我国商法典的制定，本身就是没有基础的。在我国，民法的理念、原则和制度已经被我国社会的各个阶层、领域所普遍接受，制定民法典已经成为我国民商事立法路径的必然选择，民法学也成为私法的最为发达的"学问"，而商法，尤其是商法的理论则是在民法的边缘部分成长起来的。海商法、公司法、合伙企业法、破产法、证券法、票据法、保险法、信托法等作为我国民法的特别法，不仅符合我国私法制度发展的轨迹，而且并没有影响这些法律单独并继续发展的生命力。我国已经不可能而且没有必要再回到大陆法国家产生商法典的那个时代，商法的法律形式的选择应当更加多样化，而不能局限于商法典。② "历史条件在今天已发生了翻天覆地的变化。传统'商人'概念已显得不合时宜，'商人'已不再是一个特殊的阶层。商主体的产生已从严格特许主义转向核准主义和准则主义。现代市场经济的发展，使传统民事行为与商事行为、民事关系与商事关系的界限日渐难以明确区分。'商法典'这种法典化形式已显陈旧，不能满足商事关系发展的实际需要。"③

有学者并不受"民商合一"或"民商分立"的争论局限，从法典化的认识论基础、商法法典化的历史实证分析和我国商事关系现实状况三个层面，阐述了我国不宜制定商法典的理由，尤为值得重视。作者以为，理

① 参见李永军《论商法的传统与理性基础——历史传统与形式理性对民商分立的影响》，《法制与社会发展》2002 年第 6 期。

② 邹海林：《中国商法的发展研究》，中国社会科学出版社 2008 年版，第 28—29 页。

③ 彭真明、江华：《商法法典化的反思——以制定〈商事通则〉为中心》，《浙江师范大学学报》（社会科学版）2005 年第 1 期。

性主义的认识论基础和历史传统是商法典得以独立产生与存在的基础。法典被视为理性的产物，被认为是一个逻辑自足、包罗万象的完满的体系；但商法典的形式理性难以跟上商事活动飞速发展的步伐。商法典产生的历史条件是复杂的，但历史传统是商法典得以独立产生与存在的主要原因。我国的历史与欧洲国家不同，没有像欧洲那样商法独立发展的历史传统，不具备商法独立产生的历史条件，也没有对形式理性的推崇，因而没有商法典。历史是不能重复的，我国正逐步走上市场经济发展的道路，我们不能削社会经济生活内容之足，去适传统"商法典"形式之履。其次，法国、德国和日本的商法典有一定的渊源关系，但它们在体系和内容上存在较为显著的差异，说明商法的体系与内容安排并没有一个选择取舍的合理划一的标准。随着社会经济生活现实的变化，商法典的修改或补充不可避免，原有的商法典的体系结构已经支离破碎，实际效用已大大降低。商法典由于大量具体商事制度的独立而逐渐向"商事通则"的方向发展。以单行法来调整商事关系、改造商法典成为大陆法系国家趋于一致的、改造和完善商法的路径或模式。最后，商法所调整的商事关系的多样性与复杂性、极具变动性和时势性决定了商法不宜法典化。商法典作为"极具形式理性"的法律形式，不可能对社会经济生活的最新变动作出迅速的回应，频繁地修改或补充商法典又势必影响其稳定性与权威性，故现代各国都开始转向采用单行法这种灵活性大、适应性强的非法典化形式来调整各种具体的商事关系。[1]

由于传统商法的组成部分相间缺乏内在的逻辑联系，因此，制定独立的商法典，实际上只能是将业已颁行的单行商事法整理汇编为法典，显然这种意义上的法典编纂实无必要。[2] 时至今日，坚持制定商法典的学者并不很多，究其原因主要有：首先，法典所具有的形式理性增加了频繁修订的难度，商事活动飞速发展使立法者难以驾驭其修订的频率；其次，当代商法所调整的商事关系的多样性和复杂性，决定了商法在立法技术上难以法典化；再次，当代商法所调整的商事关系极具变动性和时代性，决定了商

---

[1] 参见彭真明、江华《商法法典化的反思——以制定〈商事通则〉为中心》，《浙江师范大学学报》（社会科学版）2005 年第 1 期。

[2] 赵旭东：《〈商法通则〉立法的法理基础与现实根据》，《吉林大学社会科学学报》2008 年第 2 期。

法难以法典化；最后，从德、法、美等国制定商法典的历史传统和立法模式来看，世界上并无一个统一的商法模式，商法是与每个国家自己的法律文化传统、政治经济结构密切相关的法律部门，我国既无商法典这一历史遗产，也无商法典这一历史包袱，因而现阶段只能立足于自身商事实践的需要和可能以及现行商事立法实践的现状，构建适宜的商法体系。离开了商法典，并不意味着商事立法就无法实现体系化。体系化的本质是一种方法，体系化后的商事立法完全可能不通过商法典的形式出现。① "面对制定法典与社会发展、经济增长的悖论、网络技术和其他信息技术勃兴的法典'失灵'、'解体'的时代浪潮，有必要放弃商法法典化的思维"。②

然而，我国商法学者并不甘心于制定商法典的呼声日渐衰落，创新性地提出了制定我国"商事通则"的主张。

有学者就"商事通则"的制定，归纳出以下理由：其一，我国采用单行商事法律的立法模式，虽然有灵活、务实、简便等优点，但由于缺乏总则的统帅，难收纲举目张之效，使单行商事法律变成了孤立、单一的法律，不能形成商法内在应有的体系，这显然不利于对我国市场经济关系的统一规制，亦无助于对单行商事法律原则、制度、规则的统一理解，更不利于对单行商事法律的贯彻实施。此种状态下的商事法律，有如一个人只有四肢躯干而没有头脑，无法通过头脑的指令来驱使四肢的自如运动。其二，意图通过制定民法典来解决商法欠缺总则的问题，只是部分学者的一厢情愿，事实上起草中的民法典不仅不可能囊括商法分则的内容，也不可能包容商法总则的全部内容。囿于自身性质的局限，民法的内容不可能无限膨胀，更不可能取代商法而形成"私法的一元化"局面。如果不顾及民法自身的属性，让民法典涵盖了商法总则的全部内容，那就势必造成民法的异化，使民法典变得不伦不类。据此，解决单行商事法律缺少总则统率的问题不能寄希望于民法，必须靠商法自身的健全与完善。其三，在实行实质商法主义的民商分立体制下制定《商法通则》，既可矫正追求形式商法主义的偏颇，又可实现商法体系的完善，同时又不根本性地改变我国采用单行商事法律的立法模式，这种一举而三得的立法动议，理应得到我

---

① 范健：《论我国商事立法的体系化——制定〈商法通则〉之理论思考》，《清华法学》2008 年第 4 期。

② 徐学鹿、梁鹏：《商法总论》，中国人民大学出版社 2009 年版，第 294 页。

国立法机关的采纳。其四，就我国商事立法的现状分析，由于长期以来国内市场与国外市场的分别管理，加之国内市场的多头管理，导致政出多门，立法多头，与统一市场、统一规制的市场经济的法制要求极不适应。同时，由于商事立法缺少系统性和前瞻性，致使商事法律、法规杂乱无章，缺乏统率，不成体系。我国商法在立法模式上应当勇于创新，适时地提出制定"商法通则"（或"商事通则"）的立法建议，以实现商法对统一市场的全面规制，并实现商法体系自身的健全与完善。①

　　也有学者纯粹从立法学的角度提出我国应当制定"商事通则"，指出在我国实行完全意义上的民商合一，存在以下几个方面的障碍：（1）智识、经验和立法技术的欠缺；（2）随着社会的不断发展，法律调控的社会领域不断扩展，将基本的民商事法律规范通过一部民法典反映出来的做法越来越不具有现实性；（3）对英美法系国家特别是美国立法内容、形式和经验的不断借鉴和继受，使得希望通过制定民商合一的民法典的方式整合民商事法律的愿望难以实现。由于各种历史和现实的原因，制定一部和民法典并驾齐驱的独立的商法典，已经不可能了，我们只能将这一美好的愿望珍藏起来，去另外寻求一套现实而可行的方案了。因此，应当制定一部总纲性的商事法律即《商事通则》。②"我国应选择《商事通则》与单行商事法律相结合的商事立法模式。这种选择既是理性的，也是必要和可行的。我国完全可以在充分借鉴国外成功立法经验的基础上，走出一条适合中国国情的商事立法之路。"③有学者认为，商法通则各制度之间有高度的系统性，构成统一严密的有机整体；绝大多数大陆法系国家《商法典》中的商法通则内容具有统一性和稳定性。④

　　还有学者从多个角度探讨了制定我国"商事通则"的必要性：从我国商事立法现状存在的问题来看，主要是缺少一部具有基础和统帅作用

---

　　①　参见石少侠《我国应实行实质商法主义的民商分立——兼论我国的商事立法模式》，《法制与社会发展》2003 年第 5 期。

　　②　参见任尔昕《我国商事立法模式之选择——兼论〈商事通则〉的制定》，《现代法学》2004 年第 1 期。

　　③　雷兴虎：《〈商事通则〉：中国商事立法的基本形式》，《湖南社会科学》2004 年第 6 期。

　　④　参见杨继《商法通则统一立法的必要性和可行性》，《法学》2006 年第 2 期。

的商事立法。《商法通则》的制定恰恰能够弥补这一不足，引导和统领我国的商事立法体系化工作。首先，《商法通则》作为商事领域的基本法律，可以通过总则性的规定统帅各个商事单行法，形成一个以《商法通则》为基础、以商事单行法为支撑和派生的商法体系，《商法通则》与商事单行法是指导与被指导、补充与被补充的关系，商事单行法应当统一在《商法通则》的一般性条款之下。此外，由于《商法总则》的内容具有高度的抽象性和概括性，为日后新的商事单行法的制定、商事法律解释、法官的自由裁量等留下了一定的空间。由此可见，通过《商法通则》和商事单行法的组合，可以实现形式商法体系的相对独立性和开放性。其次，《商法通则》之制定，应当并且能够将承载商法理念和价值的商法基本原则通过法律的形式加以固化，并对各商事单行法产生引导和准则作用，从而改变商事单行法价值缺位的局面，协调具体制度和规定，从根本上避免制度性冲突的发生。再次，《商法通则》之制定，可以将现行商事单行法中相同或相似的规定加以整合，统一标准、细化类型、查漏补缺，并最终在基础性法律中具体规定，既能防止重复立法导致的立法资源的严重浪费，又能克服分散立法导致的交叉重叠与空白盲点并存的缺陷。此外《商法通则》还可以将现行商事法律中没有规定的商事账簿、营业转让、商事人格权等基础性问题加以规定，从而保证商法体系的全面性和完整性。最后，《商法通则》可以对商事法律关系的特性加以界定，指出商事法律关系与民事法律关系的区别，对商主体、抽象商行为等概念及其相应的要件和法律后果作出规定，并在此基础上通过规定商事法律与民法之间的法律适用关系，进一步明确司法实践中民商事法律之间的适用关系。总而言之，制定《商法通则》尽管不是我国商事立法体系化的全部内容，但可以对我国商事立法的体系化起到基础性作用，引导我国商事立法完成最终的体系化，甚至可以毫不夸张地说，我国商事立法的体系化是一个以《商法通则》的制定为核心的系统工程。①

《商事通则》或《商法通则》的制定，被认为吸收了民商合一与民商分立的优点，克服了民商合一、民商分立的缺陷，是区别于民商合一、民

---

① 范健：《论我国商事立法的体系化——制定〈商法通则〉之理论思考》，《清华法学》2008 年第 4 期。

商分立并超越民商合一与民商分立的另一种模式。① 还有学者提出，商事通则模式在立法上体现了保守与超越的理念。通则模式的保守性体现在三个方面。第一，不追求逻辑严密、体系完整、立法技术要求较高的法典模式。第二，借助《民法通则》等民事立法工作的成功经验，发挥立法过程中的"路径依赖"优势。第三，立足于我国目前由商事单行法调整具体商事关系的现实，发挥《商事通则》的一般性调整和补漏性调整的功能，节约了立法资源。以《商事通则》为统率的商事立法模式的超越性体现在两个方面。第一，超越了我国民商事立法模式上民商合一与民商分立的理论纷争。第二，突破大陆法国家私法法典化给私法现代化带来的体系性束缚。②

　　当然，也有不少学者反对制定商事通则。有反对观点认为，在商法和民法的关系如此密切的前提下，在实证法层面根本无法彻底分清商事通则和民法一般规定的界限，若单独制定商事通则不可避免会在法条设计上与民法的一般规则存在众多的重复甚至冲突，而现行法在这些方面的运作基本上又是良好的，若选择制定商事通则，在制度价值上，其所追求的功效完全是对现行法的作用的等量代换；在立法技术上，根本无法将它与民法的一般规则中的相关规定作出合理、和谐的安排；在资源的分配上，单独制定商事通则的无用功运作无疑是对有限的立法资源的浪费，并对现行法秩序造成不良的影响，而且民众的接受还需要一段时间，也需要一定的成本，如此立法也不符合效益的原则。退而言之，单独制定商事通则，即使能在立法技术上将其和民法一般规定的界限完全厘清，亦无非是在为民商分立的立法模式奠基，如此一方面会把民法的适用范围限定在狭小的领域，另一方面则必然颠覆现行立法格局。而在民法与经济法的关系尚未完全理清的情况下，谈民商分立只会延缓我国民事立法尤其是民法典制定的正常进程。显而易见，这种改制的成本将是十分巨大的，对此应持非常谨慎的态度。③ 还有学者认为，传统民事规范与部分"英美化"的商事规范

---

①　王保树：《商事通则：超越民商合一与民商分立》，《法学研究》2005 年第 1 期。

②　马建兵、任尔昕：《我国商主体法律制度的构建》，《国家检察官学院学报》2008 年第 2 期。

③　刘保玉、陈龙业：《析商事通则与民法一般规则的关系——商事通则立法的可行性悖议》，《河南省政法管理干部学院学报》2005 年第 4 期。

非兼容问题都是客观存在的。解决之道并非将问题遗留在立法源头，一旦制定商事通则就将事实上延续和强化民商两张皮的格局，大大增加传统民法与私法完成现代转换的成本。司法实践中，法官则不得不面对两套差异巨大的概念和逻辑体系，其法律适用混乱之弊很可能甚于前者。①

也有学者对我国学者提出的制定"商事通则"的主张表示了担心。我国商法学界有相当多的学者将商法的法典化形式与我国商法的独立与否联系在一起，似乎没有商法典或者商事通则，就没有独立的商法。"民商合一"与"民商分立"仅仅是立法技术问题，尤其在我国更是立法技术问题，并非商法是否独立于民法的基础问题。我国的商法生成和发展于民法，已经取得的独立地位并没有因为"民商合一"或"民商分立"的争论而受到影响，我国的商法已经形成其自身特有的理念、原则和制度结构，而这些规范要素并没有被我国的民法（或者正在制定中的民法典）所包括，我们没有任何理由担心欠缺商法典或商事通则的我国商法会失去其独立地位。至少在商法理论上，我们没有必要将制定我国的商事通则与我国商法的独立性联系起来。我国商法的法典化形式已经采取了单行法的方式，是否制定商事通则应当与我国已经颁布的商事单行法和正在建构的商法制度之整合或优化相关，它仅仅涉及我国商法的法典化的一个形式选择问题，而且要在相当程度上提升我国商法的法典化技术水平。否则的话，制定我国的商事通则的提法将会失去其本应当具有的价值。②

三 《商事通则》的构建

（一）名称的选择

关于"商事通则"制定的主张，学者多认为应当采用"商事通则"的名称，从学者发表的大量的论文中即可感受一般。有观点认为，商人法作为商人的身份法，有必要在民法典以外另行规定。商人法的内容应以商人资格的认定为核心，包括商事登记、商事账簿、营业、商事代理等制

---

① 周友苏、钟凯：《"商事通则"：纠缠在历史与现实中的误会——兼议私法的统一及其现代化》，载王保树主编《中国商法年刊（2007）》，北京大学出版社2008年版，第145页。

② 邹海林：《中国商法的发展研究》，中国社会科学出版社2008年版，第32页。

度。在我国对商行为仍然规定很不完善的背景下，将部分在民法制度中仍有确实的商行为制度，如商事保证、商事留置等一并写入，并不拘一格地以"商事通则"冠名，不失为明智之举。① 从技巧性角度衡量，《商事通则》也许是更不容易引起争论的概念。② 但也有学者认为，"商事"一词较之于"商法"，除学界较为熟悉外，普通大众较为陌生。而以《商法通则》命名，与《民法通则》相对应，给人一种同属法律范畴的直观感受，更符合法律概念的逻辑和大众的理解与接受。③

（二）《商事通则》的定位

对于《商事通则》，有学者首先将其定位为商法总则，并认为有关商法总则的立法可以有两种模式可循：一是在民法典中规定商法总则，完全实行民商合一。从我们翻译完的意大利民法典和现行的俄罗斯民法典来看，它们就是采取这一模式的，即把商主体、商事行为、商事代理、商事权利归纳到了民法典相应各篇章中。二是在民法典外另立一部商事通则，依照当初民法通则的模式，将商事活动原则、商事权利（包括商业名称、商业信用、商业秘密等）、商主体以及商事企业的基本形式、关连企业、连锁企业等、商业账簿、商事行为、商业代理（包括内部经理人代理以及外部各种销售代理，如独家代理等）加以规定。上述这些内容正是我国经营活动中亟待明确加以规定的地方。把它们都放在民法典中会显得过分累赘，不能突出商法的特征。④

有学者指出，商事通则与公司法、合伙企业法、独资企业法、证券法、票据法、保险法、商业银行法、破产法、海商法等一样，也是一种单行商事法律，并不是由全面系统调整商事关系的规则缩编而成的法律文件，但它与其他单行商事法律的功能不同。其他商事单行法律仅调整某一商事领域的商事关系，如公司法仅调整公司设立、变更、终止关系及其他

---

① 朱庆：《"商人"本质的反思：一个身份的视角——兼论我国制定"商事通则"的必要性》，载王保树主编《中国商法年刊（2007）》，北京大学出版社2008年版，第194页。

② 蒋大兴：《商人，抑或企业？——制定〈商法通则〉的前提性疑问》，《清华法学》2008年第4期，脚注。

③ 赵旭东：《〈商法通则〉立法的法理基础与现实根据》，《吉林大学社会科学学报》2008年第2期，脚注。

④ 江平：《中国民法典制订的宏观思考》，《法学》2002年第2期。

对内对外关系。商事通则则涉及整个商事领域，它对商事关系的调整虽不具有全面性，但调整商事关系的触角可以伸向不同的商事领域，强调其调整的一般性。并且，对其他商事单行法律的调整有统率或补充的作用。换言之，它所提供的商事法律规则，是其他单行商事法律未曾提供而又非常必要的一般性规则。①

还有观点认为，商事通则类似于《民法通则》，是一部商事单行法的总则。②《商法通则》即为中国商法总则，它是中国商法体系的核心，它与民法典及所有商事法律、法规共同构成中国完整的民商法律体系，它与民法典的关系是一般法与特别法的关系，凡是《商法通则》中对于商主体及商事行为未尽之规范，皆应准用民法典的规定。③

还有学者提出，在立法定位上，《商法通则》不能是《民法通则》的翻版，而应是立足于现代商法体系的发展，以总纲性商法规范为中心兼及具体商法规范的特殊形式商法。也就是说，《商法通则》是立足于对商法典立法价值否定的基础上，根据总纲性商法规范的内在逻辑所进行的合理的体系化的立法文件。通过体系化立法技术的合理运用，《商法通则》将承担传统商法典的总纲性规范的立法载体功能，使商事法律之间杂乱无章、体系混乱的问题得以缓解。④

但也有学者持反对意见，其认为，我们所要制定的《商法通则》，并不是法典总则性质的规定，而仅是在商法体系的内部，根据商法领域本身体系化的要求而进行的商事共同性或一般性的立法，因而，《商法通则》当然应包含于商法之中而不是商法之外。⑤

（三）《商事通则》制定的指导思想

有学者指出，制定商事通则应当坚持以下指导思想：第一，坚持从中

---

① 王保树：《商事通则：超越民商合一与民商分立》，《法学研究》2005 年第 1 期。

② 宁金成：《"商事通则"的立法体系与基本原则》，载王保树主编《中国商法年刊（2007）》，北京大学出版社 2008 年版，第 104 页。

③ 苗延波：《论中国商法的立法模式（下）——兼论〈商法通则〉的立法问题》，《法学评论》2008 年第 2 期。

④ 王建文：《中国现行商法体系的缺陷及其补救思路》，《南京社会科学》2009 年第 3 期。

⑤ 赵旭东：《〈商法通则〉立法的法理基础与现实根据》，《吉林大学社会科学学报》2008 年第 2 期。

国社会主义市场经济发展的实际出发。从实际出发制定商事通则，应满足"通、统、补"的要求。所谓"通"，即满足商事关系调整的共同性规则的要求，譬如，实践不仅要求商事法律提供公司、合伙企业、个人独资企业、工商个体户成为商人而经商的规则，还要求商事法律提供"商人"的一般规定，以便明确商人资格和它特有的营业能力，确定商人的权利、义务，保护商人的合法权益。所谓"统"，即满足商事关系调整的统帅性规则的要求，如前已述及的营业、商号、商誉、经理权、商事代理的内容，需要统一的规则，以统率相关单行商事法律的实施，避免法律适用中的不协调。所谓"补"，即弥补其他单行商事法律规则的缺漏。按照"缺什么补什么"的精神，凡是调整商事关系需要的规则，都应制定出来。但这些规则，有的可以通过完善已有的单行商事法律或将制定的以个别商事领域为规范对象的单行商事法律中解决，不需要归入商事通则；有些不可能在完善已有单行商事法律或将制定的以个别商事领域为规范对象的单行商事法律中解决，则应在制定商事通则中解决。这里，必须突出商事通则的一般规则的特性。在应制定的一般规则中，不必追求"一步到位"，现在需要并具备制定规则的成熟条件的，可先行在商事通则中规定下来。现在条件不成熟或虽有需要但认识不尽一致，可留待以后解决，根据需要逐步完善。第二，不追求商法典模式。制定商事通则是为了满足调整商事关系的需要，并不是一个纯理性的追求，因而不仅在"形"上而且在"神"上，都不必模仿商法典的模式。第三，遵循处理民法与商法关系的原则。商事通则只解决在从民法一般法到以个别领域调整为特征的单行商事法律之间的桥梁，有关民法一般法的问题不应列为制定商事通则的任务。制定商事通则只是解决商法自身完善的问题，即解决商法内部缺少一般性规则的问题，它不应也不可能引起商法与民法的领域之争。①

　　还有学者也同意这种观点。社会主义市场经济的发展，不仅需要调整每个商事领域商事关系的法律规则，还需要满足商事关系整体调整和各个商事领域商事关系个别调整的一致与协调。"通、统"解决的就是《商法通则》对各个商事领域商事关系调整的共同性、统率性的问题，实际上就是体系化、科学化的问题。所谓"补"，则是指《商法通则》的制定，

---

　　① 王保树：《商事通则：超越民商合一与民商分立》，《法学研究》2005 年第 1 期。

应当弥补我国当前商事法律规定的不足，弥补单行商事法律规则的缺漏。①

　　也有学者认为，"商事通则"应该也只应调整那些传统民法难以或不便调整的以营利为目的的社会关系。在商法中属一般性的规则以及虽不属于一般性的规则但不宜以商事单行法的形式加以规定或以商事单行法形式规定成本过高的内容也应规定在"商事通则"中。有些内容虽然属于商法特殊规则，但并不是商法领域具有共性的内容，适合在单行法中规定。② 商法的编纂，是对散见于不同法律规范性文件中属于商法内容的全部现行法律规范，从内容上按照商法的基本原则和价值理念进行整理、修改和补充，消除各单行法规之间的抵触和缺陷，加强各个规范之间的协调，使之形成为一个新的、有共同原则的、并具内在联系的统一商法。③

　　还有学者指出，商事通则应为我国转型经济条件下的市场交易活动提供基础性的原则和规则，对其他已有的商事单行法未曾规定而又非常必要的商事领域的一般原则和制度进行规定（如商法原则、商法适用、商法时效、商人标准、商事登记、商事代理、商事账簿、商号及商誉、营业及转让等），而不是各个商事单行法（如《公司法》、《保险法》、《证券法》、《合伙企业法》、《独资企业法》）的"总汇编"；（2）对目前商法领域已有法律规定不足的一些制度进行补充规定，不在适用到疑难案件时时常遭遇捉襟见肘的窘境；（3）协调好民、商法的各自适用范围和次序，如商事案件适用商事通则，民事纠纷则适用《民法通则》（将来为《民法典》）。④

　　（四）《商事通则》的体系

　　关于我国的《商事通则》或《商法通则》，有不少学者提出了相关的立法结构或内容的设想。其中的代表性的观点，摘录如下。

① 赵旭东：《〈商法通则〉立法的法理基础与现实根据》，《吉林大学社会科学学报》2008年第2期。

② 宁金成：《"商事通则"的立法体系与基本原则》，载王保树主编《中国商法年刊（2007）》，北京大学出版社2008年版，第105—106、107页。

③ 范健：《论我国商事立法的体系化——制定〈商法通则〉之理论思考》，《清华法学》2008年第4期。

④ 官欣荣：《反思商法的法律地位——在制订〈商事通则〉的语境下展开》，《法学杂志》2009年第12期。

　　有学者提出，"商事通则"的框架与结构大体可由以下 10 章构成：第一章为总则，包括立法宗旨、商事范围、基本原则和法律适用等；第二章为商主体；第三章为商事行为；第四章为商事权利；第五章为商事登记；第六章为商会；第七章为商事账簿；第八章为商事诉讼时效；第九章为商事责任；第十章为附则。[①]

　　还有学者将《商法通则》的体例安排如下：第一章，总则（包括适用范围、基本原则、任务等）；第二章，商人（包括商人的认定及其构成，商人权利能力、行为能力的取得及其范围的一般性规定、商人的雇员等）；第三章，商行为（商行为的认定、类型、构成、效力等）；第四章，商业登记；第五章，商业名称；第六章，商业账簿；第七章，有价证券的一般性规定；第八章，商业竞争之一般规则（包括商业信用的价值认定与保护机制，商业秘密的界定与保护之一般规定，等等）；第九章，附则（包括适用规则、生效时间，等等）。[②]

　　有学者提出，商事通则的体系应确定为基本原则、商主体、商事行为与代理、商号、商业登记、商事责任的一般规定、附则等 7 章。[③]

　　有学者认为，商事通则的结构应以总则为基础，以商人与商行为两个基本概念为核心，分别规定商人基础制度及其相关制度、商行为基础制度及其相关制度，并对法律责任作出规定。主要内容是：一是总则。包括商事通则的目的条款、商事通则的适用范围、商事通则所采用的原则，以及调整商事关系的规范的适用顺序。二是商人。包括商人概念、商人资格与分类。除商人的基本制度外，与商人相关的制度也应作出规定：（1）商事登记。包括商人设立登记、变更登记、注销登记以及登记与公告的效力。当然，商事通则中的商事登记仅限于一般性规则，它不代替商业登记法的详细规定。（2）商号。包括商号、商号选用原则、商号的转让、商号权保护等。（3）营业转让。包括营业转让当事人义务及其转让效力。（4）商业账簿。包括商业账簿制作的义务、商业账簿的保管等。（5）经

---

　　① 雷兴虎：《"商事通则"：中国商事立法的基本形式》，《湖南社会科学》2004年第 6 期。

　　② 王瑞龙、林蕾：《制定〈商法通则〉之利弊分析——兼论〈商法通则〉的体例安排》，《河北法学》2004 年第 1 期。

　　③ 任尔昕、石旭雯：《商法理论探索与制度创新》，法律出版社 2005 年版，第193 页。

理和其他商业雇员。包括经理权及经理、其他商业雇员与第三人关系。
(6) 代理商。包括代理商的义务及与第三人关系。三是商行为。包括商
行为性质、分类、商事代理、商事留置、商事保证等。应强调营利性和虽
无明显营利性但采用营业形式对商行为质的规定性的影响。①

有学者认为，应由 8 章构成：第一章，一般规定（立法目的、调整
对象、基本原则）；第二章，商主体（一般规定、商业登记、商号、商业
账簿、商使用人）；第三章，商行为（一般规定、各种特殊商行为）；第
五章，商事责任（一般规定、违约责任、侵权责任、责任竞合、损害赔
偿、过错相抵）；第六章，诉讼时效；第七章，涉外商事关系的适用；第
八章，附则。②

另有学者主张，在我国一些类型的商行为已经由单行法加以调整，因
此，《通则》中不再规定，《通则》体系主要明确界定商主体与商行为这
两个核心概念。具体来说，《通则》在体系上可由 3 章组成：第一章，总
则；第二章，经营商业企业（企业总则、商事能力、商业登记、商业账
簿、商业名称）；第三章，商行为（商行为总则、商事代理）。③

有学者提出了一些结构和内容方面的建议：第一章为商主体的资格和
身份，第二章为商事登记，第三章为商业名称（商号），第四章为营业
（或企业）的移转，第五章为商事簿记（营业或企业账簿），第六章为商
事辅助人，第七章为商行为。④

还有观点认为，商事通则是一部商事单行法的总则，其立法体系要根
据需要解决的问题来确定，要考虑民商法适用上的关系、各商事单行法的
共性、立法技术上的可行性、立法传统的惯性以及立法资源的节约等问
题。具体来说，"商事通则"的内容应包括：总则，包括立法宗旨、基本
原则和法律适用顺序等；商主体的一般规定，包括商人概念、商人分类、
商人名称与营业转让等（商事权利除有特殊规则外，仍属民事权利，不

① 王保树：《商事通则：超越民商合一与民商分立》，《法学研究》2005 年第 1
期。

② 刘永光：《论我国〈商法通则〉的原则及体系结构的构建》，载王保树主编
《中国商法年刊（2004 年）》，黑龙江人民出版社 2005 年版，第 96 页。

③ 陈雪萍：《论商法通则的体系》，载王保树主编《中国商法年刊（2004 年）》，
黑龙江人民出版社 2005 年版，第 108 页。

④ 杨继：《商法通则统一立法的必要性和可行性》，《法学》2006 年第 2 期。

必单列商事权利一章，特殊规则可放在商主体中规定）；商业雇员；商事登记；商事账簿；商人团体，包括商会、行业协会等的性质、职权和职责等；商事代理；附则。而商事责任的一般规定、商事权利、商事行为、商事诉讼时效不宜再在"商事通则"中规定。①

有学者提出，商事通则可分为 3 编：第一编总则，包括第一章：立法宗旨、通则的适用范围、基本原则和法律适用；第二章商人基本制度，包括商事登记与商号、商人分类（商个人、商事合伙和公司）、商业账簿、经理和其他商业雇员、营业转让、破产；第三章商行为基本制度，包括商行为概念、营业的概念、特许经营、连锁经营、默示承诺、电子商务合同、交互计算、票据结算、信用证结算、商事担保。第二编分则，第四章商事买卖、第五章商事代理、第六章行纪营业、第七章居间营业、第八章仓库营业（包括仓单规定）、第九章货运营业（包括提单规定、承揽运输、海上运输）、第十章保险营业、第十一章信托营业、第十二章信贷营业、第十三章证券、期货营业。第三编附则，通则适用的说明、解释机关、生效时间。②

还有学者将中国《商法通则》的结构设计如下：第一章 总则，规定商法的适用范围、基本原则和适用规则；第二章 商主体，规定商主体的基本形式和种类；第三章 商行为与商业代理，包括商事行为与商事代理的构成、一般商事行为和特殊商事行为等；第四章 商业登记，包括商事登记机关、登记范围和登记程序等；第五章 商业名称，包括商业名称的取得、种类、商号权等；第六章 商业账簿，包括商事账簿的种类、内容和置备等；第七章 商事诉讼时效，包括诉讼时效的适用范围、诉讼时效期间的起算、中断、终止和延长以及诉讼时效期间届满的法律后果等；第八章 商事责任，包括商事责任的种类和承担方式等；第九章 附则，包括商事部门法的范围及其制定、有关术语的含义、生效时间和解释机关等。③

---

① 宁金成：《"商事通则"的立法体系与基本原则》，载王保树主编《中国商法年刊（2007）》，北京大学出版社 2008 年版，第 105、108 页。

② 刘云升：《商事通则构造论》，《河北法学》2007 年第 4 期。

③ 苗延波：《论中国商法的立法模式（下）——兼论〈商法通则〉的立法问题》，《法学评论》2008 年第 2 期。

有学者将商法通则的内容分为五部分，第一部分总则，包括立法目的、基本原则、商业登记、商业名称、商业账簿等；第二部分商主体，包括商法人、商自然人、商合伙等；第三部分商事行为和商事代理；第四部分商事权利，包括商誉权、商业秘密权等；第五部分商事救济，主要是商事责任。①

有学者提出，我国《商法通则》的框架与结构大体应由 11 章、103 条构成：第一章为总则，包括立法宗旨、商法的原则、法律适用等。第二章为商人，规定商人资格及商事能力的取得等。第三章为商事登记，规定商事登记机关、商事登记的程序及效力等。第四章为商号，规定商号的选定、商号权、商号的废止及商号权的救济等。第五章为商事企业（营业），规定商事企业的界定、商事企业（营业）的转让与租赁等。第六章为商业账簿，包括商业账簿的种类、制作及置备规则等。第七章为商业雇员，规定经理、经理权、店员等。第八章为代理商，规定代理商的权利与义务、商事代理合同的解除及效力等。第九章为商行为，规定商行为的界定、商行为的一般规则等。第十章为商事法庭及商事诉讼，规定商事法庭的设置及商事诉讼的制度设计等。第十一章为附则，规定适用范围、生效时间和实施机关等。②

商事通则的核心问题，并非是否应当制定商事通则的问题，而是商事通则的内容究竟应当如何选择和安排的问题。以上各种观点所表达的内容，是否具有解决制定我国的"商事通则"的核心问题的基础？有学者很早就指出，我国制定了一系列商事单行法，但"商法特有的学理未被充分的认识，商法深层的理论价值尚未得到发掘。在制定了各种具体的商事单行法后，本应在此之前就对其进行法理加工和提炼的学术使命，法学界却仍然令人震惊而遗憾地忽略了，并且这一遗憾延续至今。我国立法界与理论界在应对个别商事关系法律调整需要的同时，缺少了对整个商事关系共性问题和普遍规律的总结，而这正是中国商法学者责无旁贷的使命，

① 曾大鹏：《商法通则：扬弃民商分立与民商合一》，《法学杂志》2008 年第 5 期。

② 樊涛：《商法通则：中国商事立法的应然选择》，《河南大学学报》（社会科学版）2008 年第 3 期。

是商法理论研究大有作为的广阔领域。"① 更有学者对我国"商事通则"所要规范的内容能否达成表示忧虑，认为提出一项制定商事通则的建议作为商法的法典化的选项较为容易，但如何落实这个选项就是问题所在。商事通则在我国肯定不能是简化版的商法典或者商法典的总则，若商事通则的内容相当于一个简化版的商法典或者商法典的总则，那么在我国的商法理念和学说上，这样做并无任何创新可言，是否具有可行性，无须赘言。我们注意到，在提出制定商事通则的诸多理由中，无不涉及商事通则统领我国商事单行法的作用和必要性；在这一点上，商事通则并不同于商法典或其总则，它担负着建立我国商事单行法相互之间的联系或纽带的责任，可以提高现行商事单行法的位阶；并同时担负着构建我国民法典和商事单行法之间的联系或纽带的责任，以填补我国民法和商事单行法之间存在的规范缺失。在改革开放后的数十年经济建设中，我国颁布的有关海商、公司、合伙企业、破产、票据、保险、证券、信托等内容的法律，客观上支撑着我国商法的存在和发展，然这些法律相互之间究竟存在着怎样的联系或者说其相互之间存在的"共性"如何，估计没有多少人可以把它说清楚。在一定程度上，我们似乎可以找到这些法律和民法之间存在的不同或差异，但它们各自与民法之间存在的不同或差异，并不能想当然得出它们具有"共性"的结论。这样看来，要在民法典和商事单行法之间创制出统领商事单行法的商事通则，估计要比制定商法典（汇编式、松散式的"商法典"）还要具有难度。作为我国商法的法典化选项之一的商事通则，会不会是一个根本就不存在的"命题"？② 事实上，截至目前，我国立法机关对于学者提出的制定"商事通则"的倡议与设想并没有任何正面的回应。

---

① 范健、王建文：《商法论》，高等教育出版社 2003 年版，第 8 页。

② 参见邹海林《中国商法的发展研究》，中国社会科学出版社 2008 年版，第 32—34 页。

第 三 章

商法的价值与基本原则

第一节 商法的价值

一 商法的价值的独立性

有观点认为,商法的价值体现商法精神,从哲学的高度概括了商法的目的与宗旨,决定了商法的调整对象、特征、原则,统领商事立法、执法、司法和守法的全过程。构成商法的各部门法律规范都从整体上体现着商法的价值。只有把握商法独立的内在价值并与其他法律部门如民商法、行政法的价值相区别,才能从理性和逻辑的高度确立商法的独立地位,为实现商事法律体系内在的和谐统一奠定基础。[1]

有学者论证了商法的价值的意义,认为,人类的商事活动都客观地表现了商事活动鲜明而独特的性质和价值取向,即商事活动自身要求的效益、安全和公平。其中商事活动效益和安全特性,体现商事活动的经济属性,反映商事活动兼顾效益与安全的价值取向。而商事活动企求公平特性,则更多地体现商事活动的社会属性,反映商事活动兼顾经济效益与社会公平的价值取向。商事活动三类特性的理论概括即为商法的价值的基础内容,商法的价值基础决定了商法的特征与意义,确立了商法的基本原则。[2]

---

[1] 宋智慧:《商法价值范畴论析》,载《学术论坛》2005 年第 4 期。

[2] 喻磊:《论商法价值确立的商法基本原则》,《华南理工大学学报》2006 年第 1 期。

有学者探讨了商法的价值的独特性，认为，一般法律所具有的价值如秩序、自由、效率、正义、公平等，商法都具有，并且在各个具体的商事法律制度中也都能找到它们的具体体现。但是商法所探讨的价值同上述法理学所探讨的法律价值是有区别的。①

由于我国商事领域缺乏一部具有总则性质的法律，商法的价值和基本原则未能得到法律层面的确认，商事单行法对各自基本原则的规定因局限于各自的领域而很难统一，不协调之处比比皆是。因此从整体上看，商事立法因缺乏统一的商法精神和理念，法律冲突必然难免。②

对于商法的价值的探讨，在商法学界尚未有共识，定会持续不断的。

二 商法的价值的内容

对于商法的价值，学者大多认可了效率价值。有学者认为，效率价值作为商法的目标性价值，集中表达了这样一种理念，商事制度的创建、商事法律规范的设计，必须以能促进商事交易主体交易，提高交易效率，保证其资本增值、财富增长最大化目标的实现、如何保证营业中效益的不断增进应是制度设计考虑的终极目标和基本出发点。③

还有学者将公平价值添加为商法的价值，并强调效率价值在商法中的重要地位。例如，有学者认为，公平和效率是所有法律共同追求的目标，在任何法律部门中都有所体现，但不同法律对公平和效率的追求程度各不相同，因而公平和效率在不同法律部门中的地位亦有所不同。民法和商法在对待公平与效益的关系与地位上所采取的不同的价值取向，既反映了民法和商法在立法上的不同价值追求，也反映了民法和商法在调整市场经济关系时所具有的不同作用和各自独特的存在价值。在商事立法中最高的价值取向则是效益，在处理效益与其他法律原则的关系时，其基本原则和要求是效益优先、兼顾公平与其他。由于商法来源于民法，因此商法中不可避免地存在不少公平性的规定，这并不能因此而否定商法的营利性本质，

① 毛海栋：《关于商法价值的思考》，载王保树主编《商事法论集》，法律出版社 2008 年版，第 36 页。

② 范健：《论我国商事立法的体系化——制定〈商法通则〉之理论思考》，《清华法学》2008 年第 4 期。

③ 肖海军：《论营业自由——商法价值的展开》，载范健主编《商事法律报告》（第一卷），中信出版社 2004 年版，第 49—50 页。

与公平原则相比，效益原则在商法中所占的地位更加突出、更加重要。[1]
宋智慧认为，商法价值是人与法的关系中体现出来的商法的有用性，包括
效益、公平和秩序等价值。商法作为市场交易的基本法，其价值体系应以
效益为最高价值。但我国商事立法表现为对安全价值的过度保障，对效率
价值重视不足。随着我国市场经济的发达，商事立法的价值取向应更加偏
重效益价值。[2] 有观点提出，商法的价值包括自由价值、秩序价值和效益
价值。三者以自由价值和秩序价值为工具价值、效益价值为终极价值形成
一个价值体系。当前以及今后商法的价值发展应该放在保障效益价值上，
这是市场经济发展的必然结果。[3] 还有学者认为，商法的基本价值取向是
效率，即效率与商法的其他价值（譬如公平）发生冲突时商法首先会选
择效率，效率优先兼顾公平。作为商法基本价值的效率主要体现在保障交
易迅捷原则和鼓励交易原则上。[4] 还有观点指出，一般法的价值在商法的
视野里面具有更加具体的内容。如秩序价值在商法中对应的价值是交易安
全，自由价值在商法中对应的是交易自由，效率价值在商法中对应的价值
是交易效率，正义价值在商法中对应的价值是交易公平。效率价值作为商
法的根本价值，是商法的最终目标，与同为商法价值取向的交易自由、交
易公平和交易安全价值不是在一个层面上的价值范畴。效率价值是商法的
目的性价值，并且是商法所追求的最终和最高目标，而同效率价值相比，
商法的其他价值则处于工具性价值的位置，其存在和实现都是为了达到商
法的效率价值。[5]

另有学者认为，市场经济社会中由于市场主体——人的多元性及其需
要的多元性，调整市场交易关系的商法的价值也应呈多元性，并由此构成
商法的价值体系。商法选择了自由、秩序、效益作为自己的价值趋向，并

---

[1] 赵万一：《论民商法价值取向的差异及其对我国民事立法的影响》，《法学论坛》2003 年第 6 期。

[2] 宋智慧：《商法价值范畴论析》，《学术论坛》2005 年第 4 期。

[3] 杨正周：《商法价值的再思考》，《德州学院学报》2005 年第 3 期。

[4] 吴高臣、赵继明：《商事单行法：现实主义的选择——兼论"商事通则"之制定》，载王保树主编《中国商法年刊（2007）》，北京大学出版社 2008 年版，第 122页。

[5] 毛海栋：《关于商法价值的思考》，载王保树主编《商事法论集》，法律出版社 2008 年版，第 36 页。

以此构成自己的价值体系，以自由、秩序作为基础价值，以效益作为目标价值。①

　　还有学者认为，"效益"和"安全"这两个理念应作为商法具有的价值。理由是，商事活动作为以营利为目的的营业活动，其目标在于充分利用现有资源以追求最大经济效益，这是商事活动的本质要求。但是，在利益驱动下会产生过度的利己行为，诸多不安全的因素会渗入商业活动中，这也是商事交易的特殊性所在，安全的交易环境又成为商法所追求的另一目标。②

　　有学者提出，贸易本位是商法价值观的出发点与归宿。贸易本位本身就是商法价值。同时，商法的内在价值和外在价值又是以贸易本位为基础的。就商法的价值取向而言，它包括正义、自由、平等、公平、公正、效率、安全和秩序等。其中最基本的价值主要是交易效率价值、交易安全价值和交易公平价值。③ 交易安全、交易效率和交易公平，被公认为商法的三大价值目标，而提高交易效率乃商法之最高价值追求。④

　　还有学者认为，商法的规范对象可分为两部分，即商人人格关系与营业关系，前者体现着交易安全这个价值，后者蕴涵的是交易自由的价值理念。商事关系的私人性决定了商法的价值只能建立在对私人意愿尊重的基础上，由此，才有营业自由价值在商法中的倡行；同时由于商事交往中交易自由必须有所节制，就交易整个环境而言，在关注自己利益的同时还要关注对方交易人的利益，否则，市场本身是难以维系的；因此，才有商法对交易安全价值的注重。⑤

　　另有观点提出，商法的价值是商法规范的上位渊源，其顺序为：商法的价值——商法的原则——商法规范。而商人伦理属于道德范畴，它对商法规范的影响是通过对商法的价值进行影响来完成的。商人伦理的主要内

---

　　① 马齐林：《商法的价值论》，《黑龙江政法管理干部学院学报》2002 年第 2 期。

　　② 范健：《论我国商事立法的体系化——制定〈商法通则〉之理论思考》，《清华法学》2008 年第 4 期。

　　③ 胡鸿高：《商法价值论》，《复旦学报（社会科学版）》2002 年第 5 期。

　　④ 刘云升：《商事通则构造论》，《河北法学》2007 年第 4 期。

　　⑤ 李少伟、王延川：《商法的规范对象——商事关系论要》，《甘肃政法学院学报》2005 年第 3 期。

容是：自爱、自律、诚实、公平、勤劳、正义感、勇气、谦逊、公开竞争、恪守诺言、公平交易、在不损害社会利益的前提下追求自己的利益。而商法的主要价值是：自由、正义、秩序、安全与效率。①

第二节　商法的基本原则

一　商法基本原则的独立存在

商法学者基本认同商法具有基本原则，并从多个角度提出商法有其独立存在的基本原则。有学者认为，法律原则是制定具体法律规范的依据，它确定了立法的指导思想，体现了具体法律部门的所有法律规范之间应当具有统一的价值取向，避免了具体法律规范之间的矛盾，从而实现了法律内部体系的和谐，保证法律规范功能的正常发挥。② 传统民法一直遵循人格平等、私有权神圣、意思自治、过错责任这四大原则，它们体现于传统民法的全部规范之中，因而成为传统民法的基本原则。但随着资本主义的发展，越来越显露某些不适应性，如果继续贯彻上述原则只会引发更多的问题。于是，现代各国民法都纷纷对传统民法的基本原则予以适当的修正或限制，其主要方向是：从极端尊重个人自由转向兼顾社会公共福利或社会公正，比如契约自由受到了一定的限制，在过失责任之外出现了无过错责任，等等。究其原因可以发现，商事活动的发展和实质商法理念的传播对传统民事活动所造成的巨大冲击和影响，是传统民法基本原则无法适应社会生活并亟须做出相应修正的一个极为重要的原因。③ 商法具有独立性，是独立的法律部门。在不同的法律部门之间，法律基本原则应更多地突出"个性"，体现部门法的特征，而非"共性"。所以民法的有些基本原则可以在商法中得到适用，却没有必要作为商法基本原则而出现，如民法的公平原则、平等原则等。另外，对"独立性"或"个性"的理解，不能过于机械。例如作为民法基本原则的诚实信用原则，它同样是商法的

---

① 陈帮峰：《论商人伦理对商法价值的影响》，《沈阳工程学院学报》（社会科学版）2007年第3期。

② 赵万一：《商法基本问题研究》，法律出版社2002年版，第62页。

③ 参见范健《论我国商事立法的体系化——制定〈商法通则〉之理论思考》，《清华法学》2008年第4期。

基本原则，但这种诚实信用并非是民法基本原则在商法中的简单重复；商事诚实信用在规范商事活动的过程中被赋予了民事诚实信用所不具有的更多属性，如"营利性"、"行政强制性"。因此，我们应将这种"独立性"或"个性"置于特定的法环境中去考察，使其更能体现各自部门法学的理念与价值。①

关于商法有无基本原则的问题，有学者认为，在理论上认识商法的基本原则，至少包含应当含有以下三个要素：（1）高度抽象性，即集中体现商法的宗旨和价值的一般规范；（2）普遍适用性，即能够普遍适用于各种或者主要的商事关系的一般规范；（3）效力的纲领性，即对商事立法和司法实务（包括商法规范的解释）产生纲领性评价作用的一般规范。我国颁布的有关商主体和特定商事交易的单行法，在这些法律中存在具有普遍适用价值和指导意义的一般规范。同时，作为法律解释现象的商法，又是寄生并成长于我国的民法，民法的理念、原则和制度为商法的生存和发展提供了土壤，民法的基本原则对于商法而言，同样具有高度抽象性、普遍的适用性和效力的纲领性。在这个层面上，我国商法的确有存在基本原则的实践基础。②

二　商法基本原则的地位与作用

对于商法基本原则的地位与作用，学者都给予了积极的肯定。

有学者认为，商法基本原则来源于商事实践活动，又是指导和规范商事实践行为的准则和指导思想，是商事立法、执法和从事商事活动及进行商法研究最根本的出发点和归宿。学习和研究商法的目的和方法尽管各不相同，但都应该了解和掌握商法的规则和原则，因为这些规则和原则具体表现为各种商法制度和规范，从而可以借助商法基本原则预测出法律后果。③ 甚至有学者认为，实质上促使商法部门法化的根本动力乃商法基本原则的自然存在及其所起的导引作用，而并非表面上的商法

---

① 孙景新：《论商法基本原则的界定与构成》，《山东警察学院学报》2009 年第 2 期。

② 参见邹海林《中国商法的发展研究》，中国社会科学出版社 2008 年版，第 11、12 页。

③ 任先行、周林彬：《比较商法导论》，北京大学出版社 2000 年版，第 81、82 页。

调整对象。①

　　还有观点认为，商法基本原则应该是商法基本精神的体现，是全部商法规范的价值主线和灵魂所在，是商法所调整的商事关系的集中反映，并认为这是对商法基本原则的认识所应达到的基本高度。② 还有人认为，商法的基本原则是商法的主旨和基本准则，是对于各类商事关系具有普遍性适用意义或司法指导意义，对统一的商法规则体系具有统领作用的某些法律规则。③

　　还有学者提出区分商法基本原则与一般原则，并认为，有必要对基本和一般原则加以区别，概括起来：一是地位和内容不同。基本原则是商法的根本准则，贯穿于全部商法之中，体现商法的基本精神理念、基本价值目标，是商法全部规范要求的高度抽象、概括和浓缩。一般或具体原则是商法中某些制度的一般准则，虽也体现商法的基本价值，但主要、直接反映的是商法中特定领域的价值目标。二是适用范围不同。基本原则是商法立法、守法、司法及商法研究总的指导思想，统帅并适用于商法的各项制度及规范。一般或具体原则仅为商法特定领域环节的指导思想，适用的范围是有限特定的。三是效力不同。基本原则反映市场交易关系本质的客观要求，是国家对市场交易基本方针的集中体现，效力高于一般或具体原则，起着统领、指导一般原则的作用。一般或具体原则是基本原则在商法某些或某个领域的延伸、深化，与基本原则相辅相成，不能与其相违背。④

　　还有观点提出，作为法律原则的商法基本原则应是制定商事法律规范的依据和基础，需贯穿于整个商事法律规范体系的始终；同时，商法基本原则又是对现有商事法律规范或已发生的商事活动规律的一种高度抽象和概括，它必须集中体现商法的基本理念——本质与价值。⑤ 但也有学者提出反对意见，认为商法的基本原则并非采用提取公因式的方式从具体商事

---

　　① 高在敏：《商法的理念与理念的商法》，陕西人民出版社 2000 年版，第 55 页。
　　② 林敏：《商法基本原则研究》，《中国人民大学学报》2002 年第 4 期。
　　③ 夏雅丽、丁学军：《论商法的特征及基本原则》，《西北大学学报》2002 年第 2 期。
　　④ 徐学鹿：《论现代商法的基本原则》，《法学杂志》2003 年第 1 期。
　　⑤ 孙景新：《论商法基本原则的界定与构成》，《山东警察学院学报》2009 年第 2 期。

制度中抽象而来，通常只能指导某一类商事制度，这显然与其他部门法的基本原则无法相提并论。因而从现实主义出发，总则条款并无规定之必要。①

商法的基本原则，本身就意味着它是"集中体现商法的性质和特点、概括商法的基本制度、反映商法精神的根本规则。商法的基本原则是商人从事商事活动的根本行为准则，是立法机关从事商事立法活动的根本指导思想，也是司法机关处理商事纠纷的根本规则。"② 商法的基本原则是商事立法的准则，也是商事活动的行为准则和商事纠纷的裁判准则。由于商法基本原则乃商法理念与商法精神的集中体现，因此，商法基本原则中所蕴涵的商法理念与商法精神有利于商法理论研究形成基本制度的系统化方案，同时以该系统化的商法理论体系及商法基本原则所蕴涵的商法理念与精神为指导，将有利于使立法者借助对商法基本原则的深刻认识协调商法中一系列的规则、原则与概念之间的内在关系。③

三　商法基本原则的内容

因为对商法基本原则的认识角度不同，学者总结出的商法基本原则亦不相同。有学者提出二原则说，认为商法以商行为作为规范对象，又是民法的特别法，体现其特色的基本原则有两个：第一，保障交易便捷原则；第二，维护交易安全原则。有学者在此基础上增加对商主体调控的制度安排，提出三原则说，认为商法基本原则包括：第一，保障交易便捷原则；第二，维护交易安全原则；第三，商主体法定和维持原则。当然，更多的学者则尽可能地扩充商法的基本原则阵营，于是就有了四原则说、五原则说、六原则说，等等。④ 我国商法学界对于商法基本原则的内容之归纳，并没有形成较为统一的认识。

---

① 吴高臣、赵继明：《商事单行法：现实主义的选择——兼论"商事通则"之制定》，载王保树主编《中国商法年刊（2007）》，北京大学出版社2008年版，第125页。

② 张民安：《商法总则制度研究》，法律出版社2007年版，第40页。

③ 范健：《论我国商事立法的体系化——制定〈商法通则〉之理论思考》，《清华法学》2008年第4期。

④ 邹海林：《中国商法的发展研究》，中国社会科学出版社2008年版，第12页。

有学者认为，商法的原则有利润最大化原则、诚实信用原则、磋商调节原则、互惠原则、简便敏捷原则、安全原则、经营自主原则、强化企业组织原则与社会责任原则。①

有学者认为，商法的基本原则有效益原则、维护交易公平的原则、强化商事组织的原则、维护交易安全的原则、交易诚信的原则、充分尊重交易习惯和交易规则的原则。②

有学者将商法基本原则归纳为规制商主体因素的基本原则和规制商行为因素的基本原则两类，具体包括：依法自由行使权利原则；维护交易安全原则；商主体意思自治原则；诚实信用原则；促进交易便捷原则；维护交易公平原则。③

还有学者认为，确定商法基本原则的内容应把握以下原则：第一，应从商事关系的本质去认识商法的基本原则。第二，应站在现代商法产生的大背景下去考察商法的基本原则。第三，应以发展的眼光看待商法基本原则。根据这几项，商法的基本原则应包括：商主体法定原则、商事行为自治原则、商事安全保障原则。④

还有学者围绕商事交易来论证商法的基本原则，并归纳为交易自由、诚信、公平原则。交易自由原则是指市场主体之间自愿进行各自拥有的资源交换，通过分散决策实现社会资源在不同市场主体之间的优化配置目的的基本准则。交易诚信原则是指以善意、勤勉、合理和注意为内容的强制性法律原则。交易公平原则是指在市场交易中当事人以等价让渡自己或占有对方的商品、技术或服务的强制性商法准则。⑤

学者赵金龙在论述商法的基本原则时，认为商法的基本原则有五个：一为商主体法定原则，二为强化商事组织原则，三为保障交易迅速原则，

---

① 任先行、周林彬：《比较商法导论》，北京大学出版社 2000 年版，第 82—96 页。

② 赵万一：《商法基本问题研究》，法律出版社 2002 年版，第 62 页。

③ 夏雅丽、丁学军：《论商法的特征及基本原则》，《西北大学学报》2002 年第 2 期。

④ 秦守勤：《商法基本原则探析》，《江西财经大学学报》2003 年第 1 期，第 79 页。

⑤ 徐学鹿：《什么是现代商法——创新中国市场经济商法理论与实践的思索》，中国法制出版社 2003 年版，第 79—83 页。

四为保障交易安全原则，五为维护交易公平原则。①

有学者认为，商法的基本原则包括以下内容：（1）当事人意思自治原则；（2）诚信原则；（3）公平原则；（4）确定性原则，确定性是指法律应当明确，而且能够以可预测的方式加以适用。如法律提供判断合同中不合理条款的规则须简单明了。确定性还要求既定的法律规则不应轻易地改变；（5）承认商事习惯和惯例原则。②

也有学者认为，既然是商法基本原则，就应该是效力贯穿商法全部规范的原则，但规范商主体的所谓商主体法定、强化商主体的原则，规范商行为的交易安全、交易便捷、交易公平、交易确定原则就不能作为商法的基本原则，因为这只是作用于商法局部领域的规则。学者主张的诚信原则、意思自治原则是私法共同的原则，而磋商调节原则、互惠原则、经营自主原则，是规范营利活动某一环节的原则，这都不能作为"商事通则"的基本原则。而交易安全、交易便捷、交易效率和商主体法定原则都是由营利性原则派生的。因此，只有营利性原则是商法的基本原则。③

还有学者认为，商法基本原则应包括以下内容：商主体严格法定原则；企业维持原则；保障交易简便、迅捷原则；维护交易安全原则。这四项原则基本可以涵括商法的精神、理念与商法的基本内容及具体制度，并能够与现代各国或地区商法精神相协调。④ 该学者在之后的文章中，又对商法的基本原则提出了新的认识，其从"效益"和"安全"两大理念出发，将商法的基本原则归纳为以下方面：（1）基于"效益"理念的商法原则：一是商事自由原则；二是商事便捷原则。（2）基于"安全"理念的商法原则：一是法定强制原则；二是公示外观原则。⑤ 另有学者认为，商法基本原则应包括以下四项：强化商事组织原则、商事效益原则、维护

---

① 赵金龙：《商法学》，中国财政经济出版社 2004 年版，第 20—21 页。

② 陈雪萍：《论商法的原则》，《社会科学论坛》2005 年第 10 期。

③ 宁金成：《"商事通则"的立法体系与基本原则》，载王保树主编《中国商法年刊（2007）》，北京大学出版社 2008 年版，第 109 页。

④ 范健：《"商法通则"关于商法基本原则的界定及其立法安排》，载王保树主编《中国商法年刊（2007）》，北京大学出版社 2008 年版，第 12 页。

⑤ 范健：《论我国商事立法的体系化——制定〈商法通则〉之理论思考》，《清华法学》2008 年第 4 期。

商事交易安全原则、商事诚信原则。①

也有观点从商事关系的聚合特征出发，将商法的基本原则概括为：（1）交易迅捷原则。（2）交易确定原则。为促使权利人尽早地行使权利，为确认一定的事实状态，防止权利义务关系的不稳定现象，在商事交易方面，应贯彻交易确定原则，采取短期时效制度。在商事行为方面，为防止权利义务的不确定状态的出现，法律规定某些商事行为不得附条件。在交易相对人的意思表示方面，采告知或通知主义。交易双方在意思表示时，应诚实，不得欺诈。目的均为商事交易的确定、确实。并且已经形成的商事法律关系一般不能撤销。（3）保障商事交易安全原则。②

我国学者关于商法基本原则的归纳，之所以争议不断，未达成共识，估计相当程度上与商法的独立性有关，更与对商法基本原则的认识有关。早在 2001 年就有学者提出，在研究商法基本原则时，应对以下几个具体问题加以注意：（1）不要将民法的基本原则当成商法的基本原则重复加以表述；（2）不要将商法的具体规则或制度拔高为商法的基本原则；（3）不要机械地理解商法的基本原则贯穿于商法规范的始终。因此，商法基本原则有三项，即维护市场正常运行原则、提高商事交易效益原则、保障商事交易安全原则。③ 但商法学者在归纳商法的基本原则时，或多或少都没有对这些问题加以足够的重视，以致出现了"五花八门"的商法基本原则说。混乱的商法基本原则说，事实上已经否定了我国商法有其独立的基本原则。

"我国学者在商法基本原则问题上，过于强调商法有其独有的基本原则，并极力回避提及民法基本原则在商法上的再现。我国的商法理论倡导者太希望商法独立于民法获得发展，以致对于商法体系的完美构造太过于专心，因为缺少基本原则的商法无论如何也够不上完整，更难以说其独立。"④ 因此，在商法学上就其基本原则有如下的认识就十分正常了："商

---

① 孙景新：《论商法基本原则的界定与构成》，《山东警察学院学报》2009 年第 2 期。

② 李嘉宁：《论商法的原则和精神——从商事法律关系的基本特征谈起》，《河南科技大学学报》（社会科学版）2009 年第 1 期。

③ 顾耕耘：《商法教程》，上海人民出版社 2001 年版，第 20—24 页。

④ 邹海林：《中国商法的发展研究》，中国社会科学出版社 2008 年版，第 13 页。

法作为民法的特别法应在分享民法基本原则的基础上有所取舍……商法的基本原则应体现与民法的不同之处。总结出商法的特有原则,有利于认识商法和民法的区别和联系,也有利于描述商法基本原则发展变迁的历史轨迹。商法基本原则在继承民法基本原则的基础上应有所扬弃,既体现商法的私法属性,也体现商法强烈的公法倾向。一般而言,作为民法基本原则的,就不必再重复作为商法的基本原则,甚至商法的基本原则应是明显区别民法和商法的理论规范。"①

当我国学者要求商法有"完全"不同于民法的法律原则时,其结果就是非要在民法基本原则之外独创我国"商法"上事实上还不存在的商法基本原则。也是因为我国商法学者太过于强调商法和民法的区别(商法独立于民法),以至于民法上的私法自治、诚实信用、公平等基本原则居然被我国商法学者在讨论商法基本原则时几乎"集体忽视"。再者,我国商法学者在归纳我国商法的基本原则时,多在我国已经颁布的商事单行法中去寻找出某些规定作为依据,诸如,从公司法上的公司组织形式、资本制度、组织机构、登记公示等推导出商主体法定原则,或者借助大陆法系商法典的某些不同于民法的规范作为理由,诸如,以短期时效制度等来论证保障交易的简便、迅捷原则,但这在法解释学上根本不靠谱。我们没有必要刻意去寻找我国商法的基本原则。商法作为私法,诞生于民法、成长于民法、独立于民法,但是民法的原则、制度、理念构筑了我国商法生存和发展的基础,尤其在我国民商法的发展过程中,并没有将商法严格区别于民法而对待。所以,民法上的基本原则,诸如平等、私法自治、公平、诚实信用等,应当无例外地构成我国商法的基本原则;刻意总结或归纳我国商法"独有的"基本原则,实际上并不重要。② 要注意的是,当我们研究和讨论商法的基本原则时,并不能简单地重述民法的基本原则;在将民法的基本原则引入商法时,应当反映出商法的特点,并将民法的基本原则融进商事交易的环境中加

---

① 何勤华、魏琼主编:《西方商法史》,北京大学出版社 2007 年版,第 594 页。
② 参见邹海林《中国商法的发展研究》,中国社会科学出版社 2008 年版,第 13—15 页。

以考量，使之具有相对于民法的基本原则的区别性特征。①

第三节　商法的基本原则解析

目前，商法学界对于商法的基本原则尽管尚未形成统一的认识，但并不妨碍将学者集中论述的若干项商法的基本原则进行整理和归纳。

一　关于商法的自由原则

有学者将其概括为依法自由行使权利原则。首先，商主体享有开业权。所谓开业权，即指商主体只要符合法律所规定的开业条件，都可以通过办理独资企业、合伙企业和公司登记取得商主体资格。非基于法律规定，登记机关不得拒绝为其办理开业登记等手续。其次，商主体享有自主的经营权。在市场经济条件下，只要合乎法律规定，人人皆得从事商行为，商主体有权基于市场变化自由地使用、处分自己财产。除非基于法律，任何部门、机关不得干预商主体自由经营权的正当行使。最后，商主体有权自主选择交易对象，自主决定交易性质。②

也有学者提出，商法自由原则是商主体在遵循商法规范的前提下，依照自己的意愿进行商事交易活动的原则。商事交易自由原则主要体现在商事合同自由与交易方式自由。③

还有学者认为，所谓"自由"，既要充分尊重相关主体的意思自治。首先是投资自由和营业自由，民事主体有自主决定从事投资行为和营业行为的自由，国家不应当对此设置不当障碍，从特许设立到核准设立再到准则设立的变化，有利于促进商主体的自由成立。其次是商事行为上的自由，对大量的一般货物买卖，商法认可非要式主义，当事人可用口头、书面、行为方式进行商事交易。除非为安全考虑而作出一定的限制，否则商法应当充分尊重商主体的意思自治，从而得以充分地发挥其主观能动性，

---

① 参见徐学鹿、梁鹏《商法中之诚实信用原则研究》，《法学评论》2002年第3期。

② 夏雅丽、丁学军：《论商法的特征及基本原则》，《西北大学学报》2002年第2期。

③ 喻磊：《论商法价值确立的商法基本原则》，《华南理工大学学报》（社会科学版）2006年第1期。

以明智的决策设计自己利益实现方式和模式，积极努力地谋求利润最大化。再次是商事纠纷解决方式上的自由，出于方便当事人实现商事活动目的的考虑，当发生争议时，商主体可以自由选择协商、调解、诉讼、仲裁等方式，尤其是商事仲裁程序上的相对自由，体现了商事自由原则和追求效益的理念。①

更有观点将其表述为交易自由原则，并认为，交易自由是商法自产生以来就具有的价值追求。商法所维护的交易自由包括财产自由、缔约自由、经营自由和联合自由。交易自由的最重要是体现商事合同的自由和交易方式的自由。各国商事合同法都规定了当事人有是否缔结合同的自由、何种方式缔结合同的自由、选择相对人的自由、决定合同内容的自由。公司法规定了公司章程的任意记载事项，票据法规定了票据的任意记载事项，保险法规定保险标的的价值约定，海商法关于海上保险的委付等，都允许当事人自由约定。②

二 关于商法的效益原则

商法的效益原则表现为交易迅速、灵活、简便等方面，并通过各商法部门法中的制度规范体现出来。

有学者认为，商法所设立的促进交易迅捷、灵活的功能性措施包括：第一，定型化契约的承认。商主体营利性活动的反复性、持续性和计划性，导致了定型化契约的出现。这类契约的特征在于，契约的内容完全以一方当事人预先拟定，留待交易对方的权利只是"接受与否"而已。在传统私法上，当事人之间的契约具有相当于法律的效力。但由于定型化契约排除了协商这一订约的基础，违背了契约自由的原则，因而传统私法一般否认将这类契约视为法源。然而在商事活动中，对于普遍以定型化契约进行交易的企业，契约依照标准条款的做法被认为是一种习惯法或事实上存在的商事习惯，因此立法者能从这里来寻求定型化契约具有约束力的根据。虽然定型化契约存在一定的弊端，但商法可以通过规定强行法规则以

---

① 范健：《论我国商事立法的体系化——制定〈商法通则〉之理论思考》，《清华法学》2008 年第 4 期。

② 毛海栋：《关于商法价值的思考》，载王保树主编《商事法论集》，法律出版社 2008 年版，第 38 页。

及契约解释方法来克服定型化契约的种种不利因素。第二，权利证券化。权利是以抽象的价值形态存在的财产，虽能转让（transfer）但不便流通（negotiate）。如想促进权利的流通或迅速转让，就必须使之达到在交易上能迅速辨认的程度。易言之，权利须以某种载体表现出来，这种载体就是证券。在英美判例法上，将这种不以物质形态存在，而以价值形态存在的、并可以由法院强制执行的财产，称为"权利财产（choose in action）"。商法上，权利的证券化几乎涉及了交易的所有环节。如公司股票、公司债券、提单、仓单、票据等。这些以证券表彰的权利，借以背书或交付制度，可以适应大量的交易及迅速的、灵活的交易。而且，商法依不同性质分别赋予了证券的物权、债权或社员权的效力，并设立了证券交易、票据交换等制度，促进证券的迅速流通。第三，创设短期时效制度。各国商法为达到商主体及时了结交易、实现营利并保持不间断的营业，确立了短期时效制度。在票据、运输、海商等消灭时效制度中，均采取不同于民法上时效期间的短期时效。商法上的短期时效制度旨在推动商事纠纷的迅速解决，它以牺牲债权人的时效利益为代价换取了交易迅捷的社会效益，由此体现了现代商事法的价值取向。①

具体到交易定型化，学者也有深入的论证。如有学者提出，交易定型化是保障交易迅捷的前提，包括交易形态定型化和交易客体定型化两个方面。交易形态定型化是指商法通过强行法规则预先规定若干类型的典型交易方式，使得任何个人或组织，无论何时从事购买，均可以获得同样的法律效果。所谓交易客体定型化，即指交易客体的商品化和证券化。一方面，若交易之客体是有形物品，必使之商品化，给予统一的规格或特定的标记，使买卖者易于识别该商品，从而实现交易迅捷；另一方面，若交易的客体为无形的权利，则使之证券化，从而简化权利转让程序，形成证券的流通。如公司法上的股票和公司债券，票据法上的各种票据，保险法上的保险单，海商法上载货证券均为权利证券化的典型。②

还有学者将交易定型化表述为商事交易标准化，并认为其表现为交易

---

① 钱玉林：《商法的价值、功能及其定位——兼与史际春、陈岳琴商榷》，《中国法学》2001 年第 5 期。

② 夏雅丽、丁学军：《论商法的特征及基本原则》，《西北大学学报》2002 年第 2 期。

方式标准化和交易客体标准化。交易方式标准化就是通过商事强行法和推定法预先拟定典型商事交易方式，由交易者确认采用。如标准合同，是合同的内容固定、形式标准，合同基本条款预先确定。交易客体标准化是指商事交易客体的商品化和证券化。商事交易客体，若为有形物品，将之商品化就是将难以尽数的物品依照一定标准如品牌、标号、规格统一规定，使交易者、消费者便于识别，确保大量交易迅速成交，大宗交易顺利进行。若为无形财产或权利财产，由于不便流通，则通过权利证券化规则，将权利化为一定形式的各种证券与票据，使得权利的流通极为简便和迅速。①

还有学者认为，所谓"便捷"，既要能简便，又要能迅捷。首先是商主体成立上的便捷，简化注册登记手续，缩短成立时间，通过一系列的程序设计，保证商主体能够简便而迅速成立。其次是商事交易上的便捷，通过采取要式行为方式和文义行为方式，并通过强行法和推定法对其内容预先予以确定，简便交易手续，保证交易的迅捷。再次是定型化的交易客体和交易形态，若为有形物品则将之商品化，将难以尽数的物品依照一定标准如品牌、标号、规格统一规定，使交易者、消费者便于识别，确保大量交易迅速成交，大宗交易顺利进行；若为无形财产或权利则将之证券化，广泛采用票据、提单、保险单、股票等要式文件和文义文件，使之定型化和标准化，从而简化了权利转让和权利认定的程序，促进商事交易的便捷。最后是短期时效制度，为了督促商事交易当事人迅速行使自己的权利，促进商事交易流转，实现营利并再次交易的目的，商法对各类商事请求权比如票据请求权、货物买卖中的瑕疵责任等，普遍采取了不同于民法上的短期时效制度，从而为商事交易纠纷的迅速解决，及时结束商事交易中权利义务关系不确定状态，提供了一种自动的法律调节机制。②

还有观点以商事效益原则来指称便捷原则，并认为，从现代商法的发展来看，商法的这种商事效益原则并非单纯地强调"营利"，它在于商法对经营性商事关系进行规则性调整，在遵循市场经济规律，保障交易公

---

① 喻磊：《论商法价值确立的商法基本原则》，《华南理工大学学报》（社会科学版）2006 年第 1 期。
② 范健：《论我国商事立法的体系化——制定〈商法通则〉之理论思考》，《清华法学》2008 年第 4 期。

平、安全的前提下，使交易双方合法的营利性目的得以实现；当然，在这个过程中，营利性和效率性仍是核心。因此，它主要由一系列保证营利和提高效率的具体制度和原则组成。具体包括交易要素定型化、交易程序简单化、短期消灭时效制三个方面。①

三 关于商主体法定原则

我国商法学者对商主体法定原则的具体内涵，并没有达成共识。关于商主体法定原则，仍然存在争论，这里仅罗列若干 21 世纪以来所发表的观点。

有学者认为，商主体法定原则主要体现为以下方面：（1）商主体的准则设立。所谓准则设立，即法律明确规定商主体成立的条件，只有具备商主体成立的法定条件者，方可申请设立登记。（2）商主体财产的维护规则。财产，是商主体赖以存在和发展的物质基础。为维护交易秩序，该规则要求：作为最重要的商主体——公司注册资本要达法定最低限额；公司要坚持资本确定、资本不变和资本维持原则；公司对自己的自有资本不得贷款给股东或其他商主体。（3）商主体的风险回避和风险分散规则。该规则主要包括：严格商主体设立的条件，加重商主体设立者的责任；规定商主体变更的法律效果，避免商主体必须经过清算才能消灭其主体资格，确保商主体的稳定性，减少交易风险；限定解散的原因，避免和防止商主体的随意解散；设置公司的重整制度；设置股份公司制度，将经营风险分散于众多的股东头上；确立股东的有限责任，分散部分交易风险于公司债权人；建立保险制度，将某个投保人的损失分散于所有的投保人。② 商主体法定是指商主体的类型和内容以及设立或消灭，须以法律规定。③

商主体法定原则，又被称为"商主体严格法定原则"。也有学者认为，商主体严格法定原则主要包括商主体类型法定、商主体内容法定和

---

① 孙景新：《论商法基本原则的界定与构成》，《山东警察学院学报》2009 年第 2 期。

② 马齐林：《商法的价值论》，《黑龙江政法管理干部学院学报》2002 年第 2 期。

③ 柳经纬：《商法》（上册），厦门大学出版社 2002 年版，第 17 页。

商主体公示法定三个方面的要求。① （1）商主体类型法定是指商法对于商主体的类型作出明文规定，商主体的创设和变更只能严格依照法律预定的主体类型和标准进行，法律禁止在法定类型之外任意创设非典型的或"过渡型"商主体。这样，关于商主体之创设或变更，本质上仅具有法定范围内自由选择的法律可能性。（2）商主体内容法定是指可以进行经营活动的商主体的财产关系与组织关系由法律予以明确规定，当事人不得创设或经变更形成具有非规范性财产关系与组织关系的商主体。（3）商主体公示法定是指商主体之成立必须按照法定程序予以公示，以便交易第三人及时知晓；未经法定公示者，不得以其对抗善意第三人。②

当然，有学者在商主体法定原则的基础上，总结归纳商法上的法定强制或强制主义。强制主义，是国家通过商法公法化方式对商事关系施以强行法规制，实现商主体组织与商事交易行为的法定化、强制化。表现为：其一，设立商主体必须严格依照法律预定的主体类型和标准进行；其二，对设立商主体实质条件作出明确规定；其三，设立商主体程序法定；其四，实行商事交易行为"要式主义"。③ 法定强制是指国家通过强行法对商主体和商行为予以法定化和强制化，该原则与商事自由原则相对应，构成对商事自由的限制。首先是商主体的法定强制，现代各国商法都制定了大量的强行性法规对商主体予以严格控制，包括对商主体类型、商主体设立的实质条件、商主体设立的程序、商主体的组织机构等方面进行法定化的控制。其次是商行为的法定强制，通过对商行为中所使用的票据和文件实行"要式主义"来巩固交易基础，确保交易安全。再次是商事责任的严格主义，对商事交易的主体设定更为严格的法律责任，加强连带责任和无过错责任的适用范围和适用力度，反映了商事责任严格化的趋势，从而对滥用商事自由的行为筑起了最后一道防线，为维护商事安全增加了一道

① 范健主编：《商法》，高等教育出版社、北京大学出版社 2002 年第 2 版，第 8 页。

② 范健：《"商法通则"关于商法基本原则的界定及其立法安排》，载王保树主编《中国商法年刊（2007）》，北京大学出版社 2008 年版，第 13、14 页。

③ 喻磊：《论商法价值确立的商法基本原则》，《华南理工大学学报》（社会科学版）2006 年第 1 期。

有力的屏障。①

有不少学者客观地评价了"商主体严格法定原则"的内容，认为其确实有利于保障交易对方及第三人的安全，但商人的投资自由势必受到限制。这就是说，商主体严格法定原则表现出偏重和强化对债权人保护和对社会秩序的维护，而忽略和弱化对商主体，尤其是对投资人利益的保护，最终导致交易效率低下。理论的变革，促进市场交易组织制度的创新，市场交易组织制度的创新，要求人们进一步更新观念。换句话说，相沿成习之理论其背后所隐含之道理，可能已不合时宜或未臻完善。实践已充分证明，传统的"商主体严格法定原则"已不合时宜。② 商主体立法基于法定强制原则产生的商主体法定强制，要求企业形态法定化。但是我国目前以独资、合伙和公司的组织形式为主导的企业组织形式过于单一、体系过于封闭，人们选择企业形式的范围过窄。尽管新的《合伙企业法》已经将有限合伙纳入其中，但比起国外立法所确立的有限合伙、普通合伙、无限公司、两合公司、股份两合公司等多种企业组织形式而言，我国可供投资者选择的企业组织形式范围要小得多。而且从制度创新的角度来看，美国从投资者现实的制度需求出发，扶持中小企业灵活多样的合伙制企业组织形式，值得我国学习与借鉴。我国目前的商主体立法实际上仍然固守商主体法定化的原则，从而造成了商主体法律体系的封闭性，抑制了实践中对于企业组织形态的创新。正因为如此，我国社会实践中出现的"合作社"因为其法律地位不甚明确，而常常被定性为私营企业或公司企业，或者在商事活动中得不到其他商主体的承认，严重阻碍了这种组织形式的健康发展。③

有学者从商法效率、安全和公平的价值目标出发，提出了衡量商主体法定化是否适当的标准：首先，是否能提高市场交易效率、降低交易风险、促进市场经济的发展。其次，是否有利于商主体制度的创新和发展。

---

① 范健：《论我国商事立法的体系化——制定〈商法通则〉之理论思考》，《清华法学》2008 年第 4 期。

② 樊涛：《我国商主体法律制度的评判与重构》，《法治论丛》2006 年第 5 期。

③ 范健：《论我国商事立法的体系化——制定〈商法通则〉之理论思考》，《清华法学》2008 年第 4 期。

再次，是否能促进更多的商主体参与市场交易，鼓励创业。[1] 当然，更有学者认为，商业组织类型法定仅为学说主张，却未载入实证法，因而无须过度强调类型的法定化。其实，商业组织类型法定究竟采用理论抑或实务标准？立法者能否提供有效的商业组织形态？如果无法回答此类问题，类型法定化必然带有很大弹性，因而，不应僵化地坚守商业组织的类型法定原则。[2]

四 关于维护交易安全原则

21 世纪以来，我国学者有关维护交易安全的原则，从不同的角度就其具体内容、维护交易安全原则项下的公示主义和外观主义，提出了一些富有建设性的观点。

（一）维护交易安全原则的内容

有观点认为，为维护商事交易的安全，商法设置了以下主要制度：（1）强制主义原则（或称干预主义原则），即国家运用公法手段对商事交易关系施以强制性规范，是商法公法化的具体体现。该原则主要包括：对商事登记、消费者利益保护、不正当竞争之禁止、商业垄断之限制等强行性规定；对商主体特别是公司设立条件的强制性规定；对公司章程、票据和保险合同等绝对记载事项的规定；对商事违法行为民事、行政、刑事责任的并处；等等。（2）公示主义原则，即商事交易当事人对涉及利害关系人的所有事实，都必须登记并公告，以维护交易安全。该原则主要有以下制度：登记制度，即商主体的设立、变更和注销必须进行登记，利于国家对商主体的管理和交易当事人的查询，减少商事交易风险；登记事项的公告制度，即对商主体的登记事项以一定的方式公开，便于公众知悉；上市公司的信息披露制度，即上市公司应将可能涉及公司股东利益的有关事项予以公告等。（3）外观主义原则，法国学者称为外观法理，英美法系称为禁反言，即以交易当事人行为的外观为标准，而确定其行为的法律效果，即使公示于外表的事实与实际不符，对于信赖该外表事实所进行的商

---

[1] 郑在义：《论我国商主体的法定化》，《国家检察官学院学报》2006 年第 3 期。

[2] 叶林：《商业登记法的基本问题》，《扬州大学学报》（人文社会科学版）2011 年第 2 期。

事交易行为，也予以保护，以维持交易之秩序。该原则的主要体现为：票据法上的票据行为外观解释制度，即票据行为的效力应以票据记载的文字进行解释；商法中不实行登记的责任、表见经理人或表见代表董事、自称股东和类似股东的责任等。（4）严格责任主义原则，即对商事交易的当事人规定了较一般的民事主体更为严格的责任。该原则设置了普遍连带责任和无过错责任。普遍连带责任表现为：无限公司、合伙企业和两合公司的无限责任投资者对其投资成立的商主体的债务均负连带责任；公司发起人在公司不能成立时对公司设立过程中发生的债务负连带责任；公司负责人在执行业务时违反法律规定造成他人损害的，公司负责人与公司对受害人负连带责任；票据法中，票据的发票人、承兑人、背书人及其他票据债务人对持票人负连带责任。无过错责任表现为：保险法中，保险人对投保人或被保险人因不可抗力所造成的损失负赔偿责任；公司法中，公司成立后，如发现作为某股东出资的实物、工业产权、非专利技术、土地使用权的实际份额显著低于公司章程所定价额的，在该股东不能补足其差额时，公司设立时的其他股东无论有无过错，均应负连带补偿责任等。①

有学者认为，维护商事交易安全原则以社会为本位，注重从整个社会层面上加强交易安全的保护。表现在：（1）国家干预主义。为了保障交易安全，维护市场秩序，现代各国商法制定了大量的公法性规范对商事关系进行规制。随着越来越多的政府干预在商事立法中不断涌现，"商法公法化"现象愈加明显，很多制度都带有"强制主义"色彩。（2）公示主义、外观主义。它是指交易当事人对于涉及利害关系人利益的营业上的事实，负有公示告知义务的法律要求。② 公示主义主要体现在商事登记（设立登记和变更登记）、上市公司的信息披露等方面。外观主义是指以外观为标准判断商事行为的法律效果。即公示于外表的事实，纵使与真实的情形不符时对于依该外表事实所进行的商行为，亦需加以保护，以维护交易的安全。③ 如关于不实登记责任、票据的文义性等。（3）严格责任主义。

---

① 马齐林：《商法的价值论》，《黑龙江政法管理干部学院学报》2002 年第 2 期。

② 范健、王建文：《商法的价值、源流及本体》，中国人民大学出版社 2007 年版，第 59 页。

③ 赵万一：《商法基本问题研究》，法律出版社 2002 年版，第 72 页。

它是指商法对商事交易的当事人规定了较之一般民事责任更为严格的责任。严格责任在责任形式上主要表现为普遍连带责任和广泛无过错责任。[①]

还有学者指出，维护交易安全原则是指必须充分保障商事交易活动中交易对方对其行为内容予以充分提示，使相对人能够全面知晓，并加强法律监管，维护交易安全。而为了充分实现交易安全，在商法中应具体确定公示主义、外观主义和严格责任主义等原则。公示主义是指交易当事人对于涉及利害关系人利益的营业上的事实，负有公示告知义务的法律要求。外观主义，亦称外观法理、外观优越或禁止反言，是指交易行为的效果以交易当事人行为的外观为准。在法律现象中，本质与外观不一致的情形是经常出现的。依外观主义，法律行为完成之后，出于对交易安全的保护，原则上表意人不得以意思表示瑕疵为由主张行为之撤销或无效。严格责任主义，是指对商行为的实施主体设定更为严格的责任制度。这一责任设定理念可称为商法之严格责任理念。之所以赋予商行为的实施主体以严格责任，主要有以下原因：（1）商行为的实施主体理应具备较高的营业能力或投资能力，应当承担较高的注意义务；（2）商行为具有营利性，商法在保护营利的同时，基于公平原则，也应赋予商行为的实施主体以严格的法律义务与责任。[②]

（二）公示主义

商法上的公示主义，是指交易当事人对于涉及利害关系人利益之营业上事实，负有公示告知义务的法律要求。它包括：公司登记的公示，即公司的设立、变更、注销登记公示，如上市公司信息披露、公司债券募集办法的公布、海商法上船舶登记的公告。上述制度的主旨在于通过增强市场交易的透明度，以防止一般公众在交易中受到不测的损害。外观主义是指交易行为的效果以交易当事人的外观为准。德国学者称为外观法理，日本学者称为外观主义，依外观主义，法律行为完成之后，出于对交易安全的保护，原则上不得撤销。尤其是交易行为，对当事人之间的信用关系必须

---

① 孙景新：《论商法基本原则的界定与构成》，《山东警察学院学报》2009 年第 2 期。

② 范健：《"商法通则"关于商法基本原则的界定及其立法安排》，载王保树主编《中国商法年刊（2007）》，北京大学出版社 2008 年版，第 16—17 页。

予以尊重和保护。在各国商法中，关于不实登记的责任、字号借用的责任、表见经理人、表见合伙人、表见代表董事、自称股东或类似股东者的责任、拟制发起人、票据的文义性与要式性等规定，都体现了外观主义的要求。如票据行为如果具备法律要求的形式要件，就不问其记载事项是否与事实相符，即使不相符，也只能遵循票据上的文义，而不能影响票据行为的效力。商行为外观主义原则，其立法宗旨在于维护交易的安全。①

还有观点认为，公示主义的法律含义在于，商主体将自身信息予以公开宣示，以使交易相关人周知。外观主义法律含义在于，商事交易行为法律效果以交易当事人行为外观为标准，其理论基础源自德国商法学者"外观法理"。在商事交易中，当事人主张其真实意思与意思表示不一致时，以外观表示为准，交易行为完成后，原则上不得撤销。②

还有学者认为，公示主义是将商事活动中的重要事项向公众公开，如商主体的成立必须按照法定程序予以公示、上市公司的信息披露制度、公司债券募集办法的公布、船舶登记公开等，通过这种公示，商主体得以迅速准确地了解交易相对人的主体资格、资信状况、行为权限、营业地址、财务关系等信息，为便捷地开展商事活动提供了一道安全保障。③

（三）外观主义

在商法领域中，外观规则被极大地扩张开来。商事普通法中的商事登记效力、表见商人、表见代表、表见代理和经理人制度等，无不展现着外观规则的具体含义；公司法上越权规则、票据法上票据文义性和无因性、保险法上的保险人弃权和禁止反言等，也将外观规则深入到具体制度层面。在这个意义上，外观规则已成为建立起社会公众及相对人对公示事项信赖的法律基础。外观规则将商事特别法中的相关制度规范统一起来，组成了一套特有的规则体系，形成了对商行为法律效力的统一判断规则。④

有学者认为，所谓外观主义，亦称为外观法理或外观优越，或禁止反

---

① 夏雅丽、丁学军：《论商法的特征及基本原则》，《西北大学学报》2002年第2期。

② 喻磊：《论商法价值确立的商法基本原则》，《华南理工大学学报》（社会科学版）2006年第1期。

③ 范健：《论我国商事立法的体系化——制定〈商法通则〉之理论思考》，《清华法学》2008年第4期。

④ 张辉、叶林：《论商法的体系化》，《国家检察官学院学报》2004年第5期。

言，即商事行为的效果以商主体行为的外观和所公示的信息为准，假如其外观所表现出来的情形与实际情形并不一致，而交易相对人又没有理由不相信这一外观的，出于保护善意相对人以便促进正常交易的考虑，商法上通常以外观为依据认定交易双方的关系。需要说明的是，尽管民法上也存在外观主义，但仅作为个别问题的解决办法而存在，而商法则是在广泛的范围内贯彻这一原则，为促进商事便捷提供了又一重安全保障。①

有学者认为，外观主义的适用必须符合其法律构成，外观事实、相对人的合理信赖和本人行为的可归责性是其基本的构成要素。尽管外观主义的基本法律构成在民法领域和商法领域毫无二致，但在合理性的基准判断上，商事外观主义以商人的合理行为为模式，在本人的可归责性之要求上较民法更加宽松，从而使得外观主义在商事领域的适用性更强。②

五 关于商法的企业维持原则

在公司法、合伙企业法与企业破产法中都体现了企业维持原则的立法精神。如公司设立瑕疵，经公司登记机关核准登记并获得营业执照而宣告成立的公司，在设立过程中，存在不符合公司法规定的条件和程序，对此，各国或地区大都通过相应补救措施，允许存在设立瑕疵的公司继续保留其法律人格，而不简单地使其消灭。《企业破产法》中的破产重整制度与破产和解制度也体现了企业维持原则的立法精神。关于 21 世纪以来有关企业维持原则的主要观点，摘其要点整理如下。

有学者认为，企业维持原则，是指现代商法通过各种法律制度确保企业组织得以稳定、协调和健康发展，尤其是通过各种制度安排尽力维持其存续。③

有学者采取商主体维持的表述，并认为，所谓商主体维持原则，又称商主体永续原则或支持原则，指商法基于商主体的使命和社会责任而积极救济、强化商主体特别是商法人成为健全商事组织体并实现其必要存续和

---

① 范健：《论我国商事立法的体系化——制定〈商法通则〉之理论思考》，《清华法学》2008 年第 4 期。

② 石旭雯：《商事外观主义的法律构成》，《河北法学》2009 年第 5 期。

③ 范健：《"商法通则"关于商法基本原则的界定及其立法安排》，载王保树主编《中国商法年刊（2007）》，北京大学出版社 2008 年版，第 14 页。

发展的原则，它是贯穿整个商法始终的一项基本原则。商主体维持原则体现在以下制度中：维持商主体独立制度、维持资本集中制度、维护商使用人地位制度、风险分散制度、避免商主体解体制度。① 还有学者认为，公司资本制度和有限责任制度，是商主体维持制度非常重要的内容。尽量避免企业的解体，是强化商事组织的重要措施。为了强化商主体的抗风险能力，商法对于企业可能面临的一些危险还设有风险分散规则。② 从目的关系分析，商事维持其实是从动态角度对商事组织进行强化的一种制度安排或要求，目的是在经济流转过程中加强市场主体的存在基础。③

还有观点对企业维持的概念进行了详细解释，认为，"企业维持"一词的意义应可分为广义及狭义两个方面。广义上，企业维持是指从企业的成立、企业的经营以及避免企业的解体等一贯的理念，健全商事组织体并实现其必要存续和发展的原则，它是贯穿整个企业组织法的特色。狭义上，企业维持是指防止现存企业的解体，是企业组织法的其中一项特色而已。企业维持表现为以下制度：企业独立性的确保、资本集中的促进、劳力结合、危险负担的缓和、企业解体的避免。④

---

① 于新循：《论商法之商主体强化原则》，《重庆工商大学学报》2004 年第 3 期。

② 王卫红：《强化商主体与商法原则关系辨析》，《经济前沿》2006 年第 1 期。

③ 孙景新：《论商法基本原则的界定与构成》，《山东警察学院学报》2009 年第 2 期。

④ 邱娇侦：《企业维持精神及其运用》，载王保树主编《商事法论集》，法律出版社 2009 年版，第 151—153 页。

第 四 章

商 主 体 论

第一节 商主体概述

一 概念的选择

1999 年 6 月 30 日通过的《深圳经济特区商事条例》第 5 条首次在我国的法律文件中引入了"商人"的概念，从而首次从私法的角度完整地定义了商人："商人是经依法登记，以营利为目的、用自己的名义从事商行为且作为经常性职业的自然人、法人和其他经济组织。"在目前的理论文献中，对商主体概念的使用是混乱的，常见的类似概念包括：商人、商主体、商事法律关系主体、商事关系主体，等等。而且，我国商法理论对这些术语的概念界定并不十分一致。

我国目前民商法理论通说认为，"商人"即"商主体"。大量的商法教材或专著均以"商主体"的概念来指代"商人"。如商主体是指依法独立参加商事活动，享有商事权利并承担商事义务的人。简言之，商主体是商法上的权利与义务归属者。在传统商法典中，称商主体为"商人"。[1]再如，商主体在传统商法中称为"商人"，是指具有商事能力，即特定营业范围内商法上的资格，也即法律为了对从事营利性活动所加资格限制而在民事能力基础上由商法赋予的商事能力，能够以自己的名义从事营业性商行为，独立享有商法上权利并承担商法上义务的组织和个人。凡是符合

---

[1] 赵万一主编：《商法》，中国人民大学出版社 2003 年版，第 23 页。

一定条件的人都是商人，而不管他进行的活动的经济领域。[1] 又如，商主体或商事主体在传统商法中被称为商人，是指依照商法的规定，具有商事权利能力和商事行为能力，能够以自己的名义参加商事活动，享有商事权利，承担商事义务的自然人和法人组织。[2] 又如，商人，是商事关系的主体，因而又被称为商主体。在不同历史时期，对商人的理解是不同的。在早期，商人被理解为一群具有特殊身份的人，他们享有从事商事交易的特权。在现代商法上，商人被定义为依法从事商事交易业务的具有专门知识或技能的人。[3] 还有学者也认为，商主体，又称为商人，是指以自己名义实施商行为并能够独立享有和承担民事权利义务的人。[4]还有学者指出，所谓商人，亦称商主体、商事主体，是指具有商事能力、以自己的名义实施商行为，并以从事特定的商行为作为其经常性职业的自然人、法人和其他经济组织。[5]

但也有观点认为，商法学者将"商人"等同于"商主体"，虽然可能包含着提升"商人"地位的美好愿望，但一则有失严谨，二则会令商法受制于民事主体理论的发展，适得其反。另外，把"商人"与"商主体"混同，刻意拉近其与"民事主体"的距离，过分强调了"商人"与普通民事主体的一致性，而忽略了其职业身份性，更会阻碍商法的发展。"商人"身份与"商主体"各自蕴涵着不同的内涵与价值。"商人"在大多数时候和大多数国家都不是"商主体"，甚至不是民事主体。因此，"商人"的提法更易令人理解商人的职业身份性，从而"商人法"单行立法之必要性也更易被理解和接受，为平息"民商合一"与"民商分立"之争提供一条新的路径。[6]

还有学者也提出，同我国的实践相比，同我国现行法相比，这些表述是不准确的。并且，商法学的多年发展已使我们有条件着力解决这些

---

[1] 林嘉主编：《外国民商法》，中国人民大学出版社 2000 年版，第 174 页。

[2] 王作全主编：《商法学》，北京大学出版社 2002 年版，第 25 页。

[3] 顾耕耘主编：《商法》，上海人民出版社 2001 年版，第 20 页。

[4] 施天涛：《商法学》，法律出版社 2003 年版，第 56 页。

[5] 陈运雄、蔡梅娥：《论我国商人概念的法律界定》，《求索》2005 年第 12 期。

[6] 朱庆：《"商人"本质的反思：一个身份的视角——兼论我国制定"商事通则"的必要性》，载王保树主编《中国商法年刊（2007）》，北京大学出版社 2008 年版，第 187、191 页。

"误述"与"误解"。其实，商法也同民法相同，主体与主体的具体类别是两回事。凡是依法参加商事法律关系者，都是商事法律关系主体，也可称为商主体，但商人不能等同于商主体，它只是商主体的一部分。根据我国商事法律、行政法规，凡从事营业活动，不论是组织（公司、合伙企业、个人独资企业等）还是自然人，均需进行商业登记。因此，商人是依法登记并取得营业资格者。但是，参加商事法律关系者不只是商人，还有非商人依法从事商行为者和非从事商行为但参加商事法律关系者。①

甚至有学者认为，商人在传统商法中处于核心地位，随着社会经济生活的发展，这种状态日益演变为商法的弱点，甚至成为致命的弱点。② 还有学者提出，中国商法学中的商主体与国外传统立法意义上的商人并不是同义词。中国商法学中的商主体，强调对商事关系的参与身份和地位，包含了经济活动的各种参与者，并不限于营利组织和个人。广义上的商主体甚至包含国家管理机关。而传统意义上的商人，其内涵侧重于对商人营利性质的界定，以从事营利活动为必要条件。两者属于上下位概念关系。其中，商人是商主体的子集。商主体是商人概念外延和商法调整功能扩大的结果。③ 有学者明确指出，商主体与商人是需要区别的概念，商人不能简单地泛化为商主体。原因有二：其一，如果确立商主体的概念，势必要严格区分商主体与一般民事主体。那么商主体是作为民事主体的下位概念还是作为同位概念存在是必须要明确的。如果作为同位概念则会带来商主体与一般民事主体的严格区分，非商主体不得从事商活动，且不受商法调整。这显然不符合市场经济发展的要求。其二，如果商主体是民事主体的下位概念，则在商人和民事主体之间又有一个商主体概念，实有把简单的实然存在的商人硬归类于商主体之嫌，而这种体系上的完美划分并不解决任何现实的问题，有为理论而理论之虞。④

因此，有学者认为，商人的概念是存在于近代商法中的概念，现代商

① 王保树、朱慈蕴：《寻找商法学发展的足迹——关于2007年商法学研究的研究》，《中国法学》2008年第2期。

② 范健、王建文：《商法基础理论专题研究》，高等教育出版社2005年版，第156页。

③ 姜莉：《关于商法学中商主体概念的探讨》，《河北法学》2007年第8期。

④ 倪浩嫣：《再论商人》，《法学杂志》2009年第11期。

法中则不宜使用。① 有学者明确提出以"商主体"的概念取代"商人"的概念:"商人的概念带有旧时代的痕迹。由于旧时代我国商法不发达,商人往往被误解为从事商事经营的自然人,并且由于我国传统上已倾向于采用民商合一的立法体例,因此将商法上的权利义务的归属者表述为'商主体'概念,更为准确。"② 还有学者提出,我们应当抛弃"商人"的概念,并以"商主体"的概念取而代之。③

但也有学者持不同意见,其认为,就实质而言,商主体与商人并无区别,两者可以通用,但就传统的商事立法而言,可能会更多地使用"商人"的概念。④ 还有学者认为,商人不单是一个职业概念,更是一个法律概念。作为法律概念,商人的内涵和外延,商人有无特殊的社会地位,全在于法律之规定,而不在于其称谓。综观国外立法,大凡有商法典的国家,都在其商法典里将商主体称为商人。因此,笔者认为,我国应恢复使用"商人"这一称谓。未来中国的商法典抑或商法通则也应以"商人"作为对商主体称谓的最佳选择。⑤ 也有观点指出,由于商人概念在法技术上具有实质性的意义,通过参照《物权法》第231条后半句的规整模式,立法者可以将"商人身份"作为连接点对民法规范作出相应的调整或补充,商人概念从主体的角度解决了商事法律规范的范围问题,这使得对商人概念的研讨在商法和商法学两个体系中都具有基础性的地位。⑥

二 商人、商主体抑或企业

现实是,商事企业已经成为商人家族的核心成员。今日之商事立法必须重视企业立法,但我们是否一定要通过放弃"商人"的概念来重视企

---

① 苗延波:《中国商法体系研究》,法律出版社2007年版,第188、187页。

② 赵旭东主编:《商法学》,高等教育出版社2007年版,第29页。

③ 郭富青:《论我国商法体系的建构技术》,《法律科学》2008年第2期。

④ 任尔昕:《论我国商人立法》,《兰州大学学报》(社会科学版)2006年第2期。

⑤ 陈运雄、蔡梅娥:《论我国商人概念的法律界定》,《求索》2005年第12期。

⑥ 张洪松:《商人概念的反思与重构——基于〈深圳特区商事条例〉的研讨》,《甘肃政法学院学报》2011年第1期。

业的法律调整呢？

早在 2001 年，就有学者主张，现实社会中，并不存在纯粹的"经济"的企业，相反，企业总是存在于一定的法律制度的框架内，也是法律的创造物。将"企业"导入商法以弥补传统"商人"概念的不足，无疑是有益的。因为以民法上自然人和法人的概念来确立商主体，存在着难以克服的局限。比如，一人公司、合伙的归属，在民法上是一个悬而未决的问题，但在商法上作为一个商主体已确定无疑。因此，将企业列为商人的下位概念，可以避免民事主体的二元结构给商法所带来的局限。从一定意义而言，商法是关于企业的法。①

之后，还有学者提出，"商人是商法主体这一概念实际上已经被企业是商法主体的新观念所代替，现代社会的企业和中世纪商人并不完全相同。"② 甚至有学者提出，对照商主体的要件与要素，以及我国从事营业必须经过注册登记的法律实践，可以将我国商主体界定为企业，而在我国企业均指商事企业，故具体可包括商法人、商合伙、商个人等形态。③ 该学者在之后的论著中更明确提出，应当用"企业"概念来取代"商人"概念。这是因为，传统商法中的商人概念，无论是其内涵还是外延，都由于难以适应新的市场经济实践中市场主体的真实状况与现实需要而应当被企业概念所替代。事实上，不仅在经济生活实践中，而且在许多国家或地区的立法中，企业已经部分地甚至完全取代了商人的概念。以商自然人或从事营业的商人（仍然是自然人）为商法体系基础的传统认识与制度设计，也已经让位于以属于人的集合体性质的企业（哪怕是独资企业）为体系构建基础的现代认识了。另外，现代社会实施商行为都要凭借一定的组织形式，通过注册登记等方式获得相应的经营资格。现代社会经济活动的主体，已不再是传统观念上的商人，而是具有一定经济规模和组织形式的企业。企业，是商法中的主体和商法调整的对象，应处于商法的核心地位。由此，商法的任务就是调整企业在一定社会中的经营活动，即以企业

---

① 钱玉林：《商法的价值、功能及其定位——兼与史际春、陈岳琴商榷》，《中国法学》2001 年第 5 期。

② 林嘉主编：《商法总论教学参考书》，中国人民大学出版社 2002 年版，第 79 页。

③ 范健、王建文：《商主体论纲》，《南京大学法律评论》2003 年春季号。

的形态、企业的成立与消灭、企业的运营与管理、企业的资金筹措、企业的会计与决算、企业的交易等为调整内容。①

更有学者在广义的商事法律关系的语境下认可用企业概念取代商主体概念的结论：一方面，商主体包含了企业和个人（公民），而企业并不包含作为自然人的个人；另一方面，在狭义商事法律关系的语境下，商主体与企业是交叉概念关系。其交集是私益企业，而非交叉部分是公益企业。在广义商事法律关系的语境下，商主体与企业是上下位概念关系，企业是商主体的主要成分，商主体的另一成分是个人。在后一种情况下，在作出特别说明的前提下，理论处理上完全可以将企业简单等同于商主体，取消商主体概念，从而消除理论说明上的混乱。②

另有学者指出，商主体的概念应当以企业作为主要构成要素加以界定，但是其外延还应当包括个体经营者。"商法规范的主体，是以个人主义的典型商人为形象"来勾画的，这一概念已经无法说明现代商事活动以商事组织为主角的现实经济生活，《德国商法典》中有关商人概念的外延中至今未能涵盖商事组织，立法上只是准许关于商人的规定也适用于商事组织。③

有学者基于商主体性质与类型的变迁以及现代商法中商主体制度所进行的变革与应有的创新方向，提出不必在形式商法中确立抽象的商主体概念，而直接对企业作出规定即可。也就是说，在理论上将商主体限定于企业的同时，在立法上则不对商主体作任何界定，而直接针对作为商主体的企业设置相关规范即可。此举既可避免关于商主体概念界定上的分歧，又可解决作为商主体的企业的特殊法律规制问题。④

然而，持"企业"概念说的学者也承认，要实现从商人法到企业法的转变，首先必须解决什么是企业的问题。如果问什么是商人，尽管由于《德国商法典》关于商人的规定不够精确难以作出精确的回答，但是根据《德国商法典》的规定，还是能够予以较为清晰的回答。然而关于什么是

---

① 范健、王建文：《商法基础理论专题研究》，高等教育出版社 2005 年版，第 159、156 页。

② 姜莉：《关于商法学中商主体概念的探讨》，《河北法学》2007 年第 8 期。

③ 郭富青：《论我国商法体系的建构技术》，《法律科学》2008 年第 2 期。

④ 王建文：《从商人到企业：商人制度变革的依据与取向》，《法律科学》2009 年第 5 期。

企业，理论界仍有许多争议。有人认为企业的概念是无法界定的，另有人则对企业概念本身的合理性提出质疑。事实上，必须强调的是，企业并非或者说不完全是德国法中的一个法律意义上的概念。可以认为，企业的概念只是实践中通过目的主义的解释方法而发展起来的非法定概念，因而关于企业内涵的理解历来都是多种多样的。①

正是基于此，有学者认为，企业概念界定的困难不比商人概念少多少，不必用一个"麻烦"去替代另一个"麻烦"。而且，在《商法通则》中，如果以"企业"概念取代"商人"概念还存在以下问题：其一，因历史原因，"企业"实际上在中国是一个处于"弱者"地位的尴尬语词。因为：一方面，"企业"未必是一个主体性概念，不是最适合表达作为主体性概念的商主体的语词。另一方面，"企业"概念不具有强势的语言霸权。其二，使用"企业"概念，可能会不当扩张《商法通则》的调整范围。企业并不等同于商事企业，在现实生活中，"企业"的范围也远远超越了"商事企业"的范围。其三，使用"企业"概念，还可能遗漏一部分商人的调整——可能未能顾及"事实商人"的问题。其四，"企业"是商人的核心，并不能导致以"企业"取代"商人"，如同"公司"是"企业"的核心，却不能以"公司"取代"企业"一样。② 还有学者指出了企业概念说的缺陷：其一，在各国立法与法学理论上，企业从来不是一个法律概念，事实上立法也难以界定其内涵与外延。比如论者将个体企业当作我国的个人独资企业、个体工商户乃至农村承包经营户等主体的通称，这样的认识是否准确尚需探讨，但有一点很明确，在此背景下将商主体定义为企业并没有立法技术上的进步。其二，商法一方面具有国际性，另一方面也深受地区、民族商事习惯的影响具有地域色彩，如我国的个体工商户、农村承包经营户等法定商主体就是国外商法没有的概念。在目前及今后一段时期内，我国的商主体并不只限于企业，相应语义下的"商个人"不仅包括个人独资企业，还包括我国独有的个体工商户、农村承包经营户等非企业主体形态。③

---

① 范健：《德国商法：传统框架与新规则》，法律出版社 2003 年版，第 64 页。
② 蒋大兴：《商人，抑或企业？——制定〈商法通则〉的前提性疑问》，《清华法学》2008 年第 4 期。
③ 李建伟：《对我国商个人立法的分析与反思》，《政法论坛》2009 年第 5 期。

　　然而，另有观点认为，对于尚未实现商法系统化的国家来说，建立以企业为中心的商法体系，或许是个有价值的理论设想。一方面，在我国实现商法体系化的过程中，在观念上，一直受到商法乃商人之法的羁绊。正因为如此，有学者反对制定商法典，甚至反对实现商法体系化。姑且不论制定商法典有无实益，实现商法体系化无疑是具有重大价值的。以企业概念为基础的商法体系，摆脱了商人身份和资格的观念限制，缓解了将商法视为商人特权法的担心，不失为一个有益的选择。另一方面，引入企业概念的前提，是要对企业的内涵和外延加以界定。企业最初是一个经济学色彩浓厚的概念，如果不加甄别地将企业概念引入商法，其可行性并非没有疑问。①

三　商主体的概念

　　有学者认为，在广义上，商主体就是商事法律主体的简称，是指依照商事法的规定具有商事权利能力和商事行为能力，能够以自己的名义参加商事法律关系，并承担商事权利义务的自然人和社会组织。商主体包括商人、商会、商事主管机关。在狭义上，商主体专指那些以营利为目的、经核准登记从事商品生产和经营的个人和组织。② 还有学者认为，广义上的商主体，不仅包括商人，即从事商事活动的商自然人、商法人和商合伙，而且还包括广大的生产者和消费者。狭义的商主体仅仅指实施商行为的商人。商法上的商主体是狭义上的概念，它仅仅指实施了商行为的人。③

　　还有学者从学科的角度提出，商主体的概念比较广泛，既有经济学意义上的商主体，即经济人，又有法学意义上的商主体，主要表现为商人。按照这一理解，法学意义上的商主体是商人。商人是指依据商事法的有关规定，参加商事活动，享有商事权利并承担相应义务的自然人和法人组织。④ 还有学者也指出了"商人"在不同学科中的区别意蕴。在经济生活中，商人主要是指从事货物交易的人。在法律上，商人主要是指从事商业

① 叶林：《商行为的性质》，《清华法学》2008 年第 4 期。
② 张民安、刘兴桂主编：《商事法学》，中山大学出版社 2002 年版，第 22—23 页。
③ 范健主编：《商法》，高等教育出版社、北京大学出版社 2002 年版，第 29 页。
④ 赵万一：《商法基本问题研究》，法律出版社 2002 年版，第 284—287 页。

经营或为商事法律行为的主体。一般来说，商人中的"商"是指它的职业属性。"人"是指从事商事活动的权利主体。①

还有学者强调商主体的营利性和营业性，其认为，商主体是指以营利为目的，以从事营利性活动为职业，并承受商事权利和义务的个人和组织。② 也有学者强调商主体的商事能力，认为"商主体指具有商事权利能力，依法独立享有商事权利和承担商事义务的个人和组织"。③ 还有学者认为，商主体是指依照商法的规定，具有商事权利能力和商事行为能力，能够以自己的名义参加商事法律关系，并在其中享有商事权利、承担商事义务的公民个人和社会组织。④ 但也有学者认为，我国立法对商主体的概念界定应当基于其经营性与组织体性两个基本点，必须符合具备商事能力、以自己名义从事营利性营业行为、进行商事登记等条件，也就是说，商主体指的是依照商法规定，以自己的名义，以营利性活动为业的企业，包括个人独资企业、合伙企业与公司。⑤

还有学者认为，传统商法语境意义上的商主体在现代市场经济社会里则表现为投资主体和营业主体这一二重结构。其中，投资主体是指为追求其营利性投资效益最大化而以独资、合伙和参股等方式，处分其财产或财产权利作为营业资本而进入营业领域的民事主体；而营业主体则是指取得营业资格、具有营业能力，能以其独立的名义开展营业活动、进行营业交易的民事主体。⑥

当然，有关商主体的概念或描述，难道在商法体系中真的就有那么重要的意义？其实未必，我国商法学者对于商主体有如此多的争议，但并没有影响我国商法学的繁荣和发展，更没有影响我国商法制度的日益独立和进步。在理论上，是否真有必要将商主体的概念理清，本身就是一个需要

---

① 任先行、周林彬：《比较商法导论》，北京大学出版社 2000 年版，第 213 页。

② 叶林主编：《商法学原理与案例教程》，中国人民大学出版社 2007 年版，第55 页。

③ 赵中孚主编：《商法总论》，中国人民大学出版社 2007 年版，第 144 页。

④ 雷兴虎：《商主体法基本问题研究》，中国检察出版社 2007 年版，第 6 页。

⑤ 董翠香：《商主体立法基本问题思考》，载王保树主编《中国商法年刊(2007)》，北京大学出版社 2008 年版，第 154 页。

⑥ 肖海军：《论商主体的营业能力——以投资主体与营业主体的二重结构为视角》，《法学评论》2011 年第 5 期。

首先回答的问题。有学者指出，各国成文立法中，关于商人的界定并不十分清晰，这本身甚至是一个"绕头的文字游戏"。[1] 也有学者作出类似的感慨：商主体是商法学中一个最基本而又常常令人一筹莫展的概念。[2] 在这个层面上，商主体的概念界定并不具有决定我国商法的制度结构的基础性的意义，似乎可以模糊处理。

四　商主体的特征

我国学者对商主体的特征的描述，可以"营利性"和"营业性"加以概括，只是在表述上存在些微差别。

有学者提出，我国确立商主体的原则应当是营利性和经营组织体性相结合原则，即首先要求商主体必须以营利性为目的，同时要求经营者必须具备组织体的要素作为确定其属于商主体范围之依据。营利性特指使资本的价值增值的特性，而非我们日常生活中理解的广义的获得利润的性质。经营组织体原则要求商主体必须是一个组织体并且是经过国家确认的组织体，而不能是民法中单个的自然人。[3]

有学者将商主体的特征归纳为两个方面："持续从事营利性行为"、"以持续性营利性行为为业"。并认为，所谓"持续从事营利性行为"，乃"持续营业之意"。至于是"主观持续营业"，还是"客观持续营业"，以及营业目的保有多长时间构成"持续"？则属法政策上的判断问题。持续营业应当是一种主观结合客观，但偏重主观考量的状态——是指"持续地保有营利性目的并努力实施有关行为"。目前立法政策似乎并未区分主观不营业和客观不营业的问题，司法操作中从便利的角度出发，多坚守客观不营业的立场。因此，连续 6 个月不营业的公司，可能被吊销营业执照，至于该不营业是否有客观上可以原谅的情形，则在所不问。就法体系协调而言，未来在"持续"的时间标准构造方面，可以沿用现行规定，以"连续营业 6 个月"构成"持续"。然而，就"持续"的主观构成要件

① 蒋大兴：《商人，抑或企业？——制定〈商事通则〉的前提性疑问》，《清华法学》2008 年第 4 期。

② 官欣荣主编：《商法原理》，中国检察出版社 2004 年版，第 67 页。

③ 赵万一、叶艳：《论商主体的存在价值及其法律规制》，《河南省政法管理干部学院学报》2004 年第 6 期。

来说，似应改采相对宽容的调控政策，将一定期限内"主观愿意持续营业"，而"客观不能持续营业"的情形视为"构成持续营业"。在现实社会中，既然会存在"主观想营业"而"客观不能营业的商人"，在法政策上就有必要区分主观不营业和客观不营业这两种情形，并予以分别对待。所谓"以持续性营利行为为业"，是指营利性行为构成行为人的基本职业或事业。所谓基本职业或事业，对商个人来说，该营利性事业构成其生活的基础，也是其个人事业的主要部分；对商组织来说，该营利性事业是其营业（营利性事业）的主要部分，也是其全部事业的基础。通常，"以某行为为业"在客观上会表现为行为人在该领域投入一定的营业财产（包括厂房、店铺等有形资产以及商誉、经营秘密等无形资产）、为营利目的而组成有机体系——形成某种营业组织。并且，该领域内的活动应成为其工作、事业或者生活资源的全部或大部分。因此，某主体尽管持续从事营利性行为，但若该行为不构成其基本职业或事业，就不宜将其界定为商人。①

另外，有学者在营利性和营业性特征之外，对商主体添加了主体存在形态、知识和技能素质两个附加特征，即商主体具有以下四个特征：（1）商主体的存在目的是营利。（2）界定商主体的行为内容标准可以概括为：从事经营活动和行为的显示性。经营活动作为一种营利性活动，应当具备以下几个要件：行为的有偿性、行为的大量性或经常性、有偿活动利润归投资人或其成员分配。（3）主体存在形态标准。（4）素质标准。②

五　关于商主体的商事能力

关于商主体的商事能力，学者主要分析了商事能力的内涵，以及商事能力与民事主体的民事能力之间的关系。尽管如此，学者之间还是有不同看法。

一种观点认为，商事能力是一种附加于民事能力之上的能力，即具备商事能力者应以具备民事能力为前提，但具备民事能力并不必然具备商事

---

① 蒋大兴：《商人，抑或企业？——制定〈商法通则〉的前提性疑问》，《清华法学》2008 年第 4 期。

② 吕来明：《论我国商主体范围的界定》，《北方法学》2008 年第 4 期。

能力，从这个意义上说，商事能力是一种特殊的民事能力。①

另一种观点认为，商事能力是指商主体依法承受商事权利和商事义务的资格和能力，包括商事权利能力和商事行为能力。②

还有一种观点认为，无论是"商事权利能力"，还是"商事行为能力"，其均为自然人固有的权利能力与行为能力所涵摄，而并未获得超越于自然人民事能力之外的独立性。这是因为，自近代以来所确定的商业自由原则，业已成为现代商主体法的基础，而民事主体固有的民事权利能力与行为能力，正是其在商事领域承担这种自由的法律技术载体。这意味着，民事主体从事商业经营活动的法律上的正当性，根源于由其民事能力所承载的伦理属性和自由，而无须依赖于外部法律的法律"拟制"或者公共权力享有者的"确认"。③

还有一种观点认为，商事能力，是指商主体在从事营业所应具备的资格，商事能力包括商事权利能力、营业能力与商事责任能力。④ 这其中，商事权利能力存在的意义在于，法律应该赋予哪些人经商的资格，取得商事权利能力的自然人或社会组织将成为商事法律关系的主体。反之，没有商事权利能力的人，将不得成为商主体，不得进入商事领域，参与商事交易，其实施的行为所引发的法律关系，只能作为民事法律关系看待。⑤ 营业能力是指"为了一定的营业目的，运用组织财产进行反复不间断有计划营业活动的能力"。⑥ 所谓商事责任能力，是指"商人对外负债时的清偿能力以及担负行政责任与刑事责任的能力"。⑦

商法学者在民法上的权利能力和行为能力之外，提出"商事能力"的主张，但从学者对"商事能力"的描述中，并不能看到它与权利能力

---

① 范健、王建文：《商法论》，高等教育出版社 2003 年版，第 282 页。
② 叶林、黎建飞主编：《商法学原理与案例教程》，中国人民大学出版社 2006年版，第 58 页。
③ 张翔：《伦理、理性与自由——论自然人的民事能力在商业经营中的基础地位》，《河北法学》2009 年第 5 期。
④ 樊涛：《商事能力制度初探》，《法学杂志》2010 年第 4 期。
⑤ 陈本寒主编：《商法新论》，武汉大学出版社 2009 年版。
⑥ 张诗伟：《论商法的相对独立性——以商主体（商人）为中心》，中国政法大学硕士论文 2003 年，第 27 页。
⑦ 高在敏、王延川、程淑娟编著：《商法》，法律出版社 2006 年版，第 68 页。

和行为能力的本质区别，"商事能力"概念的提出和使用，没能独立于"权利能力"和"行为能力"已经形成的范畴，其意义和前景何在，值得思考。

第二节　商主体的类型

一　商主体的类型的基础

商主体的类型，应当服从于商主体法定原则，这已为我国商法学者的通说。在商主体法定原则之下，可以按照相对合理的标准，对商主体进行分类。

有学者认为，商主体严格法定是商法的基本原则，而商主体形态的法定是该原则最基本的体现。为稳定和统一社会中各种商事法律关系，维护第三人和社会公共利益，传统商法确立了商主体形态法定主义，对商主体的形态加以强行法规制，禁止当事人任意创设或变更商主体。同时，商法对于各种形态的商主体的财产关系和组织关系也加以强行法规制，禁止当事人创设或经变更形成具有非规范性财产关系和组织关系的具体商主体。[①] 因此，在考察商主体的类型时，必须结合商主体严格法定原则。

在此原则之下，应当采取哪种标准来设定商主体类型呢？有学者提出，纷繁复杂的商主体形态（我国现阶段主要是企业形态）首先应抽象为有限的几种进行规范。选定划分商主体的标准，应当保证商主体的独立性以及在市场竞争中的平等性，同时也能涵盖所有的商主体类型。局限于传统的商主体法律形态不一定是遵循国际惯例和顺应时代发展潮流的做法，比如有学者主张将我国特有的股份合作制企业纳入商主体的范畴，此时便涉及股份合作制企业形态与其他现有企业形态之间的划分标准问题。从商主体的本质属性出发，寻找一种科学合理的商主体划分标准，才能保证形式商法体系的逻辑合理性。[②]

我国学者有关商主体的类型的研究，尽管对于商主体的分类尚未达成共识，但事实上丰富了传统商法范畴下的"商人"的类型，也使得我国

---

① 林嘉：《商法总论教学参考书》，中国人民大学出版社 2002 年版，第 77 页。

② 范健：《论我国商事立法的体系化——制定〈商法通则〉之理论思考》，《清华法学》2008 年第 4 期。

商事立法在对待商主体问题上能够不拘泥严格的商主体法定原则，将更多形式的"民事主体"有条件地纳入商主体的调整范围，从而使得商主体的类型化能够适应不断变化的经济环境。

二 商个人、商合伙与商法人

一般认为，商主体可以分为商个人、商合伙与商法人三种类型。

有学者认为这种商主体的分类是不科学的。首先，它只是将民法上的民事主体的分类简单地搬到商主体的分类上，不利于区分商主体与一般的民事主体。其次，根据这种观点，个人独资企业、一人公司被划分到了商个人的范畴，排除在组织体之外，然而在实质上，它们的组织体性质是不可否认的，绝对不仅是所谓的"个人"。此外，不论是商法人还是商合伙，都属于组织体，总体看来，学者们所认为的商主体的三种形态——商个人、商法人和商事合伙，其实都是经营性的组织体，所谓的"商自然人"，其实是并不存在的。①

但有学者认为，有关商主体的上述分类，从民事主体的范围来认定商人范围的方式，遵循了从民事主体这一上位概念进行商人体系的构造逻辑，其积极意义是值得肯定的。当然，由于我国商业不发达的历史原因和立法发展的滞后，这种方法所规定的商人范围在现代市场经济急剧转型的今天，暴露出许多缺陷：第一，各种具体形态的商人无法提炼出商人的实质内涵。第二，各种商人概念交叉重叠，容易造成法律适用上的不平等性。第三，商人的范围也不适应现实经济的发展要求。第四，商人的范围未能容纳商人的其他形式。因此建议，未来的《商事通则》中对商人的范围，可概括规定为商个人、商合伙、商事企业。② 其后的研究，详细解释了这三种分类：（1）商个人，这类主体主要是指广泛存在的个体工商户，农、林、牧、渔的贩运户，各种个体手工业者，个体修理业者，以及独资及私营企业业主。（2）商法人，主要有有限责任公司、股份有限公司、全民所有制企业、集体所有制企业（包括城镇集体所有制企业和乡

---

① 赵万一、叶艳：《论商主体的存在价值及其法律规制》，《河南省政法管理干部学院学报》2004 年第 6 期。

② 任尔昕：《论我国商人立法》，《兰州大学学报》（社会科学版）2006 年第 2 期。

村集体所有制企业）、中外合资经营企业、中外合作经营企业、外商独资企业。（3）商合伙，主要有个人合伙和合伙企业两种形式。这种从民事主体的范围来认定商人范围的方式，遵循了从民事主体这一上位概念进行商人体系的构造逻辑，具有保守性，其积极意义是值得肯定的。[1] 有关商主体的上述分类，还取得了其他学者的认同，如认为，商主体，是从事营利性行为的主体。商个人与商企业，是商主体的基本分类。[2]

　　另有学者认为，中国在商主体具体范围的界定上存在一定的问题，即在外延上没有从商主体自身的存在形态对商主体进行界定，而是从民事主体种类划分的思维模式出发，在自然人、合伙、法人前面分别加一"商"字，从外延上把商主体的范围确定为商自然人（商个人）、商合伙、商法人三种。其实这种套用式的界定并无多大意义。因为民事主体类型划分制度解决的是一个主体具有法人资格还是自然人资格等哪种主体资格的问题，而商主体类型制度解决的是哪些主体应具有以自己名义从事经营活动的资格的问题，在自然人、合伙、法人前面加一"商"字，只能确定一个已经被认定为商主体（进行商业登记）的人具备自然人资格还是法人资格还是合伙，而不能解决哪些主体应当是商自然人、哪些主体应当属于商合伙、商法人的问题，因为"商"作为限定词的内涵根本就没有确定。这就导致有关商自然人、商合伙、商法人的概念表述，要么又回到了用实施商行为去界定其标准或从进行了商业登记这一外在结果认定的方法上，仍然没有揭示其内涵；要么就是对合伙或企业法人概念的大致重复，并无独立内涵。我国商主体的范围可以概括为两种类型。一类是具备下列情形之一的组织体：（1）从事反复多次的有偿性活动，收入或利润归投资人或成员分配，并以某种方式显示出其面对不特定的人从事该活动；（2）以企业名义出现；（3）宣称以营利为目的。另一类是以某种方式显示出其面对不特定的人从事反复多次的有偿性活动，收入归自己所有，且用特定字号及固定场所从事该行为的个人。[3]

――――――――――

① 马建兵、任尔昕：《我国商主体法律制度的构建》，《国家检察官学院学报》2008 年第 2 期。
② 曹兴权：《商主体制度的逻辑理路与规范展开》，《北方法学》2008 年第 2 期。
③ 吕来明：《论我国商主体范围的界定》，《北方法学》2008 年第 4 期。

还有学者提出，我国应该打破僵硬的理论及立法，为商主体的存在和发展勾画一个有序且开放的空间。其基本要求是，破除商个人、商合伙与商法人之间非此即彼的看法，厘清它们之间应有的过渡类型，用相应开放的主体立法加以规范和引导。①

三　商个人的具体形态及法律规范

何谓商个人，学者的表述基本一致。如有学者认为，商个人是指按照法定程序取得了特定的商事能力，独立从事营业性商行为，依法承担商法上的权利和义务的个人或自然人。② 还有学者认为，商个人是指独立从事商业经营、依法承担权利义务的个人。③ 但有学者提出不同的看法，其认为，商法上的商自然人应该具有有别于民法上自然人的民事能力的营业能力，这样才能真正实现商的本质——营利。这种营业能力是指为了一定的营业目的，运用组织财产进行反复不间断有计划营业活动的能力。所以，商自然人是指以营利为目的，以自己的名义从事经营活动并以此作为经常性职业的自然人。④

传统商法上的商个人又称"商个体"、"商自然人"、"个体商人"、"个人商号"、"个人营业"等。至于具体名称的选择，有学者认为，现代商法语境中使用"商个人"更为严谨，避免与"商自然人"、"个体商人"混用而致偏颇。现代商法上的"商个人"一词，强调的不再是外观上的单一自然人形态，而是将投资主体的单一性与一般商法人、商合伙要求投资主体的复数性或团体组织性作为相互区别的另一基本属性。同时，该单一投资主体只限于自然人，不包括法人、其他组织。⑤

（一）商个人的类型

对于商个人，一般教科书中主要指三种主体：个体工商户、农村承包经营户和个人独资企业。但也有学者提出，依此理观察我国现实，个体工商户、个人独资企业、外商独资企业、非法人乡村集体企业、流动性营业

---

① 徐强胜：《商主体的类型化思考》，《当代法学》2008年第4期。
② 张民安：《商法总则制度研究》，法律出版社2007年版，第117页。
③ 李建伟：《对我国商个人立法的分析与反思》，《政法论坛》2009年第5期。
④ 林艳琴：《对我国商自然人法律制度的审视》，《政法论坛》2009年第1期。
⑤ 李建伟：《对我国商个人立法的分析与反思》，《政法论坛》2009年第5期。

（沿街沿路叫卖）的商贩、商摊都是商自然人的具体存在形态。①

还有学者提出，按照传统的"商人"的概念，农村承包经营户、个体工商户、小商贩毫无疑问地应当是商人，但是将他们界定为商人似乎又与区分商主体和一般民事主体的意义不符。因为这些只是简单的自然人从事经营活动，这些人从事经营活动，大多数是试图通过自己的独立行为维持个人或家庭生活，在很大程度上具有就业的意义，而不是现代社会意义上实现资本的增值的活动。将他们认定为商主体，一方面会导致以商主体的严格规定对他们加以要求，不利于对他们的保护；另一方面也与现代"商"的本质不符。农村承包经营户、个体工商户、小商贩等从事经营活动，主要是为了满足生活需要，实质是起到一种社会保障的功能，而不是资本的营利性功能。当然，他们从事的经营活动所获取的利润完全有可能超过满足生活需要的范围，进而积累了一定的资本，开始从事资本增值的营利性活动。然而，这个时候，他们就不再是农村承包经营户、个体工商户或者小商贩了，而会寻求国家对其资本营利性活动予以许可，成立某种形式的农业公司或者个人独资企业等，由此，通过商主体的准入制度转变为真正的商主体。②

也有学者认为，现代商法是规范现代商事组织关系和现代市场交易关系的法律。我们要建立现代商法体系，就不能照搬传统的商人法理论，而应当以组织体原则对商主体的范围加以限定，即以经营者是否具备组织体要素作为其是否属于商主体的基本标准。从这一标准出发，我国商主体的范围应限定在具有企业要素的组织体范围之内。现代社会经济活动的主体不再是传统观念上的商人，而是具有一定经济规模和组织形式的企业，企业才是商法中的主体，应处于商法的核心地位。个体工商户、简单的个人之间的契约型合伙、农村承包经营户、走街串巷的小商贩、摊点等，均不应列入现代商事组织法的调整范围。③

另有学者认为，在现代经济活动中，企业占据了主导地位，商事活动

---

① 王果纯：《商主体若干基本问题研讨》，《湖南省政法管理干部学院学报》2000 年第 6 期。

② 赵万一、叶艳：《论商主体的存在价值及其法律规制》，《河南省政法管理干部学院学报》2004 年第 6 期。

③ 郑在义：《论我国商主体的法定化》，《国家检察官学院学报》2006 年第 3 期。

的主体已与传统观念上的商人相去甚远，只有具有一定经济规模和组织形式的企业才是商法中的主体。就商个人而言，其具体形态就是个人独资企业，而不可能是纯粹的自然人，所谓"摊商"、"流动商"以及民法中的个体工商户与农村承包经营户等，均不能成为商主体。其还提出以下理由：（1）纯粹的自然人作为商主体，无法体现商法的本质特征；（2）将纯粹的自然人作为商主体，会破坏商主体的独立性。①

1. 个体工商户的法律地位

对于个体工商户的法律地位，商法理论中普遍认为，个体工商户是商主体的一种，民法理论中有代表性的意见也认为，个体工商户属于商个人。② 也有学者提出，由于现行法中对个体工商户有登记要求，是否起字号由申请人自己决定，但要建立账簿、申报纳税。与大陆法系商法典上的"小商人"有一定区别，商法应予调整。③ 个体工商户是我国居民以个人、家庭财产作为营业资本，依法经核准登记后从事经营的个人或家庭。此处的"户"，指工商业登记上的注册单位，是一个自然人也可以是一个家庭，但家庭经营的个体户成员仅限于同一户主之下的户口人，区别于个人合伙。④

对于个体工商户的未来发展，有学者提出了两种改革路径：对于那些颇具经营、资本与雇员规模的个体户，应鼓励其向上转型为独资企业甚至向公司发展。这不仅能够突破个体经济的发展瓶颈，也是个体经济求发展蜕变的合理路径。而对于绝大多数小规模经营谋生的个体户，立法应该借鉴国外关于"小商人"的优惠性规定，并部分落实其相当于小商贩的法律待遇，降低经营负担，发挥立法的促进性作用，创造适合自然人个体创业的低成本、宽松、富弹性的法律环境，保障其生存发展。⑤ 还有学者提出，应当对其进行规范分析和长远设计，具体为：对符合个人独资企业条件的个体工商户应当注册为个人独资企业，纳入个人独资企业范畴对其进

---

① 董翠香：《商主体立法基本问题思考》，载王保树主编《中国商法年刊（2007）》，北京大学出版社 2008 年版，第 151—152 页。

② 张俊浩主编：《民法学原理》（修订第 3 版），中国政法大学出版社 2000 年版，第 132 页。

③ 刘云升：《商事通则构造论》，《河北法学》2007 年第 4 期。

④ 李建伟：《对我国商个人立法的分析与反思》，《政法论坛》2009 年第 5 期。

⑤ 李建伟：《对我国商个人立法的分析与反思》，《政法论坛》2009 年第 5 期。

行规范和管理；对于不符合个人独资企业条件的个体工商户应该纳入小商人管理范畴，无须登记，只要接受必要的管理，即可从事经营活动。①

2. 农村承包经营户的法律地位

农村承包经营户是我国特定时期产生的独特商主体，反映了农村经济体制改革的阶段性成果。农村承包经营户在法律允许范围内，按照承包经营合同使用集体土地、森林、草原、水面等，以家庭为单位独立从事农业商品经营。有些学者认为，农村承包经营户不是一个准确的法律概念，因为农村承包经营户其实并不属于个体经济范畴，而是农村集体经济组织的一种生产经营方式的法律表现。它具有历史特征，反映了我国经济发展历史中的阶段性特征，为农村承包经营户专门制造一个法律概论，是不必要的，制约该承包人将其产品送到市场的主体资格，也无须专门的法律概念为标志。② 还有学者认为，农村承包经营户这个概念具有历史特征，反映了我国经济发展历史中的阶段性特征。基于对市场主体统一规范的现实要求，农村承包经营户以及前述之个体工商户等所谓中国特色的法律概念应该而且终究会从我国立法视野中消失的。③

对于农村承包经营户的商法地位，有学者表示不能认同。有学者认为，农村承包经营户不应由商法调整，尽管《民法通则》认定他们是"从事商品生产经营"的主体，以区别于纯粹承包责任田的一般农户，如他们可以成片承包荒山、荒地，从事养殖业、种植业经营活动。但是他们是依据承包经营合同履行义务，并无商业税务负担，而是缴纳承包费，显然不能以商人对待。④ 因为农村承包经营户没有字号，其活动是其家庭生产、生活的组成部分，不具备商主体的要素，从这个意义上讲也不应当是一种商主体，至于其出售农产品行为，由民法规范调整即可。⑤ 还有学者提出，农村承包经营户是我国农村集体经济组织实行家庭承包经营为基

① 王妍：《小商人豁免登记及其法理基础——为小商人无照经营提供的辩护》，《学习与探索》2010 年第 5 期。

② 张俊浩：《民法学原理》，中国政法大学出版社 2000 年版，第 13 页。

③ 于新循、刘乃睿：《解析我国商自然人的法律形态》，《云南行政学院学报》2007 年第 1 期。

④ 刘云升：《商事通则构造论》，《河北法学》2007 年第 4 期。

⑤ 于新循：《现代商人法纵论——基本理论体系的探寻与构建》，人民法院出版社 2007 年版，第 270 页。

础、统分结合的双层经营体制的一种表现形式。在内容上，所谓的承包经营，是以户为单位的农民在农村集体通过承包合同分配给自己的土地上，从事种植业、林业、畜牧业等农业生产，享有土地承包经营权，对承包的土地享有占有、使用、收益的权利，有权出售处分自己生产的农产品，是一种典型农业生产活动，与商业活动迥然有别。在权利形成根据上，农民享有承包土地的权利是法定的权利，而不是发包人基于自由意志可以决定是否设定的权利，农村集体必须通过承包形式向农民分配承包土地。在权利主体上，同一农村集体经济组织范围内，土地承包按人均分配，人人有份，全国所有的农民都是农村承包经营权的承包方。这些表明，农村承包经营户是我国农村集体土地使用制度和农民以户为单位从事农业生产的法律表现形式，正是因为这样，我国现行法律制度也没有要求农村承包经营户进行商事登记，没有把农村承包经营户作为商主体对待。①

但有学者认为，农村承包经营户是否为商主体，判断的核心要素在营业性，营业性是商主体区别于民事主体的实质特征，起字号、登记等外观特征不过是法律规定的形式要件。再者，农村承包经营户在商事能力、权利义务、责任承担等方面均与个体户无异。实际上，理论界通说长期以来将农村承包经营户归为商个人，正是基于该制度的设计初衷考虑的。农村承包经营户的生产经营主要用于商品交换，将收获的农林牧渔产品作为商品投入市场交易，而非为满足家庭消费的需要，显然具有营业之性质。当然，实践中确有相当一部分是不以营利为目的（或主要目的）的自给型农户，或者虽主要以营利为目的，但该营利行为缺乏连续性。这表明目前不少农村承包经营户处于分散经营状态。但长远看，农村经济必将逐渐走向相对规模的集约化经营，在本质上集约化经营就是企业化经营模式。目前，农村承包经营基本以一个家庭户为单位进行，因为承包经营主体与农村集体土地分配权利主体的身份被要求相合。十七届三中全会通过关于农村土地承包经营权流转的新政策，以及为贯彻此政策将要制定的法律，要借助于土地承包经营权的流转改革推动农业生产朝规模化、集约化的方向发展。在商法的主体制度视角，农村承包经营户制度的未来发展方向，可以考虑借鉴德国法关于针对农林业的"自由登记商人"制度，或者日本、

---

① 吕来明：《论我国商主体范围的界定》，《北方法学》2008 年第 4 期。

韩国的"小商人"制度，着眼于其中针对农林业企业制定的优惠性措施，使其享受到其他商主体不能享受到的优惠待遇，助力我国农业生产的集约化、规模化发展。①

还有学者提出不同的看法，随着农村经济的不断发展和农村市场化的构建，未来农村承包经营户的发展趋势将会出现分化现象：一部分农村承包经营户在加入农民专业合作社后将由《农民专业合作社法》对其进行调整。而另一部分农村承包经营户由于还不具有加入这种新型商事组织的能力，我们可以将其界定为任意商人。即这类农村承包经营户是否是商法调整的商个人由他们自己选择，如果他们需要以商个人的方式进行商事活动时，可以自己在商业账簿上注册登记；如果不需要以商个人方式进行商事活动时，他们就可以不在商业登记簿上注册登记，是否登记是他们享有的选择权。这样的做法既满足了农村承包经营户加入商事组织进入市场从事商事活动的要求，也为其他农村承包经营户提供了一个比较宽松的市场准入政策，符合我国现阶段的基本国情和农村承包经营户的实际现状。②

也有学者认为应该区别对待农村承包经营户：（1）对具有一定规模长期稳定地从事某种农业生产经营活动的农户或农民，应当采用规范的经济组织形式，如有限责任公司、一人公司、个人独资企业、合伙等；（2）对于偶尔或季节性的农副产品买卖，应当以自然人的民事法律行为对待，通过合同关系加以调整；（3）对于以走街串巷或临时设摊等方式从事小规模的商品交易活动，可以列为小商人范畴，免于商业登记。③

3. 个人独资企业的法律地位

1999 年颁布的《个人独资企业法》正式引入"个人独资企业"概念，取代、融合此前的私营企业、外商个人独资企业等概念，建立起统一的独资企业制度。然而，对于个人独资企业与个体工商户的并存状态，学者之间还是存在一定的分歧。

从我国现行的法律规定来看，个体工商户和个人独资企业均为个人投

① 李建伟：《对我国商个人立法的分析与反思》，《政法论坛》2009 年第 5 期。
② 任尔昕、郭瑶：《我国商个人形态及其立法的思考》，《甘肃政法学院学报》2009 年第 6 期。
③ 王妍：《小商人豁免登记及其法理基础——为小商人无照经营提供的辩护》，《学习与探索》2010 年第 5 期。

资，个人经营，均无法人资格。其主要区别在于：第一，是否必须有名称。在我国，设立个人独资企业必须有合法的企业名称，个体工商户则可以起字号，也可以不起字号。第二，从业人员或雇工的数量要求不同。个人独资企业必须根据其经营规模，招用必要的从业人员，可以是几个也可以是更多。个体工商户则只能根据经营情况请一两个帮手，有技术的个体工商户还可以带三五个学徒，但雇工人数不得超过7名。第三，对生产经营场所的要求不同。个人独资企业必须有固定的生产经营场所。而个体工商户有些并无固定的生产经营场所。

有学者指出，个人独资企业要求有企业名称、有固定生产经营场所，欠缺其中一个者不能登记为个人独资企业，现实中，一个大的交易市场各摊位的经营者往往不具有企业名称，仅有一辆汽车或一艘船的运输者既不具有企业名称也无固定经营场所，所以，在我国，个体工商户仍是商自然人的一种形态。① 按照这种观点，至少在较长的一个时期内，个人独资企业和个体工商户这两个概念还将并行。

但也有学者指出，个体工商户是一种具有中国特色的经济形式，它是在我国由计划经济向市场经济转变过程中产生的。随着我国市场经济体制的建立和完善，我国企业法律形态将进一步规范化。《个人独资企业法》颁布实施后，将有相当数量的个体工商户（特别是有自己的字号名称，有必要的出资，有固定的生产经营场所和必要的生产经营条件的个体工商户）要纳入该法的调整范围，应严格依法做好符合条件的个体工商户向个人独资企业的转制和登记工作。②

还有学者认为，个体工商户和个人独资企业在功能上是一致的，都是个人私营经济的组织形式，都是为了满足自然人从事经营、谋取利润的目的。由于两者对资金的需求不大，设立程序简单，经营灵活，对那些财产有限或刚刚开始从事投资经营自谋职业的人来说，两者都是比较理想的选择。但对于功能和性质相同的两个法律主体进行不同的立法，除了在实践中造成登记的混乱外，也使得理论上对商主体的划分不明晰。因此，应当

---

① 王果纯：《商主体若干基本问题研讨》，《人大报刊复印资料·民商法学》，2001年第5期。

② 施正文：《我国〈个人独资企业法〉实施过程中的若干问题》，《当代法学》2001年第2期。

对个体工商户和个人独资企业进行二元立法的统一，废除《城乡个体工商户管理暂行条例》，把符合个人独资企业性质的个体工商户归类到个人独资企业中，由统一的《个人独资企业法》进行调整。①

4. 小商贩的法律地位

小商贩是指未经过工商登记注册，无固定的经营场所，利用路边空地、广场等公共空间从事小规模商业经营者。② 这类小商贩在我国城乡普遍存在，如走街串巷的货郎、手艺匠人。对于这类小商贩的主体性质，学者之间存在不同看法。

有学者详细论证了小商贩的商主体地位，其认为，新的《德国商法典》赋予此类小规模经营者在选择登记为商人后又可选择注销登记而放弃其商人资格的权利，使其重新回到非商人状态，这样，原先的小商人就成了可随时下车的"可为商人"或称为"持有返程车票"的"可为商人"。可见德国的这种做法使得小规模经营者商人资格的取得也以登记为要件，但却是在尊重当事人本人自愿的基础上进行的，从某种程度上是他们权利的扩大，而并非法律对其权利的限制。更何况，德国市场秩序远比我国规范，对小规模经营者不进行商法规制并不影响市场的有序运行，我国的大量小商贩如果没有类似的规制，将不利于市场秩序的维护。我国在对国有企业进行改革后，大量的企业失业职工加入到城镇夜市"游击商贩"的队伍，承认这些并未登记的小规模、临时性经营者的商人地位，不仅仅是对他们商事权利的确认问题，还是对大量企业失业职工的人权保障问题。当然，这些经营者因其行为营利目的的有限性以及职业的临时性，与德国原商法和日本商法中的小商人又有不同，我们可以称之为"临时商人"。③

有学者认为，小商贩是以自然人个人或家庭从事营业并以此为业的商主体。④ 小商贩作为自然人，如偶尔签订合同处分自己的财产而不以其为

① 任尔昕、郭瑶：《我国商个人形态及其立法的思考》，《甘肃政法学院学报》2009年第6期。
② 李建伟：《从小商贩的合法化途径看我国商个人体系的建构》，《中国政法大学学报》2009年第6期。
③ 任尔昕：《论我国商人立法》，《兰州大学学报》（社会科学版）2006年第2期。
④ 苗延波：《商法总则立法研究》，知识产权出版社2008年版。

业，属于由民法规范的民事行为，然则其以商业交易为业、以交易营利所得营生时，这种营利性活动就再不是单纯的民事行为而是营业行为，在此场合下，其身份由民法上的自然人转为商法上的商个人，具有区别于民法上自然人的民事能力的商事能力，并借此实现商的本质——营利。① 作为自然人从事商事活动的主体，小商贩因为其投资主体的单一性、法律人格的非法人性、经营活动的相对集中性、自然人投资者之商事与民事人格的差异性等特征完全符合商个人的特征，所以应当将其纳入商个人的范畴，从法律主体上给其一个准确的定位，以更好地保护其合法权益。② 中国应当将商摊商贩纳入小商人范畴中，承认其经营活动的合法性并规定免予工商登记。原因在于，商摊商贩从事的经营都是为了维护个人和家庭生活的需要，营业规模小，营业期限随意性大、流动性强。对于这些商摊商贩，应该借鉴典型大陆法系国家德国和日本关于小商人的做法，只要具备完备的民事行为能力或商事行为能力即可以进行商业活动，无须进行登记。③

但是，有学者反对将小商贩纳入商主体的范围，认为：在商法中将他们规定为"临时商人"或"自由登记商人"，作为工商税收的纳税主体不太合适。这是因为，从目前我国法律规定来看，为了维护市场秩序，保护消费者利益，打击假冒伪劣商品，对市场上的所有经营者都应当予以管理，但是，对这些并无固定营业场所、无字号的临时性经营者以及家庭手工业者，没有必要核发营业执照，只需收取少量的市场管理费即可，无须将他们作为商人看待。法国商法学家伊夫·居荣认为，"没有必要规定那些仅仅是极为从属性地涉及商务生活的人也要服从一大堆专门的规则"。不过商事通则应当对个体工商户的登记条件作更具体的规定，划清它们与后者的界限。④

主张以商主体对待小商贩的学者，认为小商贩的身份应当合法化。有学者提出，商个人中那些经常性的从事商事活动的个人，如店铺、摆摊设

---

① 李建伟：《从小商贩的合法化途径看我国商个人体系的建构》，《中国政法大学学报》2009 年第 6 期。

② 任尔昕、郭瑶：《我国商个人形态及其立法的思考》，《甘肃政法学院学报》2009 年第 6 期。

③ 王妍：《小商人豁免登记及其法理基础——为小商人无照经营提供的辩护》，《学习与探索》2010 年第 5 期。

④ 刘云升：《商事通则构造论》，《河北法学》2007 年第 4 期。

点甚至走街串巷的小商小贩等，它们与组织化程度较高的独资企业之间并没有实质的区别，可以考虑通过专门的一部《个体经营法》加以规范，其主要内容应该是指导个体经营的发展，规定个体经营相应的程序，如公示制度、会计账簿或破产程序等。① 另有学者对于小商贩的身份合法化，提出了两种实现路径，即无名商主体和有名商主体。"无名商主体"路径，从问题的实质出发，指出问题核心在于对自然人营业权的肯认，拒绝实质限制营业权的行使，欲通过备案程序使小商贩获得营业资格，受到商法总则和民法的共同规范。"有名商主体"路径，回避问题的实质，试图通过有限修正个体户、独资企业制度来释放既有制度安排的能量，放宽对小规模营业者的营业限制。相比之下，前一路径稍激进一些，变革成本更大，但能保证商法、民法的体系完整与有序衔接；后一路径是对现行立法的改良，欲低成本解决问题，但无助于科学的商个人体系的建构。循"无名商主体"的路径，可以看到我国未来的商个人体系：所有的商个人主体受到商法总则与民法的规范，其中无名商个人受到商法总则关于商事原则、商事行为、商事账簿、商事登记、商事代理等规范，有名商个人还受到商事单行法关于其设立、组织、运营方面的规范。②

（二）商个人的法律规范

我国商法有关商个人的法律规范是极其松散和不健全的，妨碍我国商个人制度的成长和完善。

有学者认为，在商主体确立问题上，我国基本上是将商主体定位于民事主体的特殊部分，在理论上将商主体的范围划分为商自然人和商法人两大部分，在立法上通过各个单行商事法确定商主体的范围。这样做的缺陷在于，无法将现实生活中的许多商主体准确地纳入商自然人或者商法人的范围之内，从而出现了对个体工商户、小商贩、沿街叫卖者、农村承包经营户、独资企业等经营形式是否纳入商主体的争论，以何种标准确定其是否属于商自然人、商自然人的范围如何限定的争论，也存在着不同法律规定中的个人合伙、合伙企业是否属于商主体的争论。这种情况的出现一方面是由于我国向来将商主体融入民事主体之中，基本上不承认商主体独立

---

① 徐强胜：《商主体的类型化思考》，《当代法学》2008 年第 4 期。

② 李建伟：《从小商贩的合法化途径看我国商个人体系的建构》，《中国政法大学学报》2009 年第 6 期。

的地位，另一方面也在于我国在商事立法上没有统一的关于商主体的规定，对某种商主体的承认是建立在对它们一一单独立法的基础之上，在立法上和理论上都缺乏确立商主体的原则。①

也有学者提出，我国《民法通则》、《个人独资企业法》、《城乡个体工商户管理暂行条例》及其《实施细则》、《个体工商户登记程序规定》、《城乡集市贸易管理办法》以及最高人民法院《关于贯彻执行〈民法通则〉若干问题的意见（试行）》等。这样就形成了个体工商户、农村承包经营户、个人独资企业这三类商自然人法律形态。细读这些法律法规和司法解释，不难发现它们不仅零乱，而且不完善，存在着对商自然人的法定组织形态规定单一、商自然人的范围规定狭小等问题。概括起来，我国商个人的法律规范至少存在这样几个问题：（1）现行法律没有明确规定商自然人的法定条件，不利于良好商事环境的形成。（2）对自由商贩是否属于商自然人没有作出明确规定，引发了一些不该有的社会问题。（3）我国商法仅仅重视商事公司、商事保险等商人的法律地位，轻视商自然人的法律地位，不仅对商自然人的范围仍然满足于计划经济时代个体工商户、农村承包经营户等狭小范围内，而且对他们的商事权利范围进行了约束和限制。（4）现行商自然人的法律责任过于严格，一定程度上妨碍了社会的进步和发展。②

还有学者认为，经过多年来商事立法与实践的努力，我国粗略构建了实质意义上的商个人立法体系，这一体系还存在种类繁杂与缺漏并存、主体类型交叉重叠以及划分标准模糊等问题，传统计划经济体制及其立法理念的负面影响还未完全消除。我国目前的商个人法律规范归纳有如下特点，即对小规模商业活动的管制远多于鼓励，抑制远大于扶持，总希望在制度层面限制商事活动的"营利"，于是法律对从事营业活动的商主体以及营业活动本身设定相当多的限制措施。这在很大程度上构成了对自然人的营业权的否定，民事主体从事营业活动的自由受到压制。在此背景下，商个人的概念在各个单行立法上应该得到某种限度的统一，商个人的实质特征应该得到贯彻以消除单行法之间的不协调。为此，制定《商法通则》

① 赵万一、叶艳：《论商主体的存在价值及其法律规制》，《河南省政法管理干部学院学报》2004 年第 6 期。

② 林艳琴：《对我国商自然人法律制度的审视》，《政法论坛》2009 年第 1 期。

是必要的，而且也是极为重要的。未来的《商法通则》调整、规范商个人的路径有三：对于所有商个人，规定商事原则、商事行为、商事账簿、商事登记、商事代理等基本规范；对于无名商个人，规定基本的组织规范与行为规范；对于有名商个人，在现行单行法之外，补遗规定关于设立、组织机构、运营等组织规范和部分行为规范。①

四　事实商人

有学者对商人资格取得有瑕疵的"商人"和未注册登记的"商人"，作为"事实商人"进行研究，并提出了对待"事实商人"的富有创意的观点。②

首先，事实商人的法律地位应当得到肯定。未将注册登记作为商人资格取得的前提，则实际上肯定了部分"事实商人"的法律地位，进而也会一般性地认可其行为的效力。认可事实商人及其行为的效力，实乃无奈之举。而且，如同任何判断都有其前提一样，对"事实商人"的法律认可也并非毫无前提——只有在善意第三人涉入的交易秩序中，才可主张"事实商人"的保护。即，唯"事实商人"以商人姿态出现在与第三人的交易中，而第三人不知情也不应知晓其商人资格存在事实瑕疵时，才可援引"事实商人"规则，要求确认"事实商人"的商人地位，并在外部交易关系中，将其等同于"合格商人"，令其承担"貌似合格商人身份"实施的有关法律行为的后果。"事实商人"的确认，和商法强调交易安全、外观主义（信赖）等应当存在直接联系。

其次，小商人是一种法律容许的"事实商人"状态。小商人在有些国家立法中是一个法定概念，但在中国主要借助"事实商人"方式存在，是一种事实状态，而非法律状态。小商人虽然也是"以从事持续性营利行为为业的人"，但小商人多无固定经营场所，以走街串巷、吆喝行走的方式灵活经营，实质上多为从事商事交易的"传统手工业者"或"农民商人"在现代社会的遗留，小商人是商人部族中的"原始族（人）群"。因小商人的持续营业实际上是一种劳动谋生或工作谋生的方式，所以，各

---

① 李建伟：《对我国商个人立法的分析与反思》，《政法论坛》2009 年第 5 期。

② 蒋大兴：《商人，抑或企业？——制定〈商法通则〉的前提性疑问》，《清华法学》2008 年第 4 期。

国立法对小商人多采宽松政策，诸如免登记、减免税收等都是常用的调整工具。所以，小商人不需登记的状态与"事实商人"存在一定的形式共同性。然而，小商人的不登记通常不是其商人资格的瑕疵，而是一种"法定容忍"。这是一种"商事管制"对"民法（平民）生活"的适度纵容。

最后，在税收政策上对待小商人应当同样宽容。不需办理商事登记的小商人，在税收政策上同样应当采取宽容立场，可以考虑两种方案：其一，免除税务登记，也免除税收。这可以一劳永逸地解决小商人的发展困境，但可能不利于国家对小商人群体的统计监控。其二，办理税务登记，同时实施免税制。此种方案虽然可能增加小商人的登记成本，但一则有利于国家掌控小商人群体的构成、分布状态，另则不至于对小商人的生存状态造成不堪忍受的不利影响。

五 小商人

小商人与完全商人相对应，又称为"不完全商人"，是指从事基本商营业的经营者，根据种类和规模不需要以商人方式设立经营。也即，根据经营的种类、范围，小商人不需要一套完整的商事机构，营业可以不按照商法典、其他商事法规对完全商人的一整套严格规定来进行。[1] 小商人制度之初衷乃在于特殊保护小规模经营者，使其既能获得商人的某些权利又不适用商法的某些严格规定，以限制其经营风险、节约经营费用。[2] 小商人的权利与其他商人的权利并无区别，但在适用法律上有差别，商法中有关商业登记、商号和商业账簿的规定，不适用于小商人。[3]

自由登记商人是德国商法特有的分类，就是法律赋予某些商主体是否注册登记的选择权，即使不登记也能作为商主体而存在，即是说，该商主体有登记注册的权利但无此义务，主要是适用于从事经营农业和林业的企业。[4]《德国商法典》1998 年修订时取消了"小商人"的概念，但这一概

---

[1] 范健：《德国商法：传统框架与新规则》，法律出版社 2003 年版，第 109 页。

[2] 李建伟：《从小商贩的合法化途径看我国商个人体系的建构》，《中国政法大学学报》2009 年第 6 期。

[3] 王保树主编：《中国商法》，人民法院出版社 2010 年版，第 49 页。

[4] 王璟：《商法特性论》，知识产权出版社 2007 年版，第 112 页。

念的实质得以保留，将其事实上归入自由登记商人。有学者认为，与德国的自由登记商人相近的是我国的农村承包经营户。依我国现行法律规定，与必须登记才能获得营业资格的个体工商户、个人独资企业比较，商自然人中的农村承包经营户应属于自由登记商人。①

第三节　中国商主体立法的构建

一　中国商主体立法存在的问题

商主体立法的功能具有多重性：一方面，它可以为商人资格和地位的确定提供一般规则，发挥对商主体形态法律规范的指导作用，填补民法主体规则和商主体具体形态法律规范之间的空白，弥补商主体具体形态法律规范强调具体的个性要求，而缺乏商主体一般规定的不足；另一方面，它提供了民法所没有的特别规则，实现了商主体具体形态法律规范所需要的一般性和民法主体规则所需要的特殊性的统一。② 还有学者提出，"商法之适用，则以法律上所称之商人为断。何者为商人，何者非商人，此虽仅由各国立法者任意断制限划，而其意义，要不可不于商法上以明文规定之。"③

我国虽颁布了一系列以各类企业为核心的法律法规和配套规章，但繁杂的商主体立法导致了诸多问题。"各种不同的划分标准在整个企业立法体系中并存，因此难以确立企业的法律形态，不仅导致企业立法的冲突和混乱，使企业的法律形态与经济形态相混淆，还产生了企业在适用法律上的不平等性。"④

有学者提出，总体而言，我国的商主体法律制度仍存在下列问题：第一，法律的层级效力不统一。同样是商主体的立法，但规定各主体的法律层级相差极大，有的是全国人大常委会制定的法律，如《公司法》；有的

① 李建伟：《从小商贩的合法化途径看我国商个人体系的建构》，《中国政法大学学报》2009 年第 6 期。

② 王保树：《带入 21 世纪的中国商法课题》，《法制日报》2000 年 10 月 2 日。

③ 张家镇等编：《中国商事习惯与商事立法理由书》，中国政法大学出版社 2003 年版，第 2 页。

④ 任尔昕、石旭雯：《商法理论探索与制度创新》，法律出版社 2005 年版，第 45 页。

是国务院制定的行政法规,如《私营企业暂行条例》;还有的是部门规章或地方性法规,如《农民股份合作制企业暂行规定》、《深圳经济特区商事条例》。第二,划分标准不一致,人为造成了商主体间的不平等。比如,改革开放初期颁布的法规多采用所有制的标准,这是计划经济的烙印;随着市场经济的建立,颁布的法律则依组织形式标准,如《公司法》、《合伙企业法》、《个人独资企业法》,而有关外商投资企业的立法则是投资主体、经营方式、组织形式等多种标准的混合。而且,现有企业立法造成了内资企业与外资企业、内资企业中不同所有制企业间的不平等,违背了市场经济的平等原则。第三,所颁布的商主体立法定位不明确,既有企业组织的立法,又有企业发展法方面的内容,混淆了两种立法的性质,造成了商主体立法的混乱。这些缺陷的存在都阻碍了我国商主体法律体系的科学构建。①

还有学者将我国的商主体法律制度存在的缺陷归纳为:(1)从立法价值看,我国现行商主体立法偏重于交易安全,而忽视了交易效率。纵观我国商事法律,其主体规范的价值主要在于保护商事交易安全,更确切地说,是保护交易相对人的安全。在法律规范性质的设定上,商主体法律规范均体现为强制性规范。如果商主体立法过分强制化,就会出现"劣币驱逐良币"的现象,或者可以称为"alienatton"(异化),从而就会导致纸面上的商主体立法和实践中的商主体法的偏离。另外,过于强制的商主体立法,可能导致商事实践中无人使用。(2)我国现行商主体法律制度供给不足。现实中出现了大量现行商主体立法无法解决的问题,最为关键的是,我国现行商主体立法有关商主体类型的规定存在严重的供给不足。(3)立法技术上,现行商主体立法存有商主体组织法与商主体发展法混为一体的缺陷。(4)传统商事法律责任过于严格,导致商人责任和义务无限扩大化,妨碍了社会的进步和发展。(5)商事诉讼的缺失。②

另有学者从我国目前的法制实践出发,认为商主体的法律规定存在着两个方面的问题:一方面,商主体类型上存在着分类标准不一,类型相互交叉、种类过于繁杂等诸多问题;另一方面,随着市场经济的进一步发

---

① 郑在义:《论我国商主体的法定化》,《国家检察官学院学报》2006 年第 3 期。

② 樊涛:《我国商主体法律制度的评判与重构》,《法治论丛》2006 年第 5 期。

展，为市场所迫切需求的诸如两合公司或有限合伙以及隐名合伙等商主体类型却始终未能得到法律的确认。这样，一方面存在着商主体类型上制度供给的混乱，另一方面又存在着严重的制度供给的不足。这些问题的存在直接破坏了市场经济的有序发展。因此，我国商事立法所面临的迫切任务是扭转现行立法体系及商主体纷乱庞杂又明显不足的局面，以市场标准重新构建统一、协调的商主体制度。① 另外，我国的企业立法标准存在二重性，既有以所有制为标准，如《全民所有制工业企业法》、《个人独资企业法》、《乡镇企业法》、《城镇集体所有制企业条例》、《外资企业法》等，也有以组织形态为标准，如《公司法》、《合伙企业法》等，这种企业组织立法的二元结构使得企业法律体系较为繁杂混乱，难以梳理，对法律适用带来一定的困难；尤其是，我国的企业法律形态标准还存在三重性，既有以所有制性质划分的企业形态，如国有企业、集体企业、私营企业等，也有以组织形式划分的企业形态，如公司、合伙、个人独资企业等，还有以投资来源划分的企业形态，如内资企业、中外合资经营企业、外资企业等。②

　　还有学者认为，僵硬和封闭的商主体理论是我国商主体制度的缺陷。前者表现在：过于强调商法公法化致使商主体形态僵硬化、过于强调企业中心主义导致对于公司制企业特别是大公司的过多关注、对商主体形态法定主义的研究显得滞后、对商事登记制度研究还停留在表层；后者表现在：(1)《公司法》强调公司的最低资本金制度、对于有限责任公司规定了最高人数限制、对特小型公司规定了较多的强制性规定、对国有独资公司没有从其特有的国有性上作出有别于普通公司更多的要求等。(2)《合伙企业法》没有看到合伙企业的非正式性，反而试图以正式企业的要求控制合伙。如在资本结构上，该法一是要求合伙人必须向合伙企业出资，否则不能成为合伙人。这个要求对于承担连带无限责任的合伙人来说，实在没有必要。二是要求新入伙人对入伙前的合伙债务承担连带无限责任。这是过于保护债权人的一种做法，其结果是限制了合伙的发展，最终会损

----

① 范健：《"商法通则"关于商法基本原则的界定及其立法安排》，载王保树主编《中国商法年刊（2007）》，北京大学出版社 2008 年版，第 13 页。

② 范健：《论我国商事立法的体系化——制定〈商法通则〉之理论思考》，《清华法学》2008 年第 4 期。

害债权人的利益。（3）1999 年制定的《个人独资企业法》则试图通过赋予个人独资企业所谓的财产独立、利益独立、责任独立使其脱离投资人，成为一个事实上与业主个人根本无法区分的企业躯壳。（4）《农民专业合作经济组织法》则只是关于农村专业合作社的规定，这使得各地、各行业无法以合适的法律制度设计和规范其他专业合作社。（5）我国的商事登记法律、法规规定了强制登记和全面审查原则。这是将商事登记视为维护国家秩序而非增进商主体活力，并强调对行政权力的服从而非为商主体服务的立法。①

二 中国商主体立法的重构

有学者对我国商法理论有关商主体的立法原则提出了批评，认为：商事立法无论是主观主义原则，还是客观主义原则，或是折中主义原则，都是从商人与商行为的关系入手进行商人立法。这种传统的商事立法理论并不适应我国的现实情况，其局限性有以下几个方面：（1）传统理论很难解决我国商人所面临的现实问题。大陆法国家商法对商人规制原则形成的背景与我国商业、商人发展的历史与现状不同。（2）我国缺乏采取传统商人规制原则的现实条件。法国的客观主义原则、德国的主观主义原则或是日本及现行法国商法的折中主义原则，在立法中得以采用的前提便是商人在经济中独立地位的形成，以及商业的发展使商行为的观念深入人心，人们对商人与商行为的独立性形成了普遍的认同。显然，由于商业、商人发展的历史与现状，我国目前的商人立法并不具备这一前提条件，实践中人们对商人、商行为的观念是模糊的，选采任何一种原则，都会使法律的适用效果大打折扣。②

有学者对我国建构商主体法律制度的路径，提出了若干意见和建议。第一，商主体类型法定。商法要对商主体的组织类型作出明确规定，除法律特许外，投资者只能按照法定类型来设立商主体，而不能任意创设法律未规定的商主体，否则就无法得到法律的承认和准入，更不可能得到法律的保护，甚至会被处罚、取缔。对于商主体的立法，应统一由国家立法机

---

① 徐强胜：《商主体的类型化思考》，《当代法学》2008 年第 4 期。

② 任尔昕：《论我国商人立法》，《兰州大学学报》（社会科学版）2006 年第 2 期。

关以法律的形式颁布，取消低层级的法规，并且依照组织形式和承担责任的方式来规范我国的商主体，将其划分为个人独资企业、合伙企业和公司企业，或者再增加合作社企业、股份合作制企业。我国的国有企业法人应当按照现代企业制度的要求改造成国有独资公司、一人公司或通过资产重组，改造为国有控股或参股公司；对于集体企业法人应改组为一人公司，或者组建有限责任公司、股份公司，以适应当前的经济发展。我国现存的个体商贩、商摊，应按《个人独资企业法》的规定登记为个人独资企业；个体工商户、农村承包经营户中以个人财产经营的，应登记为个人独资企业，以家庭共同财产经营的，则应登记为家庭合伙；对于非法人的集体企业，能改组为公司的改组公司，不能改组的登记为合伙。应将私营企业法、"三资"企业法限定为企业发展法，取消其中关于企业组织形式的规定，其企业组织类型应根据具体情况分别登记为个人独资企业、公司或合伙企业。第二，商主体的标准法定。标准法定就是将确立商主体的各项标准内化为具体的法律制度，投资者只有具备取得资格的条件时才能成为商主体，当达不到此标准时就应被强制退出市场竞争，以保证市场交易的安全。商主体的标准法定包括设立标准法定、维持标准法定以及破产标准法定。设立标准法定，即一个商主体是否获准进入市场，必须有严格标准，达到的才能从事商事行为，否则将不得进入。这是市场准入的积极条件。商主体维持标准法定，即商主体在具备入市资格获准进入市场后，在经营过程中必须保持与其经营相适应的资本标准，否则将会被取消主体资格，强制退出市场竞争。商主体破产标准法定，即商主体的法定化不仅包含着商主体的入市标准要严格法定，而且对商主体的退市标准也应严格法定。前者是为了使符合条件的商主体尽快加入竞争，后者则是要强制那些不再符合条件的商主体退出竞争，充分发挥市场经济的优胜劣汰的作用。①

---

① 郑在义：《论我国商主体的法定化》，《国家检察官学院学报》2006 年第 3 期。

第 五 章

商 事 登 记 论

第一节　商事登记概述

一　概念的选择

商法学者通常采用"商事登记"的术语，行政法规和规范性文件采用"企业登记"的术语，也有学者称其为"商业登记"，还有称为工商登记或者市场主体登记的。

有学者认为，商事登记、企业登记和商业登记主要是关于商业组织主体和营业资格的登记事务，也包括相关的权利登记，但不包括单纯的权利或财产登记。三个术语的基本含义相似，如何选择术语，应当斟酌既有的法律体系和表达习惯。"商业登记"的术语，符合我国既有法律体系。在民商分立国家，商法典有"商"和"商事"的术语，还专门规定"商事登记"制度，形成了"商"、"商事"和"商事登记"的对应关系。民商合一国家虽无商法典，却经常单独制定商业登记法，要求营业活动必须办理登记。我国既无民法典，亦无商法典，采用"商事登记"的术语，缺乏商法典的合理依托。相反，采用"商业登记"的术语，可以避开学术争议，还可适应多项登记法规并存的现状。"企业登记"的含义过于狭窄，"商业登记"符合通常的表达习惯。在字面含义上，"企业登记"无法涵盖个体工商户登记。"个体工商户"是在我国特殊历史背景下出现的营业形式，它类似于个人独资企业，却有独特的实证法属性。如果维持个体工商户的独特地位，就很难采用"企业"或"企业登记"的术语。商业组织不仅包含了多种企业形态，还包括个体工商户，更可扩张至各种商业组织形态，其外延必然大于多种企业形态的简单加总，也更契合于私法主体营业权的本旨。在我国，"商事登记"缺乏商法典的依托，"企业登记"无法涵盖各种商业组织。相对而言，"商业登记"和"商业登记法"的术语更准确，它不仅能够涵盖"企业"和"企业登记法"等下位概念，还符合我国的语言表达习惯。①

二 商事登记的概念

关于商事登记的概念，学者的描述方式和角度有很大的不同。多数学者以法律行为的视角看待商事登记，部分学者则将商事登记归入法律制度的范畴，也有学者以登记所发生的效果来描述商事登记。

有学者将商事登记定性为一种法律行为。例如，商事登记是商主体基于自由意志而请求商事登记机关对其主体身份予以确认、变更、注销，或依法定条件、程序注销该主体身份，并借助登记机关提供的信息平台予以公示的一种法律行为。② 又如，商事登记亦称商业登记，是当事人依据法律规定的内容和程序将营业事项向营业所所在地的登记主管机关提出申请并经登记机关审查核准，登记于商事登记簿的法律行为。③ 再如，商事登记又可称为商业登记，现代意义的商事登记，系指商主体或商主体之筹办人或负责人、代表人，为设立、变更或终止商主体资格，依照商法典、专门的商事登记法或其他法律法规中的相关内容及程序，将法定登记事项向登记主管机关提出，经其审查核准，登载于登记簿并公之于众的行为。④ 商事登记是指商事筹办人为设立、变更或终止商主体资格，而依法定的程序将法律规定的应登记事项向登记主管机关申请，并被登记主管机关核准登记公告的法律行为。⑤ 商事登记是指以设立、变更或终止商主体资格或

---

① 叶林：《商业登记法的基本问题》，《扬州大学学报》（人文社会科学版）2011 年第 2 期。

② 赵万一、王兰：《私法领域下商事登记的重新解读》，《河北法学》2000 年第 6 期。

③ 郭富青：《论商事登记制度的若干法律问题——兼论我国商事登记的改革与完善》，《甘肃政法学院学报》2002 年第 3 期。

④ 朱慈蕴：《我国商事登记立法的改革与完善》，《国家检察官学院学报》2004 年第 6 期。

⑤ 官欣荣：《商法原理》，中国检察出版社 2004 年版，第 110 页。

者以公示某种关系的存在为目的而依法定程序向登记机关登记，并取得相应法律效力的行为。① 再如，商事登记是指为了设立、变更或终止商主体资格，依照商事登记法规及其实施细则规定的内容和程序，由当事人将登记事项向营业所所在地登记机关提出申请，经登记机关审查核准，将登记事项记载于商事登记簿的综合法律行为。② 商业登记是指依照商法典、商事登记法或其他特别法的规定，按照法定程序及实体要求，由当事人将应登记的事项，向登记主管机关申请登记于登记簿，以确立商主体的对内对外关系，并公之于众的法律行为。③ 商事登记是指有关义务人依商法典、商事登记法或其他特别法的规定，向商事登记机关申请注册登记并被登记机关核准登记和公告的综合法律行为。④ 再如，商事登记是指商主体或商主体的筹办人，为了设立、变更或终止其主体资格，依照商事登记法规定的内容和程序，向登记机关提出申请，经登记机关审查核准，并将登记事项记载于登记簿的法律行为。⑤ 商事登记是商主体的筹办人或商主体为设立、变更或终止商事资格而依照法律规定向登记主管机关申请登记并被核准登记公告的法律行为。⑥ 商事登记是指登记申请人按照法律规定向主管机关提出旨在确认商主体的主体资格、营业资格及其他重大事项的申请，并由主管机关依法对申请事项核准登记的一系列法律行为。⑦

有学者将商事登记归结为取得商人资格的登记制度。例如，商事登记是指依商法典或商业登记法或其他特别法的规定，按法定程序及实体要求，由当事人将应登记的事项，向登记主管机关申请登记于登记簿，以确立商主体的对内对外关系，并公之于众，取得商人资格的一项强制性商事登记制度。⑧ 所谓商业登记，是指根据有关法律规定，依照法定的程序和

① 刘永军：《商法学》，中国政法大学出版社 2004 年版，第 38 页。
② 范健、王建文：《商法基础理论专题研究》，高等教育出版社 2005 年版，第 310 页。
③ 樊涛、王延川：《商法总论》，知识产权出版社 2006 年版，第 232 页。
④ 张民安：《商法总则制度研究》，法律出版社 2007 年版，第 431 页。
⑤ 范健主编：《商法》，高等教育出版社 2007 年版，第 2 页。
⑥ 刘沛佩：《从准统一到分离：商主体资格的回归路径——对商事登记行为的公私法性质解构》，《中国工商管理研究》2009 年第 6 期。
⑦ 吴长波、朱明月：《商事登记的几个基本理论问题》，《兰州学刊》2009 年第 11 期。
⑧ 周林彬、任先行：《比较商法导论》，北京大学出版社 2000 年版。

要求，由当事人将应行登记之事项，向登记主管机关申请登记，登记主管机关将商主体设立、变更、解散等的事实记载于登记簿并予以公告的一种商事法律制度。① 商业登记，在我国又称工商登记，是指登记机关依照法定的程序和实体要求，对商主体的设立、变更或解散的事实记载于登记簿册，并予以公示的法律制度。② 商业登记又称商事登记，是指由登记机关根据申请人的申请，依法核准、确认其商主体资格或对商业上的重要事项进行记载的制度。③

另有学者从登记可能引发的法律效果角度来界定商事登记。例如，商事登记，是指以经营商业而达开业之目的，由当事人依商业登记法之规定，将应行登记之事项，向营业所在地主管机关所为之登记。④ 商业登记，是指为了使商主体的产生、变更和消灭发生效力或对抗力，由该商主体依照商事法律规范向登记主管机关提出申请，由登记主管机关审核并注册，进而使商主体追求的上述效力可得实现的法律事实。⑤ 商事登记是商主体获得经营资格、经营能力发生变化的标志性结果，是商行为内容以及商行为产生效力的结果，也是创设和确立商事法律关系的基本要素。⑥

三　商事登记的性质

（一）公法与私法性质的选择

商事登记是公法行为还是私法行为？从目前学界的观点来看，主要有"公法说"、"私法说"与"折中说"三种观点：

公法说认为，商事登记是一种带有公法性质的行为。商事登记的权利义务不以平等的当事人为相对人，以国家机关作为登记的相对人，办理登

---

① 田东平、陈敦：《论商业登记的法律效力》，《北京工商大学学报（社会科学版）》2002 年第 6 期。

② 柳经纬、刘永光：《商法总论》，厦门大学出版社 2004 年版，第 52 页。

③ 石慧荣：《商业登记的制度检讨与立法展望》，《西南民族大学学报（人文社科版）》2008 年第 7 期。

④ 李克武：《公司登记法律制度研究》，中国社会科学出版社 2006 年版，第 5 页。

⑤ 高在敏、王延川、程淑娟：《商法》，法律出版社 2006 年版，第 113 页。

⑥ 杨峥嵘：《改革现行商事登记制度之浅见》，《中国工商管理研究》2011 年第 12 期。

记行使的是国家权力；登记义务的违反所产生的法律后果为强制措施的制裁；登记是国家公权力干预商事活动的行为；商事登记是具有公法性质的行为。① 商事登记本质上是一种公法行为，是由行政相对人申请登记行为和行政主管机关的审核注册行为组成。②

私法说认为，商事登记是具有私法性质的行为。有学者认为，如商法理论所要阐述的，乃是商事法律行为意义上的商业登记，其性质上为私法性质。与其将设立登记视为一种行政权的运作，毋宁视为一种民事法律行为——民事许可。③ 但也有学者认为，将商事登记当作民事法律行为不当；公司登记不同于传统命令型的行政行为，申请人与登记机关之间不是一种命令与服从的关系，而是一种服务与合作的关系，即公司登记是登记机关向申请人提供的一种确认和公示服务，具有一定的中立性和平等性。这是现代社会随着行政法理念的更新、行政执法方式转变而产生的一种新趋势——行政职能以行政监管为中心向以行政服务为中心转变，服务性成了行政行为的时代特征，行政行为被认为是行政主体在行政相对人合作下所做的公共服务行为即公务行为。但公司登记的服务性并未否定其行为的行政性，公司登记作为行政确认行为并非源于登记机构的行政机关性质，而在于此行为具备一般行政行为的要素和特征。④

折中说认为，商事登记具有公法与私法混合的性质，是公私法行为的混合体。有学者认为，商事登记是由拟开展营业的创办人的申请登记行为和登记主管机关的审核登记注册行为构成的复合法律行为；是登记主管机关代表国家意志，以公权力对商事私法行为及其营业状态、主体地位的法律确认。虽然商事登记是一种商事私法行为和公法行为统一的复合行为，但在市场经济条件下必须强调其私法功能。⑤ 商事登记本质上是一种带有公法性质的行为，不能否认商事登记法的公法属性，但商

① 参见范健、王建文《商法论》，高等教育出版社 2003 年版，第 545—546 页。
② 广东省工商局外资处：《商事登记立法中的效力问题探讨》，《中国工商管理研究》2009 年第 1 期。
③ 蒋大兴：《公司法的展开与评判——方法、判例、制度》，法律出版社 2001 年版，第 373—375 页。
④ 王远明、唐英：《公司登记效力探讨》，《中国法学》2003 年第 2 期。
⑤ 郭富青：《论商事登记制度的若干法律问题——兼论我国商事登记的改革与完善》，《甘肃政法学院学报》2002 年第 3 期。

事登记法毕竟要建立在商主体法或商事组织法的基础之上，其规范体系是以相关商主体为前提并服务于商主体的，不管商事登记法的公法属性如何强烈，也不能否认其仍具有明显的私法属性。① 商事登记制度，既是社会公共权力对营利性主体的营利活动实施管理的基础，又是商事法对社会经济关系进行调整和规范不可缺少的必要环节。因此，商业登记制度既具有明显的私法意义上的功能，又具有强烈的公法意义上的功能。一方面，商事登记是登记主管机关代表国家意志，以公权力对商事私法行为及其营业状态、主体地位的法律确认，具有明显的组织法和程序法的特性，而按照传统商法的归类，组织法和程序法多为强行法，具有鲜明的公法性色彩，这也是私法公法化趋势在商事法领域的具体体现；另一方面，在商事登记过程中，当事人对营业种类、经营范畴、投资方式、营业期限等登记事项同样可以按照自身的意愿享有选择的自由。因此，将商事登记的性质仅归结为公法行为，有失偏颇。但结合我国商事登记法的实践，特别是随着我国市场经济的深入发展，商事登记的性质应较多地体现为私法性。这不仅因为商事登记活动属于商法范畴，私法性质是其基本性质，更是考虑应给商主体在登记事项上有更多的自主的选择权利。②

还有学者进一步分析了商事登记的公法属性和私法属性。商事登记的公法属性主要体现在以下几个方面：首先，从商事登记法律关系的两方当事人来看，一方是登记申请人即商主体，另一方是商事登记机关。从申请人角度来看，其权利义务并不以平等当事人为相对人，而是以作为行政机关的登记机关为相对人。申请人没有设立、变更或终止商主体意思时，国家不能强制其申请登记，但一旦当事人决定要设立、变更或终止商主体，并希望发生登记的效果时，就必须履行申请登记程序。因此，商事登记是从事特定商事活动的必经程序，体现了国家干预经济的主要方式，这种干预一方面体现在通过公权力实现登记的公信力，另一方面体现在公权力对登记对象的控制和管理上。其次，从商事登记的内容来看，关于一些强制登记的事项、必备文

---

① 范健、王建文：《商法论》，高等教育出版社 2003 年版，第 546 页。
② 朱慈蕴：《我国商事登记立法的改革与完善》，《国家检察官学院学报》2004年第 6 期。

件、法定程序、登记机关的职责和义务、法律责任等，不允许当事人自主选择，体现了国家的强制力。最后，从商事登记自身效力来看，商事登记是商主体在商事活动过程中通过国家机关的权力逐步建立起来的评价机制，可以更好地保障商事交易安全，维护社会公共利益，而对公共利益的维护属于公法范畴。商事登记的私法属性主要体现在以下几个方面：首先，从商事登记制度的产生来看，其最初是形成于私法领域中的一种自发秩序，国家产生之后才慢慢渗入了国家的强制力。商事登记制度产生后给商主体提供了一套国家公权力控制的识别机制，使得交易相对人可以根据商事登记制度知道每个交易对方的具体信息。其次，从商主体的产生、变更、消灭来看，商主体是否成为商主体以及采取何种组织形式，是否变更与终止，都取决于商主体的意思自治。国家不能强制当事人设立、变更或消灭商主体。就当事人的申请登记行为看，具有明显的民商事性质。其三，从商事登记的内容看，当事人对自己所从事的行业、经营范围、投资数额、经营期限、经营地址、技术投入、人员配备等可以按照自己的条件和意志享有充分的自由选择权。①

商事登记的上述学说均有其合理的成分，但各学说的偏重点不同，以至于学说之间产生对立。但在事实上，关于商事登记的性质的争论，并没有从根本上动摇商事登记的法律制度构成及其所应当发挥的作用。有关商事登记的性质的学说的混乱，一定程度上也说明我国商法学对商事登记制度认识上的肤浅。

有学者明确指出，虽然现代商法带有公法色彩或因素，但其作为私法的本质属性并未动摇，商事登记法也只是公法表征下的私法。但是，因为我国商事登记法律的设置过于偏重公法价值而轻私法价值以及行政扩张的历史惯性原因，商主体进入市场的门槛实际上已被名目繁多的行政审批前置程序和实质性证明文件大大抬高，商事登记制度的公法价值被人为放大，管理法、强制法被解读为商事登记法的本质属性。所以就出现"强国家弱市场"的干预主义思路，国家通过对营业执照的颁发和吊销实现对商主体及其经营行为的监控，进而将触角延伸到控制企业主体资格的取

---

① 冯翔：《商事登记行为的法律性质》，《国家检察官学院学报》2010 年第 3 期。

得，将主体资格的法律确认和营业资格的政府监管混为一谈。① 也有学者认为，"公法说"是对我国商业登记法律现状的客观描述，却没有揭示商业登记法应有的实质内容；"私法说"观点深受国外商法理论的影响，却忽视了我国采用民商合一的私法体系的基本事实；"折中说"试图中和不同观点，却没有科学表达商业登记法的法律性质和功能。因此，商业登记法主要是私法规范，同时兼有部分公法规范。我国商业登记法过分偏重于公法属性，没有顾及商业登记法应有的私法属性。未来的商业登记法应在兼顾商业登记的公法属性基础上，高度关注其私法性质。②

（二）行政许可与行政确认的选择

对于商事登记行为的行政行为性质，学界有行政许可说和行政确认说。2004 年《行政许可法》第一次明确将我国的商事登记行为定性为行政许可行为。事实上，《行政许可法》在起草过程中，也表明了这种定位的困难。《关于〈中华人民共和国行政许可法（草案）〉的说明》指出：现行法律、法规规定的行政许可包括审批、审核、批准、认可、同意、登记等不同形式，涉及不同部门、不同行政管理事项。经分析，不同种类的行政许可，其性质、功能、适用条件和程序是有很大差别的……根据性质、功能、适用事项的不同，将行政许可分为以下五类：普通许可、特许、认可、核准、登记。登记是由行政机关确立个人、企业或者其他组织的特定主体资格。登记的功能主要是确立申请人的市场主体资格，没有数量控制。显然在行政许可法的草案起草中，登记作为了许可的下级概念。按照草案的意思，这里的登记仅指商事登记，而不包括民事登记等诸多情况。然而，"九届常委会对草案进行二审时，对行政许可是否分类以及如何分类就有不同意见。本届常委会第三次会议对草案进行三审时，法律委员会就这个问题专门作了汇报。审议中，有些常委委员仍有不同意见……对于这个问题，法律委员会、法制工作委员会会同国务院法制办对常委委员的审议意见进行了认真研究。法律委员会认为：草案将行政许可分为五类，重要目的之一是相应地规定不同的程序，规范、监督不同的行政许可的实施，防止执法的随意性，方便当事人办事，出发点是好的。但是，考

---

① 刘沛佩：《从准统一到分离：商主体资格的回归路径——对商事登记行为的公私法性质解构》，《中国工商管理研究》2009 年第 6 期。

② 叶林：《试论商业登记的法律性质》，《中国工商管理研究》2011 年第 11 期。

虑到目前行政审批制度改革尚在进行之中，对行政许可的分类和各类行政许可的适用范围还有不同意见，目前科学分类的客观条件和主观条件都还不够成熟。因此，法律委员会建议着眼于规范行政许可、解决实际问题，对行政许可可以不作分类，将草案三次审议稿第十三条至第十七条合并为一条，按照各条所列行政许可事项的不同性质、功能和对经济、社会生活的不同影响加以概括"。①

不论如何，《行政许可法》涉及商事登记行政许可行为的定性，在理论界和实践中都引起了众多的质疑。

有学者认为，商业登记源于商人自治，属于开放性的注册制度，行政许可以政府为主导，属于禁止性的审批制度。由于商业登记在起源、功能和程序等诸多方面均与行政许可存在有明显的区别，将体现营业自由和商人自治精神的登记纳入以政府主导为主的许可范围，严重混淆了两者的性质。② 有学者认为，该观点不仅人为地割裂了商事登记行为与民事领域其他登记行为的共性，而且容易使商事登记完全陷入行政权力的掌控之中，不利于商主体的自治和经营自由，不符合现代各国商事登记的公共服务性质。商事登记是确认权利，而非赋权，主要是对身份、能力和事实的确认；其法律后果具有前溯性；并且，对于当事人的申请，只要符合法定条件和程序，商事登记机关就必须予以注册登记，没有自由裁量权。所以商事登记行为较多地体现为行政确认的性质而非行政许可。另外，从国外的立法经验上来看，把商事登记纳入行政许可，国外无立法例。把商事登记纳入行政许可是对商事登记性质的错误认定。最后，行政确认性质的认定是和现代商事登记采用准则主义而非许可主义相一致的。③

还有观点认为，主体资格的登记应当属于行政许可。与主体资格登记不同，营业资格的登记则应视为行政确认。④ 也有学者认为，我国商事登

---

① 乔晓阳：《全国人大法律委员会关于〈中华人民共和国行政许可法（草案）〉审议结果的报告》，《全国人大常委会公报》2003 年第 3 期。

② 石慧荣：《商业登记的制度检讨与立法展望》，《西南民族大学学报》（人文社科版）2008 年第 7 期。

③ 吴长波、朱明月：《商事登记的几个基本理论问题》，《兰州学刊》2009 年第 11 期。

④ 广东省工商局外资处：《商事登记立法中的效力问题探讨》，《中国工商管理研究》2009 年第 1 期。

记行为在性质上兼具公法与私法双重属性，属于以行政行为为主的复合行为。即商事登记是行政行为与民商事行为的复合行为，其主要体现为行政确认行为。商事登记行为是一种确权行为，是对主体资格和营业资格的确认；赋予商主体经营资格的行政审批并不是商事登记行为的构成要素，其只是商事登记行为的前置程序。商主体并非在商事登记机构获取经营资格，而只是在登记机构确认这种资格。商事登记行为的作用仅仅在于确认各行业主管部门对商主体经营资格的审批。因此，将商事登记行为性质认定为行政许可行为，实际是混淆甚至等同了商事登记行为与行政审批行为，商事登记行为并非行政许可行为。① 更有学者指出，在研判商业登记的性质时，要兼顾公法和私法的规定。在商业组织的设立事项上设定行政许可，忽视了商业登记的私法属性，过度强化了公权力的效用，结论是不周延的。②

　　有学者独辟蹊径，提出商事登记行为应该属于行政登记而不应该属于行政许可的观点。一般而论，行政登记，是指"行政机关对正在进行的某种活动或希望进行某种活动的相对人依法予以书面记载的活动"。行政登记与行政许可虽然有很多相同之处，但两者在国家权力的运用方面却有很大的不同，"许可的前提是全面禁止，许可的内容是国家一般禁止的活动，许可行为是对符合条件的特定对象解除禁止、允许其从事某项特定活动、享有特定权利和资格的行为，没有禁止也无所谓许可；而行政登记却并不以全面禁止为前提，只要符合法定条件，行政机关就有义务予以登记。""非经行政许可从事某种行业或活动即为违法，应当承担违法责任，但非经行政登记从事某种行业或活动却未必违法，不一定要承担法律责任，但非经登记即从事某种行业或活动往往不是法律所提倡和鼓励的，即使不承担法律责任，实际上也往往得不到法律的有效保护。"因此，非常有必要在立法上明确区分行政登记与行政许可，并将企业设立登记明确规定为行政登记而非行政许可。将商事登记的性质确定为行政登记而非行政许可，标志着国家权力的退出和国家权力对私人权利的尊重，将公民从事

---

① 冯翔：《商事登记行为的法律性质》，《国家检察官学院学报》2010 年第 3 期。
② 叶林：《商业登记法的基本问题》，《扬州大学学报》（人文社会科学版）2011 年第 2 期。

生产经营活动的权利还原于公民，政府仅为此提供相应的公共服务而不是设置障碍，是国家权力正确行使的标志。①

四 商事登记的功能

商事登记的功能，即商事登记的目的。商事登记的本质属性具有双重性，因此，其功能也具有双重性。一方面，它是商主体资格取得、商主体之间商事交易关系调整的基础；另一方面，它又是公共权力对营利性主体营业活动实施管理的基础。

有学者将商事登记的功能归纳为三个方面：（1）保存了传递商主体的营业信息，昭示其商业信用。商业登记作为一种要式法律行为，法律以强制规范要求商业登记以书面的形式和法定格式，将营业的内容和事项登记注册，使营业相关信息采用法定的形式固定化。而商事登记的公示性则要求登记事项以法定的方式公布于众。商事交易的相对人和社会公众可以通过登记簿的阅览、誊本、抄本和复印件的交付和取得登记机关的证明等途径，获得商主体的营业信息，了解商主体的信用状况，作为从事商事交易活动决策的依据。（2）保护商主体的交易安全和社会公众的合法权益。商事登记要求应登记的事项具备合法性和真实性，根据外观主义原则，凡是已登记事项，除有确凿的证据证明属于虚假陈述的以外，均推定为确定事项并具有法律的公信力。商主体可依据这些登记事项，对抗第三人，保护自己的合法权益。为了确保登记公告后的商事登记簿的公信力，即使行为人在履行登记时因故意或过失进行情况不实登记，或者在登记后实际情况已发生变化，与登记簿所载事项相违背，但在作出变更登记之前，行为人对相信登记真实从而进行交易的第三人不得以原有事实或已改变的事实对抗善意第三人。尽管这些事实具有客观真实性，但因未登记、公告便不能对第三人生效，这是商事登记的根本原则。据此，善意第三人的交易安全就获得了较周全的法律保护。（3）商事登记是国家对商主体进行监管的有效手段。通过商事登记国家不仅可以取得各项必要的统计资料，从而实现国家对经济的宏观调控，而且也便于对各种不同类型的商事企业的开业和经营进行必要的监督。同时，商业登记还是国家依法对各类不同商主

---

① 王妍：《商事登记中行政权力定位的理论思考》，《北方法学》2009 年第 2 期。

体进行税收征管的主要依据。①

　　也有学者将商事登记制度的功能归纳为如下五个方面：（1）确定商主体资格。商主体只有具备从事经济交往的资格和承担经济交往义务的能力，才能够参与到经济活动中去，交易相对方才会选择他作为自己的合作伙伴。通过商事登记，商主体便取得了合法地位，其自身合法权利也就能得到法律的保护。（2）赋予登记事项法律公信力。任何登记事项经注册登记并公告后便赋予了公信力，登记行为人可以凭借该登记事项对抗第三人。（3）昭示商主体的信用。作为一种要式法律行为，法律以强制规范要求商事登记采用书面的形式和法定格式，将营业的内容和事项登记注册，使营业相关信息以法定的形式固定化。（4）保护商主体的交易安全。商事登记要求应登记的事项具备合法性和真实性。凡是已登记事项，除有确凿的证据证明属于虚假陈述的以外，均应推定为确定事项并具有法律的公信力。商主体可依据这些登记事项，对抗第三人，保护自己的合法权益。据此，善意第三人的交易安全就获得了较周全的法律保护。（5）加强对商主体的有效监管。通过商事登记，国家不仅可以取得各项必要的统计资料，从而实现国家对经济的宏观调控，而且也为国家依法对各类不同商主体进行税收征纳、市场监管提供了主要的依据。②

　　还有学者将商事登记的目的概括为四个方面：一是确认商主体及其从事营业活动的合法性，维护商主体合法权益；二是通过彰显商主体的经营身份、经营状况和经营能力等，昭示其商业信用；三是便于社会公众理解商主体的信息和资料，维护交易安全和社会公众的合法权益；四是有利国家对经济进行宏观调控、对商主体进行税收征缴、对市场行为进行监管，提高政府的运作效率。③

　　但也有学者对此提出了质疑，其认为，现有的商业登记偏重于国家干预，因而导致其立法价值错位。将商业登记的价值视为赋予商主体人格是值得商榷的，因为投资办企业属基本的人权，并非国家特许的，营业自

---

　　① 郭富青：《论商事登记制度的若干法律问题——兼论我国商事登记的改革与完善》，《甘肃政法学院学报》2002 年第 3 期。

　　② 李振华：《论我国商事登记制度的建立与完善》，《理论界》2006 年第 2 期。

　　③ 杨丽：《商事登记制度中登记机关的应然定位——以商事登记制度的完善为向度》，《新学术》2007 年第 2 期。

由，乃商法的基本理念，充分鼓励与保护公民投资从事经济活动，是国家管理经济的一项重要原则。因此，我国商业登记立法应摒弃过去那种偏于国家干预的错误理念，应强化商业登记应有的"公示信息"价值，对此应借鉴国外的做法，1998 年 6 月德国在修改商法典时，使登记制度不再具有创设力，只具有宣示力。① 还有学者指出，商事登记制度具有复合性的功能，经济监管当然是商事登记的功能，但这远非一种理想或最终的功能，其具历史时限性和暂时性，它并非对商事登记目的与功能具有超越性的定位和说明。在现代社会，信息公示并透过其实现确保交易安全则是商事登记最为根本的目的和最为核心的功能。"随着准则主义在世界各国的普遍采用，商事登记制度的目的也随之实现了由经济监管向信息公示的转移"的观点，尤为值得赞同。因为商法公示主义原则和公司设立原则的变迁，毕竟充分说明了这一点。如果说在特许和核准主义阶段，商事登记制度异化为国家实施严格市场准入控制和市场监管的工具和手段的话，则在无须前置审批、登记与设立许可彻底脱钩的准则主义阶段，信息公示目的则无疑应该成为其最为核心的目的。② 商事登记的基本功能之一就是确认商主体的资格。③

在我国的商法理论上，商事登记具有公示功能是不可否认的。在 21 世纪以来，学者对于商事登记的公示功能提出的如下观点，值得引起理论界和实务界的注意：

第一，商业登记的核心私法意义在于商事登记的公示意义。有学者认为，商事登记的功能不在于塑造"商主体"，更不在于确认商主体的"经营资格"，而在于商主体地位的公示。商业登记制度的旨趣，在于通过公示某项商法上的"特殊事实"，以达到在其所对应的问题上，排除民法的一般规则，转而适用商法的特殊规则的需要，借此赋予经营者以交易便利，并兼顾第三人利益和交易安全的保护。相应的，在未办理商业登记的情况下，其后果在于，为了保护第三人的利益和交易安全，禁止适用商法

---

① 樊涛：《我国商业登记法的完善——兼论我国信用机制的构建》，载王保树主编《中国商法年刊 2002》，上海人民出版社 2002 年版，第 295 页。

② 冯果、柴瑞娟：《我国商事登记制度的反思与重构——兼论我国的商事登记统一立法》，《甘肃社会科学》2005 年第 4 期。

③ 魏国君等：《变革中的平衡——中国商事法律制度更新初探》，法律出版社 2007 年版，第 25 页。

上的特殊规则，经营者不得享有相关的交易便利，而按照民法的一般规则来调整其商事经营行为，如此而已。将商业登记视为一种"商事能力"或者"商事经营资格"的取得条件的看法，其实是对商事登记制度的公示意义的误读，是一种商事登记制度的"神化"。①

第二，商事登记具有的社会信息服务提供者的职能不容忽视。有学者认为，在传统理论上，商事登记有两个功能是不能否认的：一是"帮助税收"，二是"保护消费者免于受骗"。但是，商事登记在现代社会，已经不单单是取得税收的办法和保护消费者免于受骗的工具，其具有了更加宏观的功能。对于国家来讲，商事登记的功能有两种可能的用处，一是为了实现对市场主体的监督和管理，二是为社会提供公共信息服务。我国历来比较注重商事登记的第一项职能，将商事登记作为管理经济的一种必要手段，忽视和淡化了商事登记为社会提供信息服务的职能。②

第三，商事登记为政府的服务性私法确认和公示行为。有学者认为，传统的"商主体法定原则"具有相对性，商事登记，不是商法公法的表现而是政府服务性私法确认与公示行为，登记为商主体的存在提供了一个合理的基础，即商主体的存在首先是一个事实，法律与登记只不过"确认并公示"了这种状况。③

第四，商事登记的核心内容在于信息公告。有学者认为，商业登记旨在揭示企业及其营业的真实状况，信息公告无疑是商业登记法的核心内容。在当今社会随着电子和信息技术的广泛应用，各国在坚持商业公告传统规则的同时，不断调整信息公开的手段，甚至扩大信息公开的范围。但我国商业登记法却正在朝"重登记、轻公示"的方向发展，有些行政法规甚至废弃了信息公告的规则，这种状况引发了有关商业登记效力的重大争议。④

---

① 张翔：《商业登记与营业自由——商业登记的功能、技术及其价值基础分析》，《政治与法律》2008 年第 2 期。

② 王妍：《商事登记中行政权力定位的理论思考》，《北方法学》2009 年第 2 期。

③ 范伟红：《商主体层级立体结构的实然状况与应然分析——"企业集团"涉诉困境的追问与反思》，《河北法学》2010 年第 11 期。

④ 叶林：《试论商业登记的法律性质》，《中国工商管理研究》2011 年第 11 期。

五 商事登记的价值

商事登记制度是商法的一项基本制度，因此，商事登记的价值也要体现商法的价值。我国学者就商事登记所涉及的安全和效率价值，分别从不同的角度发表了不少富有理论和实践价值的观点。

有学者提出，商业登记制度的价值取向主要在于以下三个方面：（1）公示交易信息，保障交易之安全，促使交易之迅捷。商业登记法在申报事项上的明确而强制的要求，有助于相关当事人对相关交易主体资源和能力的了解，以便预测待定交易的风险，从而减少交易中意外风险发生的频率，提高交易安全，同时商业登记要求商主体将其商事人格的变动、商事经营状况和法律关系进行登记和公告，显然有助于相关交易主体便利地获取这些信息，从而大大降低相关主体为调查这些信息而支付的成本，客观上，有助于交易之迅捷。（2）维护商主体的信誉，昭示其营业信用。凡是已登记事项，除有虚假陈述以外，均属确定事项，商主体可以依据这些登记事项，对抗善意第三人，保护自己的合法权益，而且通过登记公告，商主体可以通过自己的经营获取商业信用，不断提高商人的知名度，以期获得更好的发展。商主体拥有良好的信用，可以降低交易费用，同时还可强化企业品牌的竞争能力。（3）便于国家取得统计核算资料，以便实现经济宏观调控措施。通过商业登记制度，可以帮助国家或政府机构更准确地了解全社会商事经济的组织、机构及其经营状况，更便于国家借助公法手段对商事经营活动予以必要的、一定程度的管理和调整。①

针对我国现行商事登记制度在价值取向上存在的问题，有学者就这些问题存在的原因进行了分析，指出了商事登记制度在安全价值和效率价值上的不对称性。有学者认为，我国的商事登记制度诞生于对旧的经济体制进行改革而新的经济体制尚未形成时期，这就决定了其立法目的和基本精神较多地反映了旧体制的要求。在传统计划经济体制中，企业主体观念缺位，政府与企业之间主要为管理与被管理的关系，商事登记立法也自然被定位为管理法，其价值目标在于便于政府归口管理和为国家提供统计数据，而商主体的经营自由权、市场所追求的效率、社会公众所期望的信息

---

① 樊涛：《我国商业登记法的完善——兼论我国信用机制的构建》，载王保树主编《中国商法年刊2002》，上海人民出版社2002年版，第293页。

公示等没有也不可能成为商事登记的中心关怀。由于其管理法的属性和定位，现行的商事登记制度在价值取向的选择上便不可避免地以其公法价值模糊或掩盖了作为商事登记立法所应有的私法价值，这集中表现在其对安全价值的维护远远超过了对其所应蕴涵的效率价值的追求，尤其是登记申请人的效率。在具体制度设计上则突出表现在：（1）商事登记采强制登记主义，主管模式为行政管理模式；（2）核准制的大范围采用；（3）实质审查制度的采用；（4）登记机关某些裁量权的过度赋予；等等。商事登记制度具有明显的强制性和不可抹杀的公法价值，这是我们所必须承认的，但将该特性做无限放大，将其奉为商事登记制度主要或唯一秉性，则无疑偏颇失当。① 因为我国商事登记制度的安全价值和效率价值的价值取向存在严重的不对称性，有学者进一步认为，我国的商事登记制度过于向交易安全倾斜，对商事登记的效率有所忽视。在登记过程中，所需要的审批和核准的要求过多，对商事登记注册设置了许多障碍，较多的自由裁量权为登记机关的拖延登记留下了余地。这是我国商事法律不成熟的一种表现。在完整的法制体系中，安全的价值通过其他的法律部门已经有所体现，商法根本特性最突出的体现为交易的迅捷。因此在商事登记立法中，应尽量限制政府的权力，减少政府机关干预的程度，规定登记机关的履行职责的时间，突出登记机关为交易便捷提供服务和保证的地位。② 当然，也有学者认为，从登记立法价值取向的角度提出，就我国现阶段的国情来看，作为"经济户籍"法的公司登记法必须坚持安全的价值取向，而不能盲目追求效率。但是，我们又不能过分强调国情，从而过分追求安全。由于效率毕竟是更高远的价值目标，我们不能完全牺牲效率而求安全。最佳选择就是一方面坚持安全价值取向（做到有基本安全保障），另一方面追求效率。③

还有学者列举了公平价值和效率价值在商事登记制度中的体现，指出了这两种价值在实践中存在的冲突。具体来说，商事登记中法定登记事项

① 冯果、柴瑞娟：《我国商事登记制度的反思与重构——兼论我国的商事登记统一立法》，《甘肃社会科学》2005 年第 4 期。

② 杨丽：《商事登记制度中登记机关的应然定位——以商事登记制度的完善为向度》，《新学术》2007 年第 2 期。

③ 李克武：《论我国公司登记立法价值取向的选择》，《华中师范大学学报》2009 年第 3 期。

的规定、商事登记中的公示主义原则都是安全价值的体现。商事登记制度最大的效益就体现在它实现了交易成本的降低，提高了社会的整体效率。商事登记的效率价值是和商事活动的营利性相一致的，营利性是商事活动的根本属性。在商事登记立法中，安全和效率的价值目标之间是既协调又冲突的关系。商事登记的安全和效率的价值目标在很大程度上是可以协调、互补、相互促进的。在商事登记中安全和效率的价值之间也存在着矛盾和冲突。商业登记审查中的实质审查主义和形式审查主义之争，就体现了安全和效率的价值冲突。①

六 商事登记的内容

商业登记是对商事经营中重要的或与经营之开展有着直接关系的事项的记载。登记内容的范围在法律上受到某种程序的限定，对于经营者来说，并不是所有事项都必须登记，与交易安全无关的事项无须登记。

有学者对于我国商事登记制度的完善提出了自己的观点。具体到我国，商业登记事项应从以下两个方面加以完善：（1）要尽快建立信用征信体系，与个人、企业信用相关的各职能部门如工商、税务、海关、公安、司法审判等必须与金融机构形成合力，打破"信息堡垒"，构筑"合作机制"，避免重复建设，各搞一摊，我国目前需要政府部门开放数据源，组建采集、提供信息的中介机构，构建国家信用体系。（2）从商主体来说，要明确规定必须登记事项，避免不必要的登记。从商事交易安全的需要来看，与经营无关的商主体的内部信息无登记的必要。但是，我国目前商业登记法要求商主体登记事项过多。例如《公司法》第22条、第79条分别列举了有限责任公司和股份有限公司章程应当载明的事项达13项之多。其中有些事项如"股东权利和义务"属公司的内部事务，对此，英美法称为公司章程细则（By-Laws），不必提交注册登记机关备案，也不必向公众公布。我国《公司法》对此有修改的必要。② 再者，我国现行的工商登记实际上主要是一种主体登记或组织登记，以企业登记为主要内

① 吴长波、朱明月：《商事登记的几个基本理论问题》，《兰州学刊》2009年第11期。

② 樊涛：《我国商业登记法的完善——兼论我国信用机制的构建》，载王保树主编《中国商法年刊2002》，上海人民出版社2002年版，第297页。

容。而其他登记，例如土地使用权登记、抵押登记等，则由其他机构办理。是否将所有的商业登记一并规定，由同一登记机关办理，是我国在编纂商业登记法时值得研究的问题。我国的商事登记应当实行大登记制度，这对于精简机构、提高效率、统一执法尺度具有积极的意义。①

第二节 商事登记的管理体制

一 商事登记立法模式

商事登记包括商主体登记与营业登记，两者的效力、性质各不相同，相应的登记机关的职能也有所不同。关于中国商事登记的立法模式，有统一主义和分离主义两种。在统一主义立法模式下，商主体资格和营业资格合二为一，享有主体资格即享有营业资格。在分离主义立法模式下，商主体资格和营业资格在概念上进行区分并各自独立且拥有不同的证明标准和取得程序。

（一）关于商主体登记与营业登记的统一立法

一般认为，我国现行注册登记效力采用统一主义立法模型，即要成立一企业，不仅要具备法律法规所规定的主体要件，如名称、资金、住所、组织形式等，同时还要具备拟经营项目的许可证等，登记机关才能核发营业执照。因此，营业执照在中国具有双重证明功能：不仅证明企业的主体资格，也证明企业的经营资格。

但也有学者认为，现行法实际上存在主体资格和营业资格概念的区分，营业执照制度的存在使得营业能力和营业资格概念的存在成为必要。但这样一种初露端倪的分离主义立法思路并没有得到贯彻和落实，二资格的得失程序和标志合并系于营业执照的颁发和吊销，且在某些情况下，法律对商主体资格和营业资格又并非采取完全一致的处理方式。所以究其本质来说，我国商主体资格和营业资格采取的是一种"不完全统一"的变异的立法模式，将其定义为"准统一"的立法模式。② 有学者承认，将商

---

① 石慧荣：《商业登记的制度检讨与立法展望》，《西南民族大学学报》（人文社会科学版）2008 年第 7 期。

② 刘沛佩：《从准统一到分离：商主体资格的回归路径——对商事登记行为的公私法性质解构》，《中国工商管理研究》2009 年第 6 期。

主体登记和营业登记行为合二为一，由同一登记机构负责，登记事项记载于同一登记簿上或颁发同一执照，这是立法为"简化登记程序，提高办事效率"而设计的。①

有不少学者对于商主体登记与营业登记合二为一的模式提出批评。从更深层面的立法价值取向上讲，商主体登记和营业许可登记的统一主义，反映了我国商事立法"家长主义"的强国家干预色彩。② 也有学者指出，这种将两者捆绑在一起的做法，使得实践中产生了难以解释的困惑和严重的弊端。依此思维，如果企业被吊销营业执照，则此时不仅会导致商主体营业能力的丧失，而且会导致商主体资格的消亡。但如此则会出现以下问题：如果企业的法人资格因此而终止，则清算阶段的法人将不再是法人，也就不能以企业的财产对外独立地承担责任，也无法以独立的商主体资格对外主张权利，清算企业不仅自身的权益难以维护，清算事务难以正常进行，也为企业恶意逃债提供了可乘之机。统一主义立法模型缺乏其潜在的制度合理性，已为学界所唾弃，但出于制度惯性，并未发生根本性的改变。③ 更有学者认为，从我国的相关立法来考察，一方面法律以语焉不详、态度暧昧的表述将商事资格区分为商主体资格和营业资格，另一方面又通过相互抵触、歧义互现的规定以营业执照的颁发和吊销为着眼点，赋予了其以双重表征的功能，形成一种商主体资格功能蜕化而营业资格功能膨胀的异化状态。这不仅造成自身制度构建上的缺漏，在与其他制度的衔接上也蕴藏了不可调和的矛盾。④ 就法理逻辑而论，经营许可理应是在登记主体获得合法商主体资格后才会面临的问题，不应与商事登记混为一谈。就法律实践而论，经营许可与商事登记相统一的立法模式不仅带来了登记效率的低下及登记机关与行业主管部门之间的权责交叉，不利于国家在商事登记层面的利益实现，更使得登记主体对营业种类、经营范畴、经

---

① 李建伟：《从小商贩的合法化途径看我国商个人体系的建构》，《中国政法大学学报》2009 年第 6 期。

② 朱慈蕴：《对我国商事登记法改革与完善的一些法律思考》，载《中国法学会商法学研究会 2004 年会论文集》，第 545 页。

③ 冯果、柴瑞娟：《我国商事登记制度的反思与重构——兼论我国的商事登记统一立法》，《甘肃社会科学》2005 年第 4 期。

④ 刘沛佩：《从准统一到分离：商主体资格的回归路径——对商事登记行为的公私法性质解构》，《中国工商管理研究》2009 年第 6 期。

营期限等登记事项缺乏自由选择的余地。①

（二）关于商主体登记与营业登记的分离模式

在我国的商法理论上，商主体登记和营业登记完全不同；之所以会有不同，是因为商主体的主体资格不同于营业资格。

有学者认为，对于自然人而言，由于自然人的营业权乃是宪法赋予的基本的民事（商事）权利之一，那么，商个人的商事登记的意义就在于对其营业资格的确认，作用在于排除由于身份等原因不得从事营业活动的人，向公众公示其经营信息，为社会公众提供最低限度的保护，也不存在"赋权"的效力。② 商主体资格的取得表明商主体享有权利能力，以及除营业能力之外的一般行为能力；营业资格的取得则标志着商主体的特定行为能力即营业行为能力的享有。具备主体资格是取得营业资格的基础和前提，取得营业资格是具备主体资格的目的所在。商主体也会有完全行为能力、限制行为能力之分。如处于筹建、停业以及清算中的企业是限制能力的；若在清算时发现企业财产已不足支付清算费用，企业自动歇业而未经清算已无人管事或已无剩余财产等事由，那么这样的企业是无行为能力的。这也就是说主体资格可以与营业资格并存，也可以与之分离。失去了主体资格，营业资格就不复存在；而营业资格则不然，它必须依附主体资格而存在。既然对商主体资格和营业资格做了分离，那么在工商机关吊销企业法人营业执照时，商主体资格并不一起被吊销。从商事法的一般理论出发，企业未经清算和注销，其主体资格则是存在的。③

关于商主体登记与营业登记的分离现象，有学者这样认为：最初，中世纪的商人进行商事登记目的是为确认商人身份和公开其经营信息。后随着商人特权身份的逐步取消，凡自然人都享有自由经商的权利，商人身份不再依赖商事登记取得，商事登记只是对自然人营业资格的一种确认，作用主要在于向公众公示其经营信息。因此，对自然人商人的登记仅仅是一种营业登记。再后来，团体商人的地位日益重要，法律通过相应程序赋予

① 秦亚东、马楠：《我国商主体登记制度相关立法检讨——以立法目的为理论尺度》，《黑龙江省政法管理干部学院学报》2010年第6期。

② 张民安：《商法总则制度研究》，法律出版社2007年版，第431页。

③ 刘沛佩：《从准统一到分离：商主体资格的回归路径——对商事登记行为的公私法性质解构》，《中国工商管理研究》2009年第6期。

满足一定条件的团体以类似于自然人的民事主体资格，这就是公司等商主体的法人人格。与自然人商人不同，公司这类商法人的法律人格的获得得益于法律的拟制，也即法人只有在满足"民事主体法"要求的设立条件与登记程序后才算成立，获得法律人格。这种确认法人资格的登记就是商主体登记。①

在我国，因为商主体登记和营业登记尚未实现分离，营业执照在现行制度安排上担负着商主体的主体资格和经营资格的双重证明作用，受到了学者的尖锐批评。有学者认为，我国的商事登记应当由"统一主义"走向"分离主义"，在具体模式选择上则有"全面分离主义"和"部分分离主义"的路径。所谓"全面分离主义"立法模型，即将核准登记视为企业取得主体资格的程序，而将营业执照的签发视为取得营业资格的程序，同时建立两个相对独立的证明体系，即注册证作为其商主体资格的证明，而营业执照作为其营业资格和营业权的证明；而"部分分离主义"的思路，是指企业等只要经过登记即能取得主体资格，此登记本身已经包含对企业一般经营资格和能力的认可，无须单独颁发营业执照加以证明，而若欲经营国家管制项目，则应经过政府有关部门的审批，由其颁发营业许可证。由于此种营业许可已经属于行政许可的范围，且不应作为登记的前置程序，而只能作为后置程序。②

关于我国的商事登记如何实现商主体登记和营业登记的分离，21 世纪以来，我国商法学者提出了若干建设性的具体方案。

有学者提倡实行"部分分离"的方案。营业执照即"经营许可证"，它是商事主体经营国家管制的项目获得许可的凭证，原本无证明企业主体资格的作用。但是，由于法律规定无论是否需要经营许可均须颁发营业执照，无照营业视为违法经营。致使营业执照附加了证明企业主体资格的功能。如果企业从事的业务属于自由经营领域，只需登记取得法律资格即可，根本无须营业许可。在这种情况下，颁发企业的营业执照，完全是多余的。此外，值得注意的是，经营许可证的颁发应是行业主管部门的职权，而不是单属于工商管理部门的职责范围。至于企业依法取得民事或商

① 李建伟：《从小商贩的合法化途径看我国商个人体系的建构》，《中国政法大学学报》2009 年第 6 期。

② 蒋大兴：《公司法的展开与评判》，法律出版社 2001 年版，第 362—371 页。

事主体资格以其营业事项在商事登记簿注册为准。登记注册之日即为企业成立之日。其证明形式既可以是商事登记簿，也可以是登记机关颁发的"注册证书"。①

有学者倡导实行"全面分离"的方案。因为就任何法律主体来讲，都具有营业资格和主体资格分离的必要性，有主体资格并不必然具备营业资格，丧失营业资格并不必然丧失主体资格。尽管从理论上讲，一般商主体取得主体营业资格的同时也就具备了营业资格和营业能力，注册证可以兼具其营业资格的证明，但我们并不能完全排除因其违法行为而被剥夺经营资格的可能，在其营业资格丧失的情况下，企业进入清算阶段，可此时其并没有丧失主体资格，其注册证仍然不能被收缴。用一个注册证同时证明其主体资格和经营资格，同样难以解决社会生活中各种复杂的社会问题。所以，"全面分离主义"的模式更具合理性，也更易为社会所接受。这绝不是"有限政府"贯彻与否的问题。② 还有学者认为，分离主义立法模式的构建，要求将商人登记即核准登记视为商主体取得主体资格的程序，将对商主体进行一定程度的审查作为赋予其商主体人格的要件；而将商行为登记即营业执照的签发，视为取得营业资格的程序。同时建立两个相对独立的证明体系：核准登记作为商主体享有商主体资格的证明，而营业执照作为其营业资格和营业权的证明。③

另外，在全面分离主义的立法模式下，理论和实务上都有必要明确"登记"、"颁发"、"吊销"和"注销"这4个术语的具体含义。从法律文义解释和法学理论角度观察，商主体登记的行为在于取得主体资格，注销的行为在于消灭主体资格。营业开业登记和营业执照颁发的效力在于取得营业资格，吊销营业执照的效力在于取消营业资格。所以，注销的对象只可能是登记的事实而不可能是营业执照，其对应的是登记行为；颁发的对象只能是执照，其对应的是吊销行为，颁发和吊销所完成的是对所表征文件及其背后的表征事项的评价，而无法直接对表征文件背后所有的法律

---

① 郭富青：《论商事登记制度的若干法律问题——兼论我国商事登记的改革与完善》，《甘肃政法学院学报》2002 年第 3 期。

② 冯果、柴瑞娟：《我国商事登记制度的反思与重构——兼论我国的商事登记统一立法》，《甘肃社会科学》2005 年第 4 期。

③ 刘沛佩：《从准统一到分离：商主体资格的回归路径——对商事登记行为的公私法性质解构》，《中国工商管理研究》2009 年第 6 期。

关系进行创设或消灭。所以在颁发依附于核准登记的前提下，难以说单纯的吊销行为可以对商主体的能力产生何种创设性的效力。①

二 强制登记与任意登记的选择

根据商主体资格的取得是否以商事登记为要件，现代商事登记制度有强制登记主义和任意登记主义之分。任何欲从事营利性活动的当事人只有在履行了商事登记手续后，方可取得商主体资格和特定范围的商事能力者，为强制登记主义；而不将商事登记作为商主体或能力取得逻辑前提者，为任意登记主义。我国目前采取的是强制登记主义。学者对于我国强制商事登记的改革进行了研究，认为应当放松强制登记，甚至采取任意登记主义，值得重视。

有学者认为，强制登记主义下对公司自治的干预较强，意图通过公司登记对公司市场准入和市场行为予以控制，与现代市场经济条件下公司登记的公示目的不相符合。而任意登记主义在尊重公司自治的前提下，鉴于公司实体设立、变更、终止及公司重要事项变更对公司第三人的利益攸关，要求对外公示以使利害关系人知晓，若不为公示，将不能以其效力对抗第三人。任意登记主义鲜明地体现了公司登记的公示目的，较好地平衡了公司自治与交易安全之间的利益冲突。②

另有学者认为，强制登记主义与企业自由原则是不完全契合的。在早期资本主义阶段，不少国家并不主张采取强制登记主义。但基于对交易安全和交易秩序的维护及商事交易便捷对外观主义和公示制度的强烈需求，现代市场经济国家多采用强制登记主义。虽然强制登记主义在我国仍有长期存在的必要，但在强制登记主义的适用范围或强制登记的对象上，则不应该无所不包。就绝大多数国家的立法来看，强制登记主要适用于从事连续营业的组织和个人，临时性设摊者则大多被排除在登记的范围之外。此外，还有部分国家和地区对小规模经营者也采取了灵活规定。因此，我国的强制性商事登记的适用范围也只能适用于固定、连续地从事商事经营活动的企业和个人，对于沿门沿街叫卖者、商场外临时性设摊经营者、主要

---

① 刘沛佩：《从准统一到分离：商主体资格的回归路径——对商事登记行为的公私法性质解构》，《中国工商管理研究》2009 年第 6 期。
② 王远明、唐英：《公司登记效力探讨》，《中国法学》2003 年第 2 期。

用于自己基本生活需要的家庭农、林、牧业经营者，包括农村承包经营户等，不必纳入强制登记的范围，因为这些主体所实施的行为尽管具有一定的经营性质，但很难说是现代意义上的商行为。①

三　商事登记管理体制

我国实行中央和地方的分级管理体制。现行的商主体登记注册工作，由中央一级的国家工商行政管理总局到地方县级工商行政管理部门实施。

我国以行政机关为商事登记的主管机关。学者对商事登记主管机关为行政机关的模式所产生的不效率提出批评，认为应当实行统一的属地登记制度。有学者认为，我国实行的"行政监督"的执法效果与立法的初衷仍有较大的差距，某些工商行政管理机关工作效率低下，不尽法定职责，致使我国对商主体的动态监管工作不到位，进而影响交易安全。从历史渊源的角度考察，商事登记簿的起源是中世纪的同业工会卷簿和商人联合会的行会名册，即由商人组建的商会组织对商人的商事人格进行监管。因此，为了达到对商主体的监管的快捷、合理，需要对我国现存的"行政监督制度"进行改革。即应借鉴国外的成功做法（如新加坡等），将国家工商机关对商主体的监管转为由商主体组建的"商会组织"进行管理，立法应赋予商会组织（非官方的中间组织）更多的实体上的审查权，一方面大大降低了我国工商机关直接面对的商主体数量，从而减少了管理幅度，使政府各部门（主要为工商机关）有更多的时间从事战略性的指导工作；另一方面，由拥有实体审查权的商会组织对商主体的主体资格的健全运行进行动态的监管，从而提高监管效率，以确保交易安全。② 对于分级登记制度，有学者建议废弃现行分级登记制，改取以营业地为标准的登记制度，实行营业地与登记地统一的登记制度。③

也有学者指出，现实中，商主体登记存在级别管辖和区域管辖的矛盾，因级别管辖和区域管辖的矛盾带出商主体商号之争和经营范围之争，

---

① 冯果、柴瑞娟：《我国商事登记制度的反思与重构——兼论我国的商事登记统一立法》，《甘肃社会科学》2005 年第 4 期。

② 樊涛：《我国商业登记法的完善——兼论我国信用机制的构建》，载王保树主编《中国商法年刊 2002》，上海人民出版社 2002 年版，第 296 页。

③ 樊涛、王延川：《商法总论》，知识产权出版社 2006 年版，第 241 页。

造成行政管理级别之间和社会协管机构之间的工作共管与协调的问题，尤其是当前的商事登记注册有的保留收费制度，有的废除了有关收费制度，从而使登记部门内部职能转型过程中产生一些问题，等等。为了解决上述问题，提高工商行政管理效能，建议将商主体登记注册管理改革为以"县（区）区域管辖为主、县市级别管辖为辅"的体制模式，工商登记审核权力下移和相对集中于基层：市（地）级工商部门专门负责外商投资企业（本文第三类）主体资格的登记注册；县（区）级工商部门具体负责全部的法人（本文第一类）和非法人（本文第二类）商主体的登记注册。同理，商主体以自己的主要办事机构所在地（住所地）的工商行政管理机关为登记注册机关。国家工商总局主要负责全国工商行政管理系统总体政策安排、业务指导；省级工商部门主要对国家工商总局负责，对本省（级）辖区工商工作进行督促指导。①

还有学者从商事登记的功能出发，提出了改善商事登记管理方式的建议。商主体登记制度的核心作用在于规范商事行为。确保商事行为得到规范的做法除了工商登记以外还需要其他的配套做法。借鉴我国有的地方的经验，农民专业合作社在工商登记注册后，还需要再在所在地的乡镇人民政府实行主体资格备案登记。因为农民专业合作社是我国当前法律规定的特殊法人。另外，还可以考虑，对我国的商主体中的上市公司法人、国有独资公司法人、特种生产行业企业法人和金融性法人企业以及外商投资的特定性非法人企业等，实行工商登记注册前的审查"申报"和实行登记注册后的"备案"登记。②

第三节　商事登记的审查及其效力

一　商事登记的审查

（一）商事登记的审查标准

商事登记的审查存在三种立法例，即形式审查、实质审查和折中审查。形式审查是指登记机关仅对申请书和证明文件的形式是否符合法律的

---

① 杨峥嵘：《改革现行商事登记制度之浅见》，《中国工商管理研究》2011 年第12 期。

② 同上。

规定进行审查，而不对申请材料的真伪进行调查核实。实质审查是指登记机关对申请书和证明文件的真伪进行甄别，若登记事项存在虚假即拒绝登记。折中审查是指登记机关对申请的登记事项以形式审查为主，仅在对申请材料存在疑问时进行实质审查。

在 2004 年以前，关于商事登记的审查标准，《工商企业登记管理条例》第 10 条、《企业法人登记管理条例》第 3 条、《企业法人登记管理条例施行细则》第 38 条等规定，登记机关必须对商事登记申请人提交的申请书、证明文件的真实性、有效性和合法性进行审查，核实有关登记事项，方可进行注册登记。从这些规定的内容和目的来看，在商事登记中采用的是实质审查标准，即登记主管机关不但要审核有关的申请文件是否符合法律的规定，而且还要审查登记的事项和相关文件的真伪。在 2004 年以后，《行政许可法》、《企业登记程序规定》等法律法规对商事登记的审查标准进行了新的规定。根据《行政许可法》第 12 条第 5 项、第 34 条第 3 款、第 56 条的规定，行政机关在对企业或者其他组织等商主体的设立事项进行审查时，根据法定条件和程序，申请人提交的申请材料齐全、符合法定形式的，行政机关应当当场予以登记；需要对申请材料的实质内容进行核实的，行政机关应当指派两名以上工作人员进行核查。另根据《企业登记程序规定》第 3 条、第 9 条、第 10 条第 1 款第 2 项、第 11 条的规定，工商行政登记机关应当依法对申请材料是否齐全、是否符合法定形式进行审查。申请材料齐全并符合法定形式，但申请材料需要核实的，应当决定予以受理，同时书面告知申请人需要核实的事项、理由及时间，派两名以上工作人员，对申请材料的实质内容予以核实。经核实后，根据核实情况报告书作出是否准予登记的决定。

有学者据此认为，我国的商事登记审查标准，随着经济的发展，历经了实质审查标准到折中审查标准的变迁。① 或者认为，我国商事登记审查制度的变化主要表现在由过去的实质审查制转变为以形式审查为主、实质审查为辅的折中审查制。② 但也有学者认为，从相关法律规范内容上的缺失和登记实践中的混乱状况来看，将目前的"折中标准"称为"二元化

---

① 范健、王建文：《商法的价值、源流及本体》，中国人民大学出版社 2007 年版，第 363 页。

② 王妍：《商事登记中行政权力定位的理论思考》，《北方法学》2009 年第 2 期。

标准"在某种意义上可能更为确切些，以示其与域外立法例和我们理想的"折中标准"的区别。[①]

（二）商事登记审查标准的改革

我国的商事登记究竟应当采取形式审查还是实质审查、或者折中审查制度，学者之间的看法并不一致。

1. 关于形式审查主义

有观点认为，我国将来的商业登记法应采用"形式审查"，这既是商法外观主义的要求，也是商主体承担严格责任的体现，有利于强化商主体的诚信素质。[②]

另有学者针对实质审查主义的不足，提出中国的商事登记应实行形式审查主义。登记机关作为公司信息的收集者、发布者，其不必也无能力对众多公司信息的真实性、合法性进行实质审查，从而不必对公司信息的真实、合法负责。公司信息的真实、合法应由信息的提供者——公司、审核验证公司信息的中介机构如会计师事务所、审计事务所及对公司信息进行公证的公证部门来保证和负责。形式审查适应了公司登记重心由监管向公示的转变趋势——公司登记的主要目的不是借实质审查对公司实行市场准入控制，而是向社会公众公示公司信息，以利于交易的进行。我国现行公司登记制度实行的是实质审查主义，在实践中成了登记机关滥用自由裁量权妨碍公司设立和运营自由的"法宝"，且由于实质审查的质量、效率低下根本不可能保证登记事项的真实、合法性，因此我国应遵循国际惯例，对公司登记采取形式审查。[③]

还有学者较为详细地阐述了采行形式审查主义的理由，不应实行实质审查主义和折中审查主义。我国应实行形式审查主义，即登记事项及相关文件的真实性由申请人负责，登记机关除法律另有规定外，只对其完整性、形式合法性负审查责任。首先，由于商事登记的结果和利益直接归属于申请人，要求申请人对真实性负责，体现了权利义务的均衡；其次，符

---

① 华德波：《商事登记二元化审查标准的困境与出路》，《河南省政法管理干部学院学报》2011 年第 1 期。

② 樊涛：《我国商业登记法的完善——兼论我国信用机制的构建》，载王保树主编《中国商法年刊 2002》，上海人民出版社 2002 年版，第 298 页。

③ 王远明、唐英：《公司登记效力探讨》，《中国法学》2003 年第 2 期。

合市场准入便捷高效的要求，也体现出信任公众之管理思想，契合我国正在确立的行政管理以事后监管为主的原则，由此还可以培育社会良好的自律精神。实质审查主义之所以应予以废止，并非完全在于其对效率的漠视，根本原因还在于其对登记机关能力的盲目信任及登记机关权利义务配置之困难。此外，实质审查制度确立的初衷希冀借政府之力为社会阻挡不合格之商主体的进入，但却忽视了市场淘汰机制对虚假现象的惩罚作用，以政府代替市场主体的评判，这样如果登记机关不履行登记义务，不仅对社会公众具有更大的欺骗和误导性，也极易导致社会公众对市场主体真实性期望的落空，其危害更甚。折中审查主义从形式看，似乎有效地解决了效率与安全之间的矛盾，具有极大的优越性。但若仔细推敲，会发现折中审查制其实存在着更大的弊端。首先，折衷审查制并没有改变民众对政府担保市场主体真实性的预期，其本质上仍然是实质审查制思想的一种延伸。其次，"对有疑问的事项予以审查，如果发现有不实之处得依职权拒绝登记"，其实质是免除了登记机关的审查义务，却赋予了登记机关的实质审查的权力，增加登记机关的自由裁量权，权利义务配置的失衡更有违责权义相一致的法治精神。因此，折中审查制若没有很好的制度设计，不仅不能发挥其所谓的优势，相反会成为集两种制度弊端于一体的不当嫁接的怪物。因而对折中审查制，我们不能盲目推崇。囿于我国当前市场经济的幼稚性，现实中确实存在推行形式审查主义的不利因素，但信息披露的真实与否并不能单纯取决于政府的审查行为，而更多地取决于相关制度的健全（如强化企业市场行为的监管制度、切实落实年检制度、实施企业风险预警机制、采用企业信用综合评价机制及公示制度、建立失信惩罚机制等）、商主体自身诚信意识的提高及社会公众自我判断与保护能力的培育。相反，过于寄希望或依赖于政府的资信审查机制，反而有碍于整个社会信用意识的提升和披露机制的强化。商事登记制度只不过是为商主体提供了一个让社会了解自己的平台，难以承载更多的负重。形式审查制度自身可能引发的问题，应该可以通过配套制度加以解决。一句话，全能政府的"国家拜物教"的社会心理应该被打破，唯有如此，社会肌体发育和社会自我管理能力才能得以不断增强。①

---

① 冯果、柴瑞娟：《我国商事登记制度的反思与重构——兼论我国的商事登记统一立法》，《甘肃社会科学》2005 年第 4 期。

除此以外，学者还从域外法的经验分析认为，我们应该借鉴发达国家普遍实行的形式审查主义模式，登记机关除法律另有规定外，只对其完整性、形式合法性负审查责任。登记立法应该严格限定登记机关的权力范围，登记机关的工作主要体现的是一种程序性行为。登记机关完全是被动地要么登记，要么不登记，而判断的标准完全根据法律的规定，如果满足规定，登记机关有义务将设立人或商主体的意志表现出来。为了限制登记机关滥用职权，商事登记立法可以明确要求登记机关明示驳回的根据。与此同时，为了保证登记机关及时地履行登记的职责，实现效率的价值，立法可以为登记机关受理登记确定法定期间制度。我国现有的一些法律法规中已有相关规定，我们还应进一步完善。①

当然，也有学者以《企业登记程序规定》为依据，认为我国商事登记实行的是折中审查制。这种制度实际上是与行政许可法保持一致的结果。这种规定，与商业登记的性质和实际情况均不相合，实有将折中审查改为形式审查的必要。②

2. 关于折中审查主义

有观点认为，我国应实行折中审查制。有学者提出，从世界各国的情况来看，折中审查还是一个比较好的审查方式，并不是对所有的登记事项进行全面审查，也不是仅就形式上来审查，而是对申请的内容进行审查。商事登记实行形式审查，完全免除审查责任不合适，这不符合工商部门的身份，也只能增长工商干部工作中的不谨慎。工商部门作为国家行政机关本身负有审查的义务，工商部门登记的材料是企业营业的需要，由于工商干部的过错出现错误，产生误导，工商机关不承担责任也说不通，还是要承担责任。③ 折中审查制的核心在于，"登记机关有实质审查的权力，没有实质审查的义务"。"有实质审查的权力"体现了在商事登记过程中政府权力的存在和运用，维护了登记机关的权威性和尊严；"没有实质审查的义务"既可以使登记机关摆脱繁重的实质审查的负担，又可以使登记

① 杨丽：《商事登记制度中登记机关的应然定位——以商事登记制度的完善为向度》，《新学术》2007 年第 2 期。

② 石慧荣：《商业登记的制度检讨与立法展望》，《西南民族大学学报（人文社科版）》2008 年第 7 期。

③ 刘安伟：《著名法学家江平教授就商事登记立法提出五点建议》，《工商行政管理》2002 年第 15 期。

机关摆脱因登记不实被追究责任的困扰；没有实质审查义务并不是登记机关完全不审查，而是在登记机关对登记事项发生疑问时依职权进行审查。①

我国采取形式审查主义可能面对的挑战众多，其复杂程度在短时间内难以消除。有学者指出我国商事登记改采形式审查主义所面对的挑战。商事登记审查制度由实质审查制转变为以形式审查为主要方式的审查制度，不仅仅表明登记机关的工作方式和工作态度发生了变化，更重要的是反映出行政机关的行政理念发生了变化，反映出国家行政权力在商事登记领域中运用的弱化甚至是退出，应该说这是历史的进步，是符合市场经济要求的一种行政理念的变革。但是，摆在我们面前的问题远没有这样简单。第一，《行政许可法》规定的企业设立登记的行政许可性质代表国家行政权力对企业设立的介入，而《企业登记程序规定》和《公司登记管理条例》规定的企业登记形式审查制又代表国家行政权力在这一领域的弱化。这两者之间的矛盾似乎使人很难能够悟出国家在企业设立问题上的态度和立场，这也许是"随着过去那种行政控制经济体制下人为刻意设计和建构出来的资源配置形式和种种具体的制度逐渐地解构或自发地弥散，随着一些与市场运行相'共生的'经济秩序的自生自发地生长、发育或者说型构，中国社会内部出现一些制序变迁中某些具体经济秩序和道德规范的失衡、紊乱和无序"的表现，"是中国经济改革所必须支付的'秩序变迁'的成本"。第二，以往的商事登记制度表现出了强烈的行政权力介入色彩，行政机关的行政权力在其中扮演了非常重要的角色，这种体现强烈行政权力介入色彩的商事登记制度，使商事登记的公信力和登记事项的可信度具有了"毋庸置疑"性，而现行的制度改革表现为行政权力的淡化和退出。但是，当行政权力逐步退出商事登记领域之时，相应的制度安排并没有作出，使很多问题的解决既无先前的原则可以遵循，又无可行的制度加以保障，如商事登记实行形式审查之后，登记事项的真实性如何保证，商事登记是否还具有公信力，公信力的基础是什么，因信赖商事登记而遭受损失的第三人如何获得救济，等等，这一系列问题都需要从理论上加以解决和澄清。折中审查制是一种符合市场经济特点的审查制度，体现了有

① 王妍：《商事登记中行政权力定位的理论思考》，《北方法学》2009 年第 2 期。

限政府的行政理念。①

当然，我国实行的折中审查制也存在诸多的不足，现行法律法规并没有对形式审查标准和实质审查标准的适用范围予以较为明确的界定，加之不同地区经济发展差异所导致的注册手段、注册方法多样性，使二元化审查标准体系难以协调，不同标准的适用对象难以确定，如何加以克服是完善折中审查制的重要方面。有观点以法律实务为考察对象，指出"核查"的标准是什么。根据《企业登记程序规定》中"企业登记机关认为需要"的规定，其标准是由国家工商总局统一"认为"，还是省级、市级、县级登记机关"认为"？核查属于实质审查的范畴，工商机关对注册登记所实行的审查，应当是形式审查，还是实质审查？或是两种审查兼容？如果实行形式审查，对实质审查（核查）就不需作规定；如果实行的是实质审查，就不需规定"企业登记机关认为需要"；如果实行两种审查兼容，其"认为"就应当有一个标准。否则会"五湖四海"花样百出，显失公平。② 并进而认为，重构中国商事登记审查制度，在价值目标上，应当追求效率优先，兼顾安全。在具体制度的设计上，首先应当在立法上理顺形式审查与实质审查两者之间的关系，即继续坚持以形式审查为主而实质审查为例外的原则。其次，应当以立法的形式，对实质审查的适用范围予以较为清晰的限制。在实质审查的适用条件上，应限制在申请登记材料存在明显的形式瑕疵、许可的内容涉及重大公共利益和案外人异议的情形之下。工商行政登记机关在对申请材料进行形式审查时，如果看到有关的申请证书和证明资料存在涂抹痕迹，申请事项与内部决议存在不符，或者申请的事项涉及重大公共利益，或者在审查时案外人对申请人的申请事项提出具体异议，登记机关就应当及时启动实质审查程序。在实质审查的方法方面，可以采用实地核查、司法鉴定、查询和听证等方法。实地核查可以查验注册地址是否与实际地址相符，是否与申请人所申请的经营范围相适应，避免医药、化工等危险行业虚假注册经营场所而威胁、损害人民群众的生命和财产安全。登记机关对有虚假签名或者盖章嫌疑的申请材料，应当及时送交司法鉴定机构进行鉴定从而辨别真伪，或者通过公函、查询档

---

① 王妍：《商事登记中行政权力定位的理论思考》，《北方法学》2009 年第 2 期。

② 华德波：《商事登记二元化审查标准的困境与出路》，《河南省政法管理干部学院学报》2011 年第 1 期。

案等形式向相关部门和人员调取证明材料，确认申请材料的内容是否真实、合法。对申请人或者第三人权益可能产生重大影响的主体登记事项，登记机关应当给申请人、利害关系人以陈述和申辩的机会，通过听证作出是否核准登记的审查方法。①

此外，对中国商事登记审查制度的改革，有学者提出了将行业职能部门纳入登记监管体系的观点。我国法律对商主体的条件有实质性条件和非实质性条件的规定，但是在现行工商登记中，对实质性条件审查与非实质性条件审核没有区分，是工商行政登记部门在登记时统一进行审查和审核把关的。这样做的好处看起来是一家把关，一致性强一些，但是实践中反映出来的注册与变更目的不正当、经营实际情况的虚假、年检审核的走过场、注册资本来源和缴交不实、注册资本抽逃监管难、经营范围随意安排、经营能力标准无据、经营注销后果无力把关等问题，在工商登记环节是不可能实际得到完好解决的。从改革登记制度入手，实行分工负责、互相把关的双轨责任制做法：关于商主体产生和经营过程的实质性条件（资格、能力）的审查和实质性问题的解决统一由行业职能部门负责；非实质性条件（资格、状况）的审核和非实质性问题的解决统一由登记部门负责。构建有利于职能部门互动发挥其职权行使的积极性、义务履行的责任性和后果承担的联系性以及与各个职能部门共同负责的市场法治的统一性体制与机制。②

二　商事登记的效力

理论上说，商主体内容法定要求必然与商事登记制度相联系。无论是依据中世纪商人习惯法中的"主体拟制规则"，还是依据近代以后各国或地区商法中逐步形成的商主体设立条件规则，抑或是依据现代公司法中普遍适用的"准则主义"规则，成立特定类型的商主体，除极少数立法例对特定企业作例外规定外，都必须履行符合其设立条件的商事登记程

---

① 华德波：《商事登记二元化审查标准的困境与出路》，《河南省政法管理干部学院学报》2011年第1期。

② 杨峥嵘：《改革现行商事登记制度之浅见》，《中国工商管理研究》2011年第12期。

序。① 那么，商事登记有何种法律效力呢？

（一）有关商事登记的效力的一般表述

有学者将商事登记的效力分为一般效力和特殊效力两大类型。一是商事登记的一般效力。任何登记事项经注册登记并公告后便赋予公信力，登记行为人可以凭借该登记事项对抗第三人。依据登记注册的公信力，"所有在商事登记簿中登记的事项都推定为具有合法性和准确性"。因此，登记后的事项已实际改变，在未进行变更登记之前，只能按登记事项的现有状况对抗第三人，而不能以改变的事实对抗第三人。因为未登记并公告的事项对善意第三人不发生任何效力。二是商事登记的特殊效力。各类商事登记的特殊效力体现在以下几个方面：（1）创设效力。新成立的股份有限公司或有限责任公司必须经过登记才能取得法人资格。（2）弥补效力。公司依法登记成立对其成立之前设立过程中某些瑕疵具有弥补的功能。（3）宣告效力。即某些登记事项经注册并公告后仅能证明其客观存在的法律状况。（4）免责的效力。即根据商主体的变更和注销登记，商主体将部分或全部免除责任。另外，以登记的时间为基准的禁止一旦被解除，往往产生免责的效果。基于商事登记的效力，商主体的负责人或利害关系人享有证明书发给请求权、登记簿及附属文件抄阅请求权。在我国，无论是关于商事登记的实体法或程序法，对商事登记的效力均未作完备的规定，尤其对商事登记的一般效力缺乏明确的法律确定；在特殊效力方面，除了创设效力外，对其他特殊效力的规定则缺乏系统性。② 类似的观点还有，商业登记的效力分为一般效力与特殊效力。一般效力指对抗效力；特殊效力指除对抗效力外的其他效力，例如创设效力、免责效力等。将对抗效力视为一般效力，其他效力归为特殊效力的理由是：（1）对抗效力具有普遍性，而创设效力具有限定性。即任何商业登记都有公示力，但登记是否有创设效力，要取决于法律的规定和合同的约定。（2）效力依据不同。对抗效力为法定的公信力，而创设、免责效力需要专门规定和约定。（3）拘束对象不同。创设效力是对特定当事人，即登记申请人有约束力；

---

① 范健：《"商法通则"关于商法基本原则的界定及其立法安排》，载王保树主编《中国商法年刊（2007）》，北京大学出版社 2008 年版，第 14 页。

② 郭富青：《论商事登记制度的若干法律问题——兼论我国商事登记的改革与完善》，《甘肃政法学院学报》2002 年第 3 期。

而对抗效力的对象是不特定的第三人。另外，这种划分，对于效力的时间
判断也有一定的作用。此外，正是因为作为生效要件的登记须有法律规定
或合同约定，我国的商业登记法应有专条明确规定须经登记方能生效的事
项。例如，企业的设立、合并、分立及变更组织等，采取登记生效主义，
未经登记不发生效力。①

有观点将商事登记的效力区分为对商主体的效力、对第三人的效力以
及对利害关系人的效力三种情况。其一，商业登记对申请登记的商主体的
效力，主要表现为在设立登记中对商主体所具有的创设效力和公示效力。
如果商人资格的取得，必须经过登记注册，未经登记者不得以商主体的身
份从事经营活动，即登记是商主体取得经营资格的前提条件，那么，就可
以说登记具有创设效力，因为是登记使现实中符合一定法定条件的主体具
有了法律上认可的商人身份，取得了从事经营活动的资格。如果商人资格
的取得不是由于登记注册，而是由于实施了作为行业经营形式的商行为这
一法律事实，也就是说，被认定为商人与否，根本与登记无关，即使未登
记注册也可被认定为商人，例如德国商法上的合伙，在登记之前就被看成
既成的事实，承认其具有商人资格，此时登记的效力就表现为公示效力。
其二，商业登记对第三人的效力，主要指登记可否对抗第三人。登记与公
告有时间上的先后，在不同的时间段上，会有对第三人不同的效力。
（1）登记和公告前。凡是依照法律规定应该登记的事项而未经登记的，
则其事实存在与否，第三人很难知道，如果没有特别的理由，法律上应当
推定第三人不知情，因此，在登记之前，不得以未登记事项对抗第三人。
但是，如果有确切证据证明第三人知道未登记事项的，从诚实信用原则考
虑，应允许该商主体以此未登记事项对抗第三人。（2）登记后公告前。
先登记后公告，登记主管机关在登记后及时予以公告，这是法律的原则和
要求。然而在某些情况下，由于一些程序周折或事实因素，未必能及时进
行公告，则在此期间，对于知情的第三人（即恶意第三人），可以对抗，
而对于不知情的第三人（即善意第三人），则不得对抗。（3）登记及公告
后。在这个阶段，登记程序已经完成，无论对于知情和不知情的第三人皆
应得以对抗，否则，就会有损于登记和公告的权威性和可信度（公信

---

① 石慧荣：《商业登记的制度检讨与立法展望》，《西南民族大学学报》（人文
社会科学版）2008 年第 7 期。

力），也有违于商法的外观主义原则。其三，商业登记对其他利害关系人的效力。其他利害关系人对已进行的商业登记享有一定的权利，以保证能够了解有关的登记事项。其他利害关系人可以请求登记主管机关就已登记事项发给证明书，以证明关于一项登记不存在其他登记，或证明未进行一定的登记。其他利害关系人可以说明理由，向登记主管机关请求查阅或抄录登记簿及其附属文件，并可以请求给予誊本。但对于显然没有此必要的，登记主管机关得拒绝其抄录或限制其抄录的范围。①

也有学者提出，公司登记作为一种行政确认行为，是对公司企业法人资格和一般营业能力的确定、认可，而非对公司企业法人资格和一般营业能力的授予或设定。因此，公司登记总的说来具有确权效力，而没有设权效力。由于这种确权行为是由国家行政机关统一进行，依法予以审查、确定、认可，具有中立性、公正性、权威性，从而使公司登记及公司登记信息具有一定的证据效力，可为法院审判活动和行政管理提供准确、客观的处理依据。而对于交易第三人而言，因登记机关对公司事项统一、权威地确认及宣告，从而产生了对此种确认宣告的真实、合法性的信赖，为保护第三人利益进而维护交易安全，应赋予公司登记以公信效力。这样公司登记的确权效力可具体分解为两项内容：证明效力和公信效力。另外，在生效效力和对抗效力之间，公司登记效力采对抗主义立法例更为合理。②

另有观点从三个方面论证商事登记的效力。其一，商事登记对登记义务人或商主体及其行为主要会产生以下效力：（1）创设效力。在实施商主体设立、消灭行为，以及与设立、消灭商主体具有同等性质之行为时，若无与其相对应的设立登记、注销登记以及同等性质下之变更登记，则该设立、消灭和变更商主体之实体行为不发生法律效力。（2）公示效力。所谓公示效力，是指登记义务人或商主体的实体行为无须办理登记即可发生法律效力，登记非为该实体行为之生效要件，即此时之登记仅在于公示该实体行为。（3）推定效力。所谓推定效力，是指凡是在商事登记机关注册登记的人均被推定为商人，享有商人的权利并承担商人的义务。其

---

① 田东平、陈敦：《论商业登记的法律效力》，《北京工商大学学报》（社会科学版）2002 年第 6 期。

② 王远明、唐英：《公司登记效力探讨》，《中国法学》2003 年第 2 期。

二，商事登记对交易相对人的效力主要体现为外观主义下之法律效力，只是因为该外观所反映之实质不同，其效力亦有所不同。其三，商事登记对交易双方以外其他人的效力表现在：（1）对登记机关的效力。因登记机关之过错导致错误登记并给第三人造成损失的，登记机关需承担国家赔偿责任。（2）对公司认股人之弥补效力。即公司经设立登记成立后，认股人不得以错误或者股份认购欠缺要件为由而主张认购无效，或者以欺诈、胁迫为由撤销认购。换言之，公司设立登记对认股人具有弥补瑕疵的效力。（3）免责效力。合伙企业之合伙人在退伙并办理登记后，对合伙企业所产生之债务不再承担责任。①

（二）有关商事登记的效力的其他表述

针对我国现行法上的商事登记的效力，有学者提出应当补充以下三个方面的效力：其一，应增设"商业登记变更、注销事项的对抗力"，即免责效力。依据商主体变更、注销登记的记载，商主体将部分或全部免除责任。我国商业登记偏重于对商主体经营活动的管理，而对变更、注销登记事项对抗第三人的效力没有明确规定。《德国商法典》第15条规定："如果应登记事项已经登记并公布，该事项则对第三人生效。"也就是说变更、注销登记事项，一旦登记公告后，可以对抗善意第三人。对此，我国将来的商业登记法有必要予以借鉴。其二，应扩大商业登记的"地域效力"。我国目前的商业登记采取由国家、省、市及区分别登记的多层次登记体制，各级工商机关信息不沟通。商业登记冠以行政区划和行业，实质上是对商业登记效力的限制，也就是说商业登记仅在所冠的行政区划范围内，所标明的行业内有排他效力和救济效力，这在计划经济条件下是可行的，在市场经济条件下这种规定往往成为不正当竞争的保护伞，造成商业登记的诸多纠纷，影响了商业登记的效力。因此，应扩大商业登记的"空间效力"，或者统一登记机关，以避免目前的缺陷。其三，应增设已登记事项在公告发生差错的情况下对第三人的保护措施。由于商业登记旨在使政府和公众掌握商主体的有关信息，因此，立法把公告纳入商业登记的必经程序。从法理来看，强调公告的必要性旨在维护第三人的利益，也有助于市场秩序和市场风险的确定。

---

① 艾围利：《我国商事登记制度之检讨》，《政法学刊》2010年第2期。

我国目前的商业登记法未对公告与登记的信息不符合时的效力作出规定，对此，应借鉴《德国商法典》第 15 条："如果登记事项公布有误，第三人可以针对负有登记义务的登记人，根据已公布之事实为法律行为。除非他已经知道公布事实有误。"该条款以商法学中关于法律表象的理论为基础，扩大了关于第三人保护的范围。①

有不少学者否认商事登记具有创设效力。例如，有学者认为，登记本身并不能创设商主体人格，同时，接受登记是商主体的权利，给予登记是主管机关的义务，登记与否是设立人的自愿行为，但对于符合法律（私法）要件的主体，登记机关不得拒绝登记。因此，围绕登记的是商主体创办人意图创制商主体和某种类型商主体的意思表示。登记机关完全是被动地要么登记要么不登记，而登记与否要看设立人的条件是不是满足商法的有关规定，如果满足，登记机关就有义务将该种事实公示出来。如果认定某人的商主体资格不是由于登记注册，而是由于实施了某种作为行业经营形式的商行为这一法律事实，即使未注册也被认为是商人。也就是说某人被认定为商人，根本与商业登记无关，那么在这种情况下注册就只有公示性的效力。在所有国家中，登记的公示性在多数情况下为个体商人的登记所具有。这一制度形成于 19 世纪初，是自由贸易时代的产物，客观上体现了营业自由之法理。1998 年 6 月德国修改其商法典，使登记制度不具有创设力，只具宣示效力。因此，国家只是由于其政治国家服务于市民社会的职能所使，而代替原先的自治团体对于商事进行管理，并未使商事关系发生实质性的改变。②

还有学者承认商事登记具有创设效力，但提出了商事登记的创设效力不具有普遍性的观点。例如，商业登记具有确认效力，确认效力是商业登记的首要、一般效力，而创设效力、公信效力或公示效力仅是商业登记的特殊效力。理由是，创设效力是商业登记引起企业或商业组织设立的效力。商业登记具有创设效力，但绝不是说商业登记是各种企业或商业组织创设的法定必要程序。营业是财产权人运用财产的具体形式，办理商业登

---

① 樊涛：《我国商业登记法的完善——兼论我国信用机制的构建》，载王保树主编《中国商法年刊 2002》，上海人民出版社 2002 年版，第 298—299 页。

② 李少伟、王延川：《商法的规范对象——商事关系论要》，《甘肃政法学院学报》2005 年第 3 期。

记只是财产权人营业而承担的法定义务，商业登记无法决定财产权人的营业资格。即使未经商业登记，财产权人仍有权以自己名义和风险开展营业，惟其无法享受法律授予的特殊利益。可见，创设效力仅指依法创设特定种类公司的效力，而非泛指各种商业组织的创设效力。①

三 虚假登记的后果

所谓虚假商业登记，是指已进行商业登记的事项与商主体的营业状况事实不相符的情形。虚假商业登记会发生何种法律上的效力，学者普遍认为，商主体不得以其虚假登记对抗善意的第三人。

有学者认为，虚假商业登记的效力主要表现在两个方面：（1）不得以虚假登记事项对抗善意第三人。法律为了维护登记和公告的公信力，特规定对故意或过失进行情况不实的登记者，不得以虚假登记的事项对抗那些相信登记为真实的人，即善意第三人。也就是说，虚假登记者不得依真实事项主张抗辩，而只能依所登记的事项（虚假事项）对善意第三人承担法律责任。对于登记者主观上没有过错造成虚假登记，使第三人受到损害的，第三人只宜作为商业风险由自己承担。而对于因他人过错使善意第三人遭受损害的，例如登记主管机关工作人员玩忽职守、疏忽大意，则应由他人给予适当的赔偿。（2）受到公法处罚。除罚款、吊销营业执照等行政处罚外，情节严重的，还要依法追究刑事责任。公法上处罚的最终目的，在于增强登记的公信力。②

还有学者认为，公司事项一经登记公告，应推定其具有相应的法律效果，善意第三人根据登记事项所为的行为应当有效，即使登记存在瑕疵。判断第三人善意要取决于两个要素：一是对公司登记的信赖；二是第三人对登记瑕疵不知情（善意）。至于第三人对登记瑕疵是否要履行必要的注意义务，则根据具体情况具体分析，总的来说第三人对登记瑕疵只有一般注意义务，只是在登记记载明显违法时才不得主张其善意。善意是第三人的一种主观心理状态，对其确定，理论上有"积极观念说"、"消极观念

---

① 叶林：《商业登记法的基本问题》，《扬州大学学报》（人文社会科学版）2011 年第 2 期。

② 田东平、陈敦：《论商业登记的法律效力》，《北京工商大学学报》（社会科学版）2002 年第 6 期。

说"两种主张。"积极观念说"认为第三人必须证明其具有将登记记载视为真实记载的认识时,才能确定其具有善意;"消极观念说"则认为只要不知登记记载不真实即为善意。但还有学者认为,采用"积极观念说"对于第三人显然过于苛刻,"消极观念说"更符合对善意第三人信赖利益保护的精神本质,且采用"消极观念说"在实际操作中也更为简便易行,因此采"消极观念说"更为合理。这是因为,善意作为行为人的一种主观心理状态,往往难为外人所了解和证明,因而从保护善意第三人的角度出发,对于第三人应采取善意推定原则,免除第三人的善意举证责任。同时既然是推定,公司当然可以相反的证据推翻。这样第三人不须为其善意负举证责任,公司欲主张第三人为非善意应负举证责任。[①]

四 登记与公告的效力

当公告与登记不一致时,是以登记为准,还是以公告为准,即登记与公告的公信力的差别问题。对此各国主要有两种立法例:一种以日本为代表,采登记优先主义,"公告与登记不符者,视为未进行公告。"另一种以德国为代表,采公告优先主义,即使公告与登记不一致,善意第三人仍可援引公告事项,即对于善意第三人来说,以公告为准,公告的公信力大于登记的公信力。

我国法律对于登记与公告不一致时的效力问题,没有相应的规定,但学者普遍注意到这个问题。有学者认为,德国法的规定更为合理,登记与公告是公示的两种方式,公告较登记而言对于公司信息的公开范围更广、影响更大,其外观性和公示性更强,为了更好地维护善意第三人的外观信赖利益,应赋予公告优于登记的公信力。[②]

第四节 中国商事登记立法

一 中国商事登记立法存在的问题

目前,我国尚无统一的商事登记法,有关商事登记的法律制度散见于相关的法律、法规及其规章中,主要有《公司法》、《合伙企业法》、《企

---

① 王远明、唐英:《公司登记效力探讨》,《中国法学》2003 年第 2 期。
② 同上。

业法人登记管理条例》、《公司登记管理条例》、《合伙企业登记管理办法》、《个人独资企业登记管理办法》、《企业法人登记公告管理办法》等规范性文件。对于中国现行商事登记立法存在的问题，商法学者进行了比较深入和系统的论述。

有学者早在 2002 年就认为，我国商事登记立法存在的问题主要有：立法形式分散，忽视效率，有关商事登记的法律文件内容相互重叠且存在法律空白和盲点，有关商事登记的诸多法律文件相互之间存在矛盾等。① 还有学者指出，我国现有的商业登记立法是计划经济时期的产物，由此导致了其结构和内容的不成熟性。（1）从立法价值上，我国商业登记法偏重于国家的行政管理，而忽视了商业登记的基本价值："公示信息"。（2）立法形式上，我国商业登记立法形式的极度分散性不仅妨碍了商业登记制度有机体系的构建，而且人为地造成市场主体不平等、规则不统一。（3）从内容上说，有关商业登记的法律文件的内容既存在相互重叠的弊端，又有疏漏的法律"空白"、"盲点"，同时也有不合理之处。另外，我国商业登记立法也有很多不合理之处，例如：要求登记事项太多，登记范围太广，未规定国家依职权登记，未规定登记的消极效力等。②

有学者从中国商事登记制度历史的发展轨迹出发，指出其对今日我国商事登记制度的形成及其特点有着不可忽视的影响，即它以服从国家管理和强化行政权力为主导。第一，我国商事登记立法分散，政出多门，缺乏统一立法的理念和规划。第二，我国商事登记的多元立法，导致差别待遇现象严重且程序极不统一。第三，我国商事登记法律的设置过于偏重公法价值而轻私法价值，表现为众多的行政审批前置程序，令我国脆弱的多元商事登记法体系不堪重负。③ 我国现行商事登记制度生成于计划经济向市场经济转轨这一特定历史时期，立法体系的混乱和制度的滞后性十分明显：（1）立法形式的极度分散性妨碍了商事登记制度有机体系的构建。我国目前并无统一的商事登记立法，有关商事登记制度的规定散见于各种

---

① 林嘉主编：《商法总论教学参考书》，中国人民大学出版社 2002 年版，第 175、176 页。

② 樊涛：《我国商业登记法的完善——兼论我国信用机制的构建》，载王保树主编《中国商法年刊 2002》，上海人民出版社 2002 年版，第 293—295 页。

③ 朱慈蕴：《我国商事登记立法的改革与完善》，《国家检察官学院学报》2004 年第 6 期。

法律法规中。（2）在价值取向和制度设计上，带有浓厚的计划经济色彩。（3）前置审批程序因缺乏有效的法律约束而过多过滥。（4）主体资格与经营资格合二为一，市场主体退出机制不规范。（5）重事前把关，轻事后监管，重静态管理，轻动态监管。①

也有学者提出，我国现行的商事登记制度存在着许多弊端，明显不适应商事现代化和国际化的发展要求。主要体现在以下几个方面：（1）立法分散，体系不统一。我国有关商事登记的立法形式，既有针对商主体的一般性法律文件，如《企业法人登记管理条例》；又有针对公司、合伙企业的特别规定，如《公司登记管理条例》、《合伙企业登记管理办法》；还有针对外商投资企业的专门规定，如《关于外商投资企业违反登记管理法规的行为进行处罚的权限和程序的规定》，以及针对某一环节的规定，如《企业名称登记管理规定》、《企业法人登记公告管理办法》。立法形式的高度分散和复杂性，不仅妨碍了商事登记制度有机体系的构建，而且不利于商主体积极地依法履行登记义务，也增大了登记机关操作登记的难度，影响了工作效率。（2）注重交易安全，忽视效率。我国的商事登记制度在价值取向上过于向交易安全倾斜，对效率有所忽视。一是登记过程中所需审批和核准的要求过多，对商事登记注册设置了许多限制，将众多商主体关在登记的大门之外。二是在登记管理上赋予登记机关的自由裁量权（在国外，政府的审批一般分有自由裁量权的审批和无自由裁量权的审批，商事登记在性质上属无自由裁量权的审批），为登记机关拖延登记留下了余地。（3）内容重叠，相互矛盾。由于政出多门，体系不一，有关商事登记的法律文件既存在相互重叠、互不协调和矛盾的弊端，又有疏漏的法律"空白"和"盲点"。一是立法内容上的交叉与重叠。二是法律文件相互之间存在不协调和矛盾之处。三是存在立法上的"空白"和"盲点"。如公告与登记之间的效力关系如何？登记机关发布的公告与实情不相符，造成第三人损失时，法律责任应如何追究？相关的法律文件都没有明确规定。（4）商事登记的信息系统不健全。商主体的注册信息是重要的信息资源，它应该被更好地开发和利用，为社会和经济发展提供信息服务。（5）缺乏权利补救机制。截至目前，我国有关商事登记的法律

---

① 冯果、柴瑞娟：《我国商事登记制度的反思与重构——兼论我国的商事登记统一立法》，《甘肃社会科学》2005 年第 4 期。

均未对申请人遭受拒绝登记，或者不服登记机关的其他处理结果时提供明确的补救措施，这显然不利于维护申请人的合法权益，也不利于监督登记机关及其工作人员的职务行为。①

还有学者提出，我国现行商事登记制度采取依不同主体分别立法的做法，立法形式极度分散。既有关于企业法人登记的一般性法律文件，即《企业法人登记管理条例》、《企业法人登记管理条例施行细则》和《企业登记程序规定》，也有专门针对公司、合伙企业和个人独资企业登记的行政法规、规章，即《公司登记管理条例》、《合伙企业登记管理办法》与《个人独资企业登记管理办法》，还有对外商投资企业的专门规定，如《关于外商投资企业登记管理适用公司登记管理法规有关问题的执行意见》、《关于外商投资企业违反登记管理法规的行为进行处罚的权限和程序的规定》，此外还有专门针对商事登记中某一环节而制定的法律文件，如《企业名称登记管理规定》、《企业法人登记公告管理办法》等。这种分散立法的方式严重妨碍了商事登记制度严谨的法律体系的形成。由于这种立法上的分散性，导致了商事登记制度的内容既存在相互重叠，又存在不少法律空白和盲点。立法内容上的重叠，突出体现在实体性法律文件与专门关于登记的法律文件的交叉和重叠上，比如我国既规定了企业登记一般性规范又针对不同组织形态的企业制定了专门的登记法规，因而不可避免地在这些法规之间产生大量重叠性规范，既造成了立法资源的严重浪费，还导致立法体系逻辑结构不合理和不完善，更导致了法律适用上的困难，直接影响了商事交易的效率。而立法上的盲点也是由于立法文件的分散性，以及公布时间和制作机构的差异所致，比如在性质上往往不被视为企业的个体工商户，当然不能适用《企业法人登记管理条例》及其施行细则，又没有制定专门的登记法规，因而其登记规范只能适用《城乡个体工商户管理暂行条例》及其实施细则，与其他形态的企业相比，个体工商户的登记规范存在着极为明显的缺陷。②

更有学者认为，从宏观立法的角度分析，我国商事登记的立法存在很多不足，主要表现在商事登记立法针对商主体身份立法，一种商主体一种登记办法，立法不统一，且立法层次较低；现行商事登记立法的计划经济倾向较浓；从我国现行商事登记法律制度来看，效率与安全的矛盾冲突十分突出，重安全轻效率，即过分注重安全价值的保障，并以加强国家干预的各种机制做保障，而对效率价值重视不足；立法对商事登记行为的性质定性错误，等等。① 我国商事登记制度在立法形式、立法内容及程序建构等方面均存在缺陷。首先，我国现行商主体登记制度既有分散于相关法律法规之中的规定，也有专门性的商事登记立法。但专门的登记立法法律位阶普遍较低，绝大多数都是以"实施细则"、"办法"等形式存在，影响了商主体登记法律制度应有的权威地位。其次，我国商主体登记制度在立法内容方面的问题主要集中在登记主体的经营范围方面，表现为主体资格与经营资格合而为一，市场主体退出机制不规范。最后，我国商主体登记制度在程序建构方面，行政审批事项设置数量过多，登记机关及登记人员责任严重缺位，事后监督与纠错机制明显缺失。②

二 中国商事登记立法的完善

针对我国商事登记分散立法的现状，不少学者提出了制定统一的商事登记法的改革建议。

有学者提出，我国应从三个方面完善商事登记制度：（1）在立法价值上，应强化商业登记法应有的"公示"价值。现有的商业登记偏重于国家干预，因而导致其立法价值错位。将商业登记的价值视为赋予商主体人格是值得商榷的，因为投资办企业属基本的人权，并非国家特许的，营业自由，乃商法的基本理念，充分鼓励与保护公民投资从事经济活动，是国家管理经济的一项重要原则。因此，我国商业登记立法应摒弃过去那种偏于国家干预的错误理念，应强化商业登记应有的"公示信息"价值。（2）立法形式上，应制定系统化的商业登记法。我国将来的商业登记法应由全国人大常委会组织专家起草，以避免行政主管机关主持起草把部门和行政利益置于首要位置。（3）在具体制度的构造上，应注意如下制度

---

① 吴长波、朱明月：《商事登记的几个基本理论问题》，《兰州学刊》2009 年第 11 期。

② 秦亚东、马楠：《我国商主体登记制度相关立法检讨——以立法目的为理论尺度》，《黑龙江省政法管理干部学院学报》2010 年第 6 期。

的完善：登记机关应由行政登记改为"行会组织"登记；完善商业登记簿和相关文件的对外作用；完善"登记申请人"的构建；完善我国的"登记注册事项"；我国将来的商业登记立法应缩小商业登记的范围；关于登记事项的审查，我国将来的商业登记法应采取"形式审查"；完善我国商业登记立法的"效力"之立法，如应增设"商业登记变更、注销事项的对抗力"，扩大商业登记的"地域效力"，应增设已登记事项在公告发生差错的情况下对第三人的保护；我国将来的商业登记法应建立严格的失信惩罚机制。①

　　还有学者认为，若要改革我国商事登记法的多元化和不统一编纂模式，兼顾商主体登记的效率和安全，首先就要考虑如何取舍境外多种不同的规范编纂模式。由于我国没有商法典，商法典模式和商法典与单行法结合的编纂模式都对我国无实际借鉴意义，我国台湾省由于立法的先后导致公司法与单行法并行的编纂模式也对我们无实际意义。相反，有实际意义的就仅是单行法模式，即我国应尽早编纂统一的商事登记法。其次考虑对登记管辖立法模式的借鉴。前已述及，台湾省登记管辖的二元模式并无典型意义，而登记管辖的一元模式为大多数国家和地区接受，这也必将成为我国商事登记法的选择。至于登记主管机关的选择，如若采纳法院主管模式，将要实行巨大的机构变革，因而从改革成本来看是不适宜采纳的。这样，如将规范编纂模式和登记管辖的立法模式结合考量，无疑会得出一个结论：即我国选择单行的一元管辖的商事登记法较比其他类型的商事登记法更适应市场经济发展的要求和我国的具体国情。因为，一部法律规定所有商主体的登记，可以以统一的登记标准、同样的登记手续规范不同商主体的登记，有利于形成市场准入的均等机会和条件，有利于形成自由、公平的市场竞争秩序，也有利于商主体在自由、公平竞争中实现自己的利益。②

　　也有学者提出，统一和改革商事登记立法已成为法治时代的强烈需求。首先，现行立法状况不仅带来了立法内容上协调统一和精练的困难，

---

　　①　樊涛：《我国商业登记法的完善——兼论我国信用机制的构建》，载王保树主编《中国商法年刊2002》，上海人民出版社2002年版，第295—299页。

　　②　朱慈蕴：《我国商事登记立法的改革与完善》，《国家检察官学院学报》2004年第6期。

妨碍了商事登记制度有机体系的构建，事理一致性的缺乏，也增大了立法成本、协调成本、维护成本和学习成本，极其不利于商主体的守法和执法主体的监督管理。采取统一立法，减少法律资源浪费，增加法理一致性，消除法律内容冗繁复杂矛盾的弊端、扫除盲点、消灭冲突，这成为统一立法的内驱力。其次，贴有身份标签隐含身份歧视的分别立法，不符合市场经济和法治经济的要求。唯有统一立法，才能与平等的市场经济运行模式相契合。再次，统一立法也是与国际惯例接轨的需要。另外，统一商事登记立法不仅有助于克服当前商事登记立法杂乱、重叠、相互冲突和不协调，还有助于商法理论的进一步提升，为商事基本法的出台提供经验和素材。[1]

事实上，在九届全国人大四次会议上，胡炜等 33 位代表认为，《商事登记法》是规范企业和其他经营组织市场准入行为的一项重要法律，在公司法、合伙企业法、个人独资企业法等市场主体法律颁布施行的情况下，尤其需要尽早出台《商事登记法》。同时，九届全国人大常委会已将商事登记法列入立法规划，而国家工商总局正在对该法组织起草论证，并根据国务院法制办的意见，拟先起草条例，待条例发布实施后，在总结经验的基础上制定法律。全国人大财政经济委员会也同意国家工商总局的工作安排，建议在起草条例草案的同时，着手法律草案的起草工作，争取尽早通过法律来规范我国的商事登记制度。当然，对于我国应当制定统一的商事登记法的建议，也有学者表达了不同意见或者担心。例如，有学者在 2006 年表达了不同意见，认为商事登记制度正在发展过程之中，商事登记制度的调整范围尚未完全确定，我国制定统一的《商事登记法》的时机并不成熟。[2]

还有学者提出，在商事登记立法的制定过程中，应着重考虑以下几个方面的问题。（1）在价值取向上，既要重安全，更应突出效率。为此，一是要统一立法，将个体工商户、合伙企业、公司等基本商主体均予纳入其内，改变多部法律并存的情况，为商事登记提供明示和整齐划一的法律

---

① 冯果、柴瑞娟：《我国商事登记制度的反思与重构——兼论我国的商事登记统一立法》，《甘肃社会科学》2005 年第 4 期。

② 李明良：《证券登记制度研究——兼论商事登记制度的发展》，《法学论坛》2006 年第 4 期。

规范。二是要限制赋予登记机关的自由裁量权，争取实现商事登记的无自由裁量权审批。三是要建立维护申请人效率和其他合法权益的保障机制和补救措施。（2）在指导思想上，既要立足现实，也要顾及经济体制改革的大趋向；既要尊重国情，也应注意借鉴外国经验。一方面要符合完备的市场经济体制的要求，体现市场经济体制的本质特征；另一方面，要在保证政府对市场运行进行必要监管、维护正常市场秩序的前提下，尽量有利于商主体的市场进入、经营及竞争行为，为商主体的进入和经营行为提供快捷、便利、宽松的准入通道。（3）在立法模式上进行系统化立法，制定统一的《商事登记法》。目前，我国尚缺乏统一的调整商主体和规范商事登记行为的基本法，不同所有制和责任形式的商主体，各有不同的商事登记法规和登记审批程序。要实现不同商主体登记管理程序的衔接，必须统一商事登记立法。统一商事登记法是商事登记现代化的形式表征，更是推动商事登记现代化的有力可靠保障。（4）在具体制度的构建上，应特别注意如下制度的完善。一是创新商事登记制度，实现六个转变，即从审批制和准则制并存向准则制转变；从实质审查和形式审查相结合向形式审查转变；从主体资格和经营资格合一向主体资格和经营资格适当分离转变；从按所有制和按责任形式划分商主体类型的双重标准向按责任形式划分商主体类型的单一标准转变；从注重登记前把关向注重登记后监督转变；从市场准入限制过严向鼓励投资、为投资者提供优质服务转变。二是降低市场准入条件，放宽注册资本、企业从业人员的资格要求，摒弃一些前置审批许可以及经营范围、经营期限等方面的限制。三是实施电子政务，推行网络化登记。四是完善商事登记公示制度。要汲取《公司法》的精华，以法律的形式确认我国的商事登记公示制度。五是建立商主体登记注册信息系统和网络，收集完整的商主体信息。六是完善市场退出机制。商主体被吊销营业执照后，必须经过清算和注销程序，才能彻底消灭，完全退出市场。[①]

目前，似乎没有学者对制定我国统一的商事登记法持反对意见，普遍认为我国有必要制定统一的商事登记法，并进而提出了完善我国商事登记法的具体建议。有学者提出，我国应该采取以下措施，完善商事登记制度：

---

① 李振华：《论我国商事登记制度的建立与完善》，《理论界》2006 年第 2 期。

（1）尽快制定统一的《商事登记法》，即使我国将来制定统一之商法典，商事登记法也不应规定在商法典中，而应以单行法的形式出现。（2）在商事登记的程序设计上要兼顾安全和效率两大价值，即"安全优先，兼顾效率"。因此在程序设计与权力配置上，应减少登记机关之自由裁量权，降低需要审核批准事项的比重。（3）在商事登记与营业执照的关系上，以设立登记、注销登记之生效为商主体设立、消灭时间，不以取得营业执照时间为商主体设立时间，区分商主体资格和经营资格，统一商事登记在主体资格上的效力。（4）统一登记管辖，采国外一般做法，将商主体所在地之基层登记机关确定为商主体之登记机关，实现商主体的平等。①

当然，学者就我国统一的商事登记法的具体结构，也相应表达了具有可操作性的观点。例如，有学者认为，我国商主体登记立法宜统一分类标准，按组织结构和责任形式等将企业分类，采用系统化范式，并将个体工商户、合伙企业、公司等商主体纳入其中。为避免部门立法将部门和行政利益置于首位的弊端，提高法律体系内部的和谐性，宜由全国人大常委会组织法学专家以法律方式统一起草，即应采统一单行法模式，以营造自由、平等的竞争环境，合理分配立法资源。在立法内容方面，我国商主体登记制度宜采主体资格与经营资格相分离的立法模式。程序建构方面，我国商主体登记制度宜采形式审查立法模式、登记机关责任立法模式及司法监督立法模式。② 有学者在 2011 年认为，国家分别制定针对性较强的商业登记规则，这种做法有助于登记机关按照具体规则办理商业登记，有助于限制登记机关的自由裁量权。然而，分别立法模式僵化地反射了商业组织类型法定原则，无法反映商业组织的抽象性特征，容易诱发对无照经营的过度控制，因而带有自身的缺陷。因此，主张制定统一商业登记法，同时整合现有企业登记单行法规。先按投资者责任形式，分为有限责任形式的商业组织和无限责任形式的商业组织；再采现有做法，将采用有限责任的商业组织分为公司和非公司企业法人，将无限责任的商业组织分为个体工商户、独资企业和合伙企业等。采用商业登记法与特别登记法并存的法律结构，既可展现商业组织的一般性与特殊性的关系，又可平衡财产权人

---

① 艾围利：《我国商事登记制度之检讨》，《政法学刊》2010 年第 2 期。

② 秦亚东、马楠：《我国商主体登记制度相关立法检讨——以立法目的为理论尺度》，《黑龙江省政法管理干部学院学报》2010 年第 6 期。

营业自由与商业组织选择权之间的关系，是比较理想的制度体系。① 至于商主体登记的方法，应采用综合种类和名称的登记方法：第一类为法人登记——含公司法、企业法、农民专业合作社法等法律中规定的，依法应当或者选择注册为法人的商主体。变现在的我国工商登记的"法人登记"和"经营登记"两种登记、两套材料、两个证照、两套审核程序，为一次登记、一套材料、一次审核、一个证照的具体做法。把应当具有公示性的内容统一注明标示在证照上。第二类为非法人登记——含各类法律中规定的不得注册为法人的商主体，如个体私营登记，包括个体工商户、合伙企业、个人独资企业等，也采取一次登记、一套材料、一次审核、一个证照方式，把应当具有公示性的内容统一标示在证照上。第三类为外商投资企业登记——含外商投资企业以及港澳台商投资企业、外商投资企业集团、外国（地区）企业在中国境内从事生产经营活动开业登记、外国（地区）企业常驻代表机构、外商投资企业分支（办事）机构等，其做法也同上。②

---

① 叶林：《商业登记法的基本问题》，《扬州大学学报》（人文社会科学版）2011 年第 2 期。

② 杨峥嵘：《改革现行商事登记制度之浅见》，《中国工商管理研究》2011 年第 12 期。

第 六 章

商 行 为 论

第一节 商行为的概念

一 商行为的界定

(一) 商行为的界定方法

在商法理论上,关于商行为的界定方法或方式,存在着客观主义和主观主义两种学说。

早在 2002 年,就有学者对客观主义和主观主义这两种界定方式进行了评价,认为:两者也都有着先天的缺陷。主观主义以人画线,把内容和特点完全相同的法律行为硬是加以机械的分割,使得同样的行为,为商人实施时则成为商行为,而非商人实施时则成为非商行为或民事行为,此种标准的幼稚如同以是否法人为标准划分经济合同与民事合同一样,它使商法调整的对象失去了其客观的确定性,也有违依社会关系特点划定法律分工的立法原理,更有悖于现代法律所强调的主体平等精神。客观主义先规定商行为的概念和范围,较之主观主义有其进步可取的一面,但其对商行为的确定本身却是难以成立的。传统商法中的商行为与民事行为之区别,不在于行为的客观内容和表现,而在于行为者的主观意图。就此而言,从来就不存在所谓的"固有"商行为或"绝对"商行为,或者说没有客观的商行为,而只有主观的商行为。[1]

---

[1] 赵旭东:《商法的困惑与思考》,《政法论坛》2002 年第 1 期。

但也有学者认为，采用商行为主观主义体现了较高超的立法技术。这是因为：（1）使用商人作为判断商事行为的标准具有司法上的可操作性，之所以强调某一社会行为的商事性质主要就是因为其会在司法过程中取得不同于一般民事行为的司法结果，商行为主观主义无非就是一个确定社会关系商事性质的最便捷标准。（2）认为以商人为画线把内容和特点完全相同的法律行为硬是加以机械分割的看法往往只看到了现象的表面而未能认识现象的本质。以商人为标准划分民商事行为不像有的学者所认为的那样使商法的调整对象失去客观的确定性，恰恰相反，以商人为标准的立法技术很大程度上就是要使商法所调整的对象具有确定性，这样才能更好地便利商事司法运作。以商人为标准也没有违反以社会关系特点划分法律分工的立法原理，也没有违背现代法律所强调的主体平等的精神，这是因为以商人为标准就是一种划分社会关系特点的立法技术，或许这样的标准具有或多或少的缺陷，但是这样做至少能够有助于司法裁判的进行；既然商法不是要创设特殊的商人阶层，也不是要为商人阶层服务，而是主要调整商事关系，那么也就谈不上以商人为标准划分社会关系具有违背现代法律所强调的主体平等的精神。①

还有学者认为，不管是商行为主观主义还是商行为客观主义，其终极目的都是为了判断商行为的营利性。商行为主观主义用主体标准来判断商行为是否具有营利性，即商主体所实施的行为由于具有营利目的而属于商行为范畴；而商行为客观主义用行为标准来判断商行为是否具有营利性，即商法所规定的商行为形态由于具有营利目的而属于商行为范畴。而且，不管是商行为主观主义原则模式，还是商行为客观主义模式，它们在确认商行为时都交替使用商行为主体标准和客观标准。比如，德国商法确认商人时会涉及商人行为的认定，而法国商法典确认商行为时会涉及商人主体的认定，最近的发展变化进一步缓减了商人地位所举具有的独特性，因为，过去属于商人特有的那些义务，现在已经扩大到所有从事经济活动的人，甚至扩大适用于普通的个人。可见，无论是用商行为主观主义来确认商行为形态，还是用商行为客观主义来确认行为形态，并非基于纯粹的理论基础之上，而是各国确认商行为时采用不同的立法技术所致。所以，重

---

① 任尔昕、王慧：《商事行为独立性：质疑与回应》，载王保树主编《中国商法年刊（2007）》，北京大学出版社 2008 年版，第 201—202 页。

要的是不管选择商行为主观主义，还是选择商行为客观主义，我们都需要使商法整体与其配合以便确认某—行为是否具有营利性。①

另有学者没有拘泥于主观主义或客观主义，而是将商行为置于民事行为这样一个较大的范畴内予以界定。定义商行为概念的前提是私法领域，那么私法领域内的属概念"行为"和"民事行为"其实并没有本质的区别。种差的区别则有多种表述如"经营管理"、"营利或者营业"、"营利"、"营业"、"营利营业"等。但是，这些不同的表述其实也可以抽象出其共同的属性，即商行为的共同属性的目的应该都是"营利行为"，"营利"应该是商行为的本质属性。所以商行为的第一层含义应该是"以营利为目的的行为"或者"以营利为目的民事行为"。商行为本质是以"营利为目的"进行类型化之后的民事行为。在此基础上，是否继续限制商行为，如从主体角度、营利行为的特征角度进行限制，则需要根据各国的实际国情、历史因素、法律体系因素尤其是与民法的关系因素等考虑。如果需要进行限制，则商行为的定义则是"以营利为目的的营业行为"或者"商主体以营利为目的营业行为"。②

（二）商行为的概念

商行为，在术语表示上，又被称为商事行为、商业行为、营业行为等。有关商行为的概念，我国学者表述的方式虽有所不同，但表述内容上大致相当。

有观点以商主体为基础定义商行为。有学者认为，商事行为，亦称商行为，是指商主体基于一定的意思表示旨在发生所预期的法律后果的合法行为，它是使商事法律关系得以产生、变更、终止的一种法律行为。③ 商行为是由商主体实施的营业行为或者法律规定可由其他主体实施的以营利为目的的行为。④ 商事行为，又称商业行为、商行为，是指具有商事行为

---

① 王慧：《商事行为：界定、规制与立法设计》，《西部法学评论》2008 年第 2 期。

② 喻胜云：《法律行为、民事行为及商行为比较研究——基于德国民、商法典及我国相关法律比较考察》，载王保树主编《商事法论集》2009 年第 2 卷，法律出版社 2009 年版，第 21 页。

③ 施天涛：《商法学》，法律出版社 2004 年版，第 85 页。

④ 杨震：《论我国商事通刻的体系构建》，载王保树主编《中国商法年刊》（2004 年卷），黑龙江人民出版社 2005 年版，第 213 页。

能力的主体所从事的以营利为目的的营业行为。① 商行为是指商主体所从事的以营利为目的的经营行为。② 商行为是指依商法所规定的商主体以营利性营业为目的而从事的行为。③

当然，商行为并不限于商主体所为的营业行为，商主体所为营业行为构成商行为，商主体以外的民事主体所为营业行为，也构成商行为。有学者认为，商行为"是指由商主体实施的营业行为以及一般民事主体实施的营业行为与投资行为"。④

有观点以行为的营利目的为基础定义商行为。行为的目的决定行为的性质，商行为的性质由商主体所为行为的营利目的决定。有学者认为，商行为是以营利为目的实施的民事行为，或者说，商行为就是营利性的民事行为。⑤ 商行为是指以营利性营业为目的而从事的各种表意行为。⑥ 商行为是营利性或虽不易判断其营利性但在营业上实施的行为。⑦ 商事行为，又称商业行为，或者称商行为，是指以营利为目的的行为。⑧ 为避免循环定义，不用"商人"来界定"商行为"，直接以"营利性行为"这一商行为的本质/核心特征来界定商行为，不仅可以避免所谓循环定义的窘况，而且，也使"商行为"乃至"商人"的概念更加简洁明了，更加直观和易于操作。⑨

当然，以行为的营业目的定义商行为，可以很好地彰显商行为的性质，但主张这种观点的不少学者均将商行为纳入民事行为的范畴，已如上述引用的某些观点，引起了部分商法学者的异议。有学者认为，将商事行为界定为具有营利目的的民事行为，虽然具有理论上的正当性，但是对于商事实践（商事活动或者司法）缺乏必要的指导意义，因为不管是将商

---

① 胡志民、周建平等编著：《商法学》，立信会计出版社2006年版，第18页。
② 范健主编：《商法》，高等教育出版社、北京大学出版社2007年版。
③ 苗延波：《商事行为概论》，《甘肃政法学院学报》2008年第6期。
④ 范健、王建文：《商法论》，高等教育出版社2003年版，第640页。
⑤ 赵旭东：《商法的困惑与思考》，《政法论坛》2002年第1期。
⑥ 覃有土主编：《商法学》，高等教育出版社2004年版，第52页。
⑦ 王保树：《商法总论》，清华大学出版社2007年版，第232页。
⑧ 王慧：《商事行为：界定、规制与立法设计》，《西部法学评论》2008年第2期。
⑨ 蒋大兴：《商人，抑或企业？——制定〈商法通则〉的前提性疑问》，《清华法学》2008年第4期。

事行为界定为独立的法律行为还是将其界定为具有营利性的民事行为，对于营利这一主观目的的界定是商事实践的首要要求。①

因为我国商法并没有使用"商行为"这样一个术语，对于商行为定义缺少法律层面的技术支撑，不论怎样给"商行为"下定义，都会存在这样那样的不足。无怪乎有学者感叹给商行为下定义的难度。因此，给商行为下定义，不应过分渲染商行为的商主体特征和营业目的特征。有学者认为，鉴于商行为理论和各国实证法的复杂性，商行为的概念应该分为理想法和实证法上的商行为概念。理想法上的商行为概念具有揭示商行为本质特征的性质，是商行为的本质属性的反映，是由商行为这一事物本身的性质决定的；而实证法上的商行为概念或者外延则比较复杂，因为法律不仅仅是逻辑的产物，除具有历史性外，立法还要受目的律的制约，因此，一国实证法上的商行为概念或者其外延可能受到多种因素的影响，比如历史因素和立法。从理想法的角度看，也即从商行为的本质来看，可以将商行为的概念界定为：商行为是指以营利为目的的行为。从实证法的角度看，商行为不仅仅包括以营利为目的的行为，而且还可能包括受历史因素影响的票据行为、受立法政策影响的生产行为以及附属行为。具体到各国的情形，可能因国而异，这主要受制于立法的因素。这些行为并不必然具有营利性的特征，但是，从法律上来看它们也是商行为。② 还有学者认为，企业所实施的行为，原则上均应界定为商行为，一般民事主体实施的、以营利为主要目的的行为，也应界定为商行为。也就是说，不仅应强调商行为的营利性目的，而且应强调商行为必须"以营利为主要目的"。以营利为主要目的而实施的行为均为商行为；企业所实施的行为视为商行为，但明显不以营利为目的的除外。③

此外，我国有学者并不使用商行为这一概念，而是以"交易"取代商行为。商法中的交易是商主体间的一种经济行为，"交易是以市场为依托，以资本增值为目的，在交易主体间互相自愿转让以物品、劳务为载体

① 任尔昕、王慧：《商事行为独立性：质疑与回应》，载王保树主编《中国商法年刊（2007）》，北京大学出版社2008年版，第204页。
② 张志坡：《商行为概念研究》，载王保树主编《商事法论集》2008年第1卷，法律出版社2008年版，第204—205页。
③ 王建文：《从商人到企业：商人制度变革的依据与取向》，《法律科学》2009年第5期。

的权利的法律行为"。① 使用商行为的概念，便于和民事行为相区别；但是，这个概念的引入，相当程度上会受到大陆法系的传统商法有关商行为的制度和观念的影响，是否能够准确地诠释我国业已存在并日益丰富的与"商"有关的各种行为，多少会产生某种程度的疑虑。以交易或交易行为取代商行为，我国的商法理论或许能够走出自己的一片天地。

二　商行为的特征

我国学者从不同的角度描述商行为的特征。

有学者将商行为的特征归纳为三项：其一，商行为是以营利为目的的行为；其二，商行为是经营性行为，即商主体至少在一段时期内连续不断地从事某种统一性质的营利活动，属于一种职业性营利行为；其三，商行为是体现商事交易特点的行为，即具有技术性、公开性和注重效率与外观的行为。② 除此以外，商行为还有一个特点，即商行为一般是商主体所从事的行为。③

有学者将商行为的特征归纳为"五性"：（1）行为目的的营利性。营利，是指为了谋取超出资本的利益并将其分配于投资者。此处的"营利"应理解为只要行为人进行收支测算并试图营利即可，并不要求真正实现营利。那些不以营利为目的，或者不将营利归自己或分配于投资人的个人或组织，不是商人。（2）行为在空间上的同一性。这是指行为人在一定时期里持续公开地从事相同性质的营利性行为。（3）行为在时间上的连续性。连续性，是指行为人在一段时间内连续从事某种同一性质的营利活动。连续性包括两个构成要素：习惯性和状态，前者是指同类行为的重复，后者是指同类行为的真实实施。（4）行为的合法性。合法性是指商事活动不仅符合法律的强制性要求，而且不违反公序良俗，在法律对商行为有明文规定的情况下，应当属于法律规定的行为。（5）行为的公开性，即作为商行为的内容和方式须能为公众所知悉，而不是秘密地进行。④

---

① 徐学鹿、梁鹏：《商法总论》，中国人民大学出版社 2009 年版，第 6—7 页。
② 范健主编：《商法》，高等教育出版社、北京大学出版社 2002 年第 2 版，第 50 页。
③ 范健、王建文：《商法论》，高等教育出版社 2003 年版，第 640—644 页。
④ 陈运雄、蔡梅娥：《论我国商人概念的法律界定》，《求索》2005 年第 12 期。

还有学者认为，商事行为具有营利性和营业性两个基本特点。商事行为必须是以营利为目的而实施的行为。营利目的是行为人内在的意思，对其正确地作出判断，将是确认商事行为的关键。国外一般多采取推定的原则，根据法律规定的原则推定行为人的营利目的，比如一个普遍性的理念就是凡是商主体实施的营业行为均推定其具有营利目的。之所以强调营利行为才是商事法上的商，这是因为商的本质并不是商品交换，而是资本的营利活动，商事法以规定商主体和商事行为为己任，这些规定的本质，集中地表现为营利，商事法独立存在的价值还在于它有独特的调节机制——营利调节机制。在商事行为中，除明显的营利性外，须具有营业性。营业性，指行为人以营利性活动为业，即行为的营利活动具有反复性、不间断性和计划性。①

也有学者将商事行为的特征表述为营利性、营业性和风险性。商事行为首先是商主体为营业目的而实施的行为。即是说，该行为主体从事此类活动均含有营利性目的或经济目的，而不问事实上是否营利。在商事活动的法律实践中，常以推定来判断具体的活动是否构成商事行为。如对于商人，可依据其作为商主体的特征，在无反证时，推定其行为是商事行为。对于非商人则要以行为的性质、目的或一般的商业习惯为根据加以推定。商事行为的营利性，乃指其根本目的在于赚取成本与收益间的差价，即利润。其二，商事行为是一种持续性营业行为。商主体的持续性营业，是指主体在一定时期内连续从事一种性质相同的营利活动，才能认定其具有营业性或职业性特点。当然，在特定场合下，在一些国家某个主体的行为并不具有连续性（如证券交易所里所从事的证券交易行为）仍被视为营业性行为。其三，商事行为是一种带有风险性的营业行为。风险性也可以理解为投机性，即为了营利而从事一定商事行为，但对于能否获利以及获利多少，则处于未知的、不确定的状态，因而具有一定的风险性。总之，营利性、营业性、风险性是商事行为的三个基本特征。但是，商事行为作为商法上的一个法律概念，其界定还要受立法影响。这种立法影响的根源在于历史惯例、社会通念以及立法需要。例如，经营农林业、经营矿业之活动，历史上并未纳入商法调整之范畴，但现代商事立法正在逐渐改变了这

① 王慧：《商事行为：界定、规制与立法设计》，《西部法学评论》2008年第2期。

一倾向。又如，律师、医生等自由职业者所从事的经营活动，尽管也以营利为目的，但社会通念上并未将其纳入商事活动范畴。再如，所谓附属商行为、拟制商行为和单方商行为，实际上也是出于立法需要而将之纳入商事行为范畴，本身并不完全具备商事行为的特征。①

三　商行为的要件

有学者对商行为的构成要件进行了研究，其认为，依照民法理论，民事行为的一般生效要件包括：当事人须有相应的行为能力；须意思表示真实；标的须合法；标的须可能和确定四项。原则上，商行为应符合这些要件方能生效，但商法为促进交易的迅捷、灵活以及为交易安全提供必要的手段，对民法上的个别规定作出了变更，形成了不同商行为在对民法适用时的种种例外。这些变更集中在两个方面：一是行为能力；二是意思表示。关于行为能力，商法更侧重于营业能力，而对民法所强调的年龄、智力等因素在法律行为的效力上所起的作用予以限制，以保障交易安全。如各国票据法都规定，无民事行为能力人或限制民事行为能力人在票据上签字的，其签字无效，但不影响票据上其他签字的效力，等等。关于意思表示，民法上关于心中保留、虚伪表示的规定，由于是从表示主义出发，目的在于保护善意的相对人及第三人，因此完全适用于商事行为；但民法关于错误、欺诈、胁迫的规定，是从所谓意思主义出发，表示者对善意的相对人及第三人可以主张意思表示的无效或撤销。这些规定如适用于商事行为，就会妨害交易的安全。因此，商法上有必要对此作出变更。如各国票据法有关票据金额的记载，即使出票人的出票行为有错误，持票人仍得依该错误记载而行使权利。②

四　商行为的性质

商行为性质的判断涉及法律行为与事实行为两部分，即商行为是法律行为，还是包括事实行为。

有学者认为，商行为是法律行为和事实行为的总和，但以法律行为为

---

① 苗延波：《商事行为概论》，《甘肃政法学院学报》2008 年第 6 期。

② 钱玉林：《商法的价值、功能及其定位——兼与史际春、陈岳琴商榷》，《中国法学》2001 年第 5 期。

主。其依据是，许多应归入商行为范畴的法律行为却未被商法所确认，因而属于事实上的商行为，即事实行为性质的商行为。① 但另有学者认为，这纯属对法律行为与事实行为含义的误解。法律行为并非指为法律所明确规定的"法定行为"，而是指以意思表示为要素，依意思表示的内容而发生一定私法上效果的行为。事实行为也并非指超越法律规定而事实上存在的行为，而是指行为人不具有设立、变更或消灭民事法律关系的意思，但依照法律规定能产生相应法律后果的行为。因此，商行为均属法律行为当无疑义。②

近几年的商法学研究成果中，有部分学者坚持，商行为应该仅以意思表示为必备要素，其只是一种法律行为。秉持这种观点的学者认为，如果商行为既包括商事法律行为，又包括商业性事实行为，那么就无法决定对一个行为是应该套用法律事先拟定的标准，还是应该探求当事人的内心意思，这会引起法定主义调整方式与法律行为调整方式的相互误用。如果商行为中包含商业性事实行为，商行为就成了商事法律行为与商业性事实行为的共同上位概念。而在民商分立国家的商法典中，一般只设商行为专章，而没有商事法律行为概念的规定；而在民商合一国家，法规上一般并无商行为和商事法律行为的概念。③ 有学者从法律实益角度看，将商行为的性质定位于法律行为，其理由是：事实行为本身通常并不是商人所追求的，商人或者商主体要实现其营利，谋求资本增值，仅仅通过事实行为根本不可能实现。而且将事实行为归入商行为，与日常生活中理解的商观念不符。因此，商行为是商事法律行为，正是由于其法律行为的特性，极大地拓展了商事交易的自治空间。④ 商事行为的性质是法律行为，不包括事实行为。⑤

与上述观点不同的是，有学者提出，商行为不限于由意思表示构成的法律行为，事实行为和准法律行为等，也能引起私法关系的产生、变更和

---

① 任先行、周林彬：《比较商法导论》，北京大学出版社2000年版，第386页。

② 范健：《商行为论纲》，《南京大学法律评论》2004年秋季卷。

③ 王保树：《商法总论》，清华大学出版社2007年版，第235页。

④ 张志坡：《商行为概念研究》，载王保树主编《商事法论集》2008年第1卷，法律出版社2008年版，第201页。

⑤ 苗延波：《商事行为概论》，《甘肃政法学院学报》2008年第6期。

消灭。①

五 商行为的独立性

关于商行为的研究，有一个问题不可避免，即商行为有无独立性，更进一步说就是，商行为与民事行为之间是否相互独立。因为，如果通过民事行为制度可以解决基于商行为所产生的纠纷的话，那么，商行为制度就没有存在的必要。

有学者认为，"传统的商事行为并不像人们想象的那样特别，它并没有形成整体统一的、异乎于民事行为的普遍特点，所谓的商事行为的某些特点，不过是个别商事行为偶然的、个体的表现，并不具有涵盖所有商事关系的普遍意义，以这样的特点与民事行为进行比较，是无法划定商事行为与民事行为的清晰界限的。事实上，传统的商事行为并未形成不同于民事行为的统一特点，商法规范也从未建立起一套与民法规范完全不同的行为规则。学者所谓的商法特点不过是某些或个别商事行为所表现出的特殊性，学者们所观察到的不过是商法规范的零散、无序的表象。"② 更有学者主张，"在商行为的理论构建中，除了增加营利性目的外，其余与民事法律行为没有区别"，"对商行为也不可能、不必要作一般的抽象"。③

但商法学界许多学者认为，商行为与民事法律行为之间存在区别，甚至是本质的区别，商行为不同于民事行为，商行为具有独立于民事行为存在的必要性与必然性。

有学者认为，商行为与法律行为的理念不同，商行为与法律行为的生效要件不同，商行为与法律行为的作用不同，商行为在具体制度上区别于民事法律行为，基于此，作出以下判断：由于商行为所具有的不能为一般法律行为制度所包含的特殊性，只有另行设立商行为制度（既包括抽象的商行为又包括具体的商行为），才能科学地调整基于商行为而发生的商事法律关系。④

---

① 叶林：《商行为的性质》，《清华法学》2008 年第 4 期。

② 赵旭东：《商法的困惑与思考》，《政法论坛》2002 年第 1 期。

③ 史际春、姚海放：《再论商法》，《首都师范大学学报》（社会科学版）2003年第 1 期。

④ 樊涛：《论我国商行为立法模式的构建》，《漯河职业技术学院学报》（综合版）2006 年第 4 期。

也有学者认为，商行为与法律行为之间的关系表现在四个方面：首先，商行为不是法律行为或者意思表示的简单延伸，无须包含意思表示因素，但却必须符合营业性特征。其次，商法关注商行为的特定效果，极少重复关于意思表示的民法规定，即只要商人实施了商行为，无论其主观意图或者意思表示如何，即当然产生某种特定的法律效果。再次，商事裁判法官经常援用推定规则。最后，在某些情况下，商事特别法排除了意思表示规则的适用，坚守形式主义、摒弃意思主义，是商事活动快捷性的内在要求。在商业社会中，当意思表示失去了曾经的统治地位时，替代意思表示并发生功能的，恰恰是商行为。必须指出，声称商行为具有客观性，并不表明商行为是与意思表示全然无关的外部事实，而是试图揭示：鉴于外观法理的地位日渐提升，法官认定商行为时，不必拘泥传统的意思表示因素；即使仅凭某种外观事实的存在，也足以认定商行为的存在；凡商行为时，即当然引起特定的商法效果，商人必须遵守商法规定的特殊义务。[①]

有学者认为，从意思表示的角度分析，商事行为与民事行为的区别主要有：（1）商事行为的目的意思中包含营利动机。营利性是商行为的本质特征，是商事行为区别于民事行为而具有独立价值的关键所在，也是决定商法规则特殊性的原因所在。而商行为营利性内在于商主体的意志之中，没有营利目标的追求，任何行为都不是商事行为。（2）意思表示适用不同的法律规则。意思主义是民事法律行为意思表示的主要解释原则。而在商事行为领域，自始坚持"表示主义"这样一种客观的解释方法，以商人表示出来的意图去判断行为的效力，而不去探究行为人在行为时的真实意图。表示主义是与商行为的营利性相适应的解释方法，是与商业社会高效快捷和安全的价值追求相接轨的。意思表示的自愿真实是民事行为生效的要件，因欺诈、胁迫、重大误解、乘人之危而形成的民事行为，是无效行为或者可撤销行为。然而在商事行为领域却有特殊规则的存在。（3）行为能力的不同内涵。民事法律行为所要求的行为人的行为能力要件实际上是对行为人的意思能力的要求，因而民事行为能力取决于行为人的年龄、智力和精神状况。而商行为的生效同样要求主体具有商事行为能

[①]　叶林：《商行为的性质》，《清华法学》2008 年第 4 期。

力。但商事行为能力则具有与民事行为能力不同的内涵，是对行为人的资本经营或者财产能力的要求。尤其在现代社会，商人表现为各种类型的企业，企业的权利能力和行为能力来源于登记行为，而商事登记对企业的名称、财产均有一定的要求。也就是说，商事行为能力的基础不是商人（一般为企业）的年龄、智力和精神状况，而是其资本经营或者财产能力。①

还有学者认为，从商行为与法律行为的关系分析，商行为具有独立性。首先，商行为不是法律行为的例外，因此，它不是民事法律行为的分支。两者之间并非种属概念。民事法律行为以"合意"和"合法"为要素。"合意"是双方意思表示一致，意思表示必须真实。因此，民事法律行为重"心素"。商行为是商人的营业行为，商行为重"体素"。"心素"和"体素"的差异是民事合同的意思主义和商事合同的外观主义原则之源泉。其次，民事法律行为必须"合法"，合法即不能违反国家强制性法律规定，不能违反社会公共利益，不能违反公序良俗（社会公共道德）。而商行为是商人所从事的以营利为目的的行为。营业性是其本质特征，而"合法"不是其必备要素。商交易是商人间双方的商行为，对双方"商人"具有相对的约束力和法律效力。如果商行为违反国家强制性规定，则由经济法或传统民法（法律行为）从外部对其予以取缔或宣布无效，但此并不涉及原商行为本身相对的法律效力。与此相应，民事法律行为的代理制度重被代理人的意志。而商行为的代理制度重代理人的意志。因此，民法上的直接代理与商法上的间接代理具有相当的法律技术差异。再者，民法上重"所有"观念，商法上重"收益"观念。由此，就有代理制度与信托制度的区别，等等。据此分析，商行为不是民事法律行为的延伸，而是商法体系的核心概念。以民事法律行为为核心构建商法体系并指导商事立法和商事司法，其出发点本身就是错误的，同时也是违反市场交易的普遍规律的。②

另有学者认为，商行为是对民事行为以"营利性"为特征所进行的类型化。商行为与法律行为之间的关系，也自然是民事行为与法律行为之

---

①　苗延波：《商事行为概论》，《甘肃政法学院学报》2008 年第 6 期。

②　李求轶：《融资性商行为初探——商行为的一般与特殊》，《法治研究》2008年第 11 期。

间的关系。法律行为并非商行为的上位概念，商行为上位概念是民事行为，但是，在私法领域中，一般称为行为，无须加以"民事"二字进行限定。法律行为既然是对民事行为的抽象，商行为是民事行为之类型化，自然地，法律行为也是对商行为的抽象。在法律行为对商行为进行抽象时，因为商行为是以营利为目的的营业行为，对这一类型的行为所适用的法律应该不同于普遍的对民事行为抽象的法律行为。易言之，法律行为的普遍性涵盖不了以营利为目的的营业行为。①

有观点认为，商行为与民事行为的区别源自于商事生活与民事生活的不同本质。例如，有学者认为，基于民事生活和商事生活的不同本质，商行为与民事法律行为在主体方面相异，该方面的不同使得商行为无论在价值取向、功能以及特点上都具有差异。首先，纵观民事法律行为的发展历程，民事法律行为的主体主要以自然人为基础。而商行为主要以商人特别是商法人为主体。相比于民事法律行为之主体，商行为的主体范围有所缩小，并且与民事法律行为的自然人主体相比，商行为的主体，即商法人更具有专业性。对商行为之主体所从事的行为不仅要探究其内心意思表示，更多的是以外观为主，即其设立要符合法律规定的条件，行为方式也受到更多的规制和限制。其次，基于上文商行为的性质可知商行为与民事法律行为有不同的价值取向。虽然它们都是基于"私法自治"的理念，但两种生活关系的不同会导致对自治精神的不同追求。民事法律行为有更强的伦理色彩，特别是在婚姻家庭和继承制度的设置上，民法各项制度的调整后果是不惜牺牲市场交易秩序为代价而追求个案的公平，以致实现民事主体基本的人格独立与被尊重。而商法更多的是追求效率和利益，最大限度地维护商人之间交易的自由、迅速和安全。由此可以体现出两者的价值取向差异："民事法律行为及其价值取向的逻辑元点——伦理人"，而基于商法追求效率和利益的价值，"商行为及其价值取向的逻辑元点——经济人"。商行为是民事法律行为的延伸，仍以民事法律行为为其制度的基础，但又区别于一般的法律行为。商行为所具有的特殊性决定了它的独立性，对它的调整只能独立

① 喻胜云：《法律行为、民事行为及商行为比较研究——基于德国民、商法典及我国相关法律比较考察》，载王保树主编《商事法论集》2009年第2卷，法律出版社2009年版，第22页。

于一般民事法律行为之外。①

商行为的理论上的独立性，目的是将商行为抽象化，而使之有别于民事行为。既然理论上主张商行为的独立性，那么也得有商行为之所以具有独立性的相应制度基础。

我国学者并不否认我国欠缺抽象商行为制度。有学者指出，由于抽象商行为制度的缺失，商业实践中出现的尚未有单行法调整的营利行为只能求助于民事法律，然而无论是《民法通则》中的民事行为制度，还是《合同法》总则部分的规定，均无适用于商行为的特殊规则。② 这恐怕是主张商行为具有独立性的学者最不愿意看到的现象，因为这一现象足以导致"抽象商行为制度"的民商混沌。有学者指出，尽管商行为仍以法律行为为其制度基础，但由于商行为所具有的不能为一般法律行为制度所包含的特殊性，只能在一般法律行为之外，再设立商行为制度（既包括抽象的商行为又包括具体的商行为），方能科学地调整基于商行为而发生的商事法律关系。③ 还有学者认为，实践要求法律对商行为作出规定，显然不是主观地为了"特殊"而人为地在私法行为中划出一块，而是注意到商行为在客观上已经表现出"营利"的特殊性和这种行为所采用的营业形式。④ 从上述观点不难发现，我国学者有关抽象商行为制度的分析，多停留在"应当有这样的制度"的阶段，至于如何建立"抽象商行为制度"以及建立何种"抽象商行为制度"的具体意见，似不多见。

事实上，我国有不少学者并不认同商行为的存在，更不要说商行为具有独立性或者建构抽象商行为制度。有学者认为，对于商业实践和商法理论而言，商行为概念是可有可无的。立论理由主要有：一是法律行为和自然人、法人制度一样，是法律构建或抽象的产物。但从法律行为的历史发展可以发现，屈居下位的合同概念与取得了意思表示内核的法律行为概念之间始终关系微妙，若即若离。法律行为理论能在多大程度上回应现实中有关合同的法律问题颇成问题。民法尚且如此，更遑论要从民法那里借用

① 宋鹏：《关于商法通则中商行为建构的思考》，《江西青年职业学院学报》2010年第4期。

② 任尔昕、石旭雯：《商法理论探索与制度创新》，法律出版社2005年版。

③ 范健：《商行为论纲》，《南京大学法律评论》2004年秋季卷。

④ 王保树：《商事通则：超越民商合一与民商分立》，《法学研究》2005年第1期。

概念的商法了。二是商行为的外延难以确定或者商行为外延空空如也。①
还有学者认为，商人和商行为制度为大陆法系国家的商法典所建构的核心
制度，离开商人和商行为制度，当然不能很好地理解大陆法系国家的商
法。在概念法学的体系框架内，若没有商人和商行为制度的解释和应用，
商法（典）也就不复存在了，更不能人为地割裂商人和商行为制度与商
法（典）的关系。但在我国，情形就完全不一样了，我国本身就不存在
大陆法系商法典及其理念所构筑的"商人"和"商行为"制度，"商人"
和"商行为"只不过是我国学者借用大陆法系国家商法的"术语"研究
我国商法的工具，"商人"的存在及其交易行为已经被我国日益发展和成
熟的民商法制度包容，没有必要将作为学术研究的"工具"当作社会存
在而加以承认。②

　　商行为这一概念本身是否成立，在我国本身就是有争议的。尤其是，
涉及商行为是否具有独立性的问题，争议更大。商行为的独立性，不仅涉
及商行为和民事行为的关系问题，而且也会涉及了商法的独立性问题。如
果我们将商行为作为商法调整的社会关系的基础，商行为是否独立就会直
接涉及商法是否独立。如同有学者指出的那样：关于商行为的法律地位，
学者存在这样的误会，即商行为是对应于商法的概念。如果不存在商法或
者商法没有自己的调整领域，商行为制度就失去了存在价值。这种基于逻
辑推理而提出的学术意见，在分析前提上存在明显的缺陷，即忽视了形式
意义上商法的存在。商行为即商法上的行为，只要存在商法（无论是实
质意义上的商法还是形式意义的商法），就必然存在商行为。③

　　存在商法就存在商行为，推论似乎成立。但问题是，存在商法或者商
法独立，商行为就必然独立于民事行为？就可以抽象并建构独立的商行为
制度？结论恐怕并没有这么简单。事实上，存在商法，甚至商法独立于民
法，是否必然存在商行为或者有商行为独立的必要，本身就是值得讨论的
问题。在这个领域，学者讨论的空间是广阔的，但究竟会产生或者已经产

　　① 姜朋：《反思商法基本范畴》，载王保树主编《中国商法年刊——和谐社会构
建中的商法建设》，北京大学出版社 2008 年版，第 242—243 页。
　　② 邹海林：《中国商法的发展研究》，中国社会科学出版社 2008 年版，第 5—
6 页。
　　③ 叶林：《商行为的性质》，《清华法学》2008 年第 4 期。

生了怎样的效果，目前尚不好下结论。

第二节　商行为的分类

一　具体商行为与抽象商行为

在大陆法系的商法理论中往往存在"抽象商行为"与"具体商行为"之分，近年来我国学者也开始使用这一对概念。

对于抽象商行为与具体商行为制度在中国的立法表现，有学者认为，就我国商行为的立法现状看，由于尚不存在一个具有商法总则性质的法律，所以我国还没有建立起"抽象商行为"制度；但由于我国存在诸如合同、代理、证券交易、期货买卖、营业信托、商业票据、商业银行、商业保险、海商等方面的法律，所以可以认为我国已经建立了"具体商行为"制度。就"具体商行为"制度而言，其主要缺陷在于未能全面贯彻商法的理念和原则，合同和代理都没有区分民事关系和商事关系的差异而分别调整。以《合同法》为例，合同标的物提存和拍卖应当属于商行为的特殊规则，标的物的瑕疵检查和通知义务应属于商人的特殊义务，合同法在不区分商行为和民事行为，不区分双方商行为与单方商行为，不界定商主体与民事主体的情形下，将上述应适用于商人之间的较为严格的商事规则同样适用于非商人之间以及非商人与商人之间的合同交易场合，这是一种略显粗糙和简单的处理方法，忽视了民商之间的差别。[①]

二　双方商行为与单方商行为

单方商行为与双方商行为是一种普遍的分类。学界对两者的界定基本一致，如有学者提出这样的观点，单方商行为是指行为人一方是商主体而另一方不是商主体所从事的行为。学理上又称为混合交易的行为。销售商与消费者之间的买卖行为，银行与储户之间的存款行为等均属此类。双方商行为是指当事人双方都作为商主体而从事的行为。实际上，双方商行为只是学理上对应于单方商行为而提出的概念，立法上是不必

---

① 任尔昕、石旭雯：《商法理论探索与制度创新》，法律出版社2005年版，第151页。

特别规定的，因为这类行为显然应适用商法。① 双方商行为的主体均为商人；单方商行为的主体一方为商人，另一方为非商人，又称"混合交易行为"。②

单方商行为与双方商行为的区分在法律规范上具有重要的意义。有学者认为："对单方商行为与双方商行为作出区分的意义在于使商法对不同商事行为区别规定。如果当事人的一方不属于商人，那么，商法的立法和实践中应适当考虑其在交易中的弱势地位，从而给予一定的倾向性保护，实现双方当事人在实质意义上的公平。"③ 另有学者也有类似的表述："加强对与商人进行交易的消费者的保护是现代立法的发展趋势，因此，在单方商行为的法律规范中应体现对非商人的保护，如英美格式合同理论中，对商人型格式合同和消费者型格式合同采取不同的规则，对商人科以较消费者更重的注意义务和诚信义务。因此，单方商行为的法律适用必须考虑对消费者的特殊保护"。④

关于双方商行为的法律适用，理论与实践中并无争议，应当适用商法规范。然而，关于单方商行为的法律适用，各国商法的规定不尽相同。有学者认为，大陆法系国家商法通常规定，只要行为人中有一方是商主体，则交易双方都应适用商法。关于双方商行为的法律性质与法律适用，各国理论与实践中并无争议。⑤ 但有学者认为，单方商行为存在三种规制模式：其一，依《韩国商法》第3条、《日本商法典》第3条，即使是单方商行为，对双方当事人都一律适用商法规则；其二，依《德国商法典》第345条，在一般情况下，双方商行为规则也适用于单方商行为，但法律另有规定的除外；其三，在法国和英美法系国家，商行为规则仅能适用于商人一方，而对非商人的相对方适用民法的相关规定。实际上，对于票据行为、证券上市交易行为、保险行为和海商行为等传统营业领域的绝对商行为，即使是单方商行为，也适用商法规则；但是，以营利为目的而实施

① 赵中孚：《商法总论》，中国人民大学出版社2007年版，第20页。
② 范健：《商行为论纲》，《南京大学法律评论》2004年秋季卷，第55—56页。
③ 赵旭东主编：《商法学教程》，中国政法大学出版社2004年版，第44页。
④ 任尔昕、石旭雯：《商法理论探索与制度创新》，法律出版社2005年版，第136页。
⑤ 范健：《商行为论纲》，《南京大学法律评论》2004年秋季卷。

的相对商行为（或称主观商行为、营业商行为）之规定，仅适用于商人一方。①

关于单方商行为在中国商事法律规范中的适用，一般认为，应对单方商行为中的非商人一方给予倾斜保护。但有学者对此提出了不同看法，其认为，在理念上我们应该考虑对消费者的特殊保护，但是，对消费者的特殊保护表现在法律适用上，所体现的也就是三种可能：要么适用商法，要么适用民法，要么根据具体情况衡平利益考虑对消费者的特殊保护或者适用商法或者适用民法。法律适用的标准不仅是司法理念上的标准统一，并且统一标准的司法理念也应该反映在具体的法律适用技术之上。换言之，法律适用，首先表现为法律规范的适用，法律实质公平的司法理念的实现是通过法律规范针对具体案件的裁判来实现的。因此，"根据具体情况衡平利益考虑对消费者的特殊保护或者适用商法或者适用民法"——只是一种理想的状态，因为其法律适用的前提标准的可供选择性以至于司法形式意义上的标准不统一而极易导致法律适用实践中法官司法权力的滥用，而且"双方当事人在实质意义上的公平"之"公平"理解本身就很难有一个具体明确的标准。所以，单方商行为中之法律适用问题即使为了保护非商人主体一方即所谓的"弱势"一方，但是具体到法律适用方面选择的可能无非两种：要么商法，要么民法。究竟是适用商法还是适用民法，不仅要考虑到商法与民法的区别，同时还要考虑到一国的立法体系。就我国而言，德国《商法典》第345条之规定——对于对双方中的一方为商行为的法律行为，对双方均适用关于商行为的规定，但是此种规定无其他规定为限——可供借鉴。②

三 一般商行为与特殊商行为

有学者将商行为分为一般商行为与特殊商行为。特殊商行为实际上就是各种特殊合同行为，如商事居间、商事行纪等，在我国，基本上都规定在《合同法》中。因而，对特殊商行为的规定与完善，可以考虑通过

---

① 曾大鹏：《从法理到法条的转换：评苗延波先生的〈商法通则〉草案建议稿》，《河北法学》2010年第7期。

② 喻胜云：《论单方商行为之法律适用》，《南京大学法律评论》2006年春季号。

《合同法》来完成。而对于一般商行为，则情况比较复杂。一般商行为在大陆法系民商分立国家，是对民事法律行为的变更规定，是商法对民法的修正。是否需要在商法一般法中规定一般商行为制度，情况是十分复杂的。一般商行为制度的前提是存在纯粹的民法，而我国目前的民商合一立法体制，已经彻底颠覆了民商独立规范的基础。①

四 绝对商行为与相对商行为

我国商法学者对绝对商行为与相对商行为的研究并不多。

有学者认为，绝对商行为，又称客观商行为，它是指依照行为的客观性和法律的规定，无论行为人是否为商主体，也不论是否以营业的方式去进行，而都必然认定为商行为。它具有客观绝对性、法律确定性与事实推定性的特点。绝对商行为通常由法律限定列举，不得作法律上的推定解释。在许多国家，票据行为、证券交易行为、融资租赁行为、保险行为、海商行为等均属绝对商行为。相对商行为，又称主观商行为、营业的商行为，它是指在法律所列举的范围内，仅由商主体实施或仅基于营利性营业目的实施时方可认定为商行为的行为。相对商行为在不同国家仍有不同含义。它可能是在法律列举的范围内，由商主体实施者方可认定商行为的行为（主观商行为）；也可能是以营利性营业目的实施时即可认定为商行为的行为（营业的商行为）；还可能是仅由商主体以营利性营业目的实施方可构成商行为的行为。相对商行为的基本特征在于其性质具有相对性或条件性。若行为主体或行为目的不符合法定条件，则该行为只构成一般民事法律行为，因而只能适用民法的一般规定。②

还有学者从概念的角度进行了研究。绝对商行为，是指仅根据行为的形式或行为本身的性质就可确定为商行为的行为。绝对商行为也被称作固有商行为。绝对商行为理论是客观主义商法的产物，是客观主义商法理论在商行为制度中的具体体现。相对商行为，是指不能根据行为的形式或性质来决定其商事特性，而必须根据行为人从事此类行为的目的或手段或行为人的身份决定其商事性的商行为。相对商行为也被称作推定商行为。相

---

① 刘文科：《论商法一般法的构成》，载王保树主编《商事法论集》，法律出版社 2009 年版，第 67 页。

② 范健：《商行为论纲》，《南京大学法律评论》2004 年秋季卷。

对商行为因此也可以看作是主观意义上的商行为。①

对于绝对商行为的法律规范，有学者认为，绝对商行为是必然存在的现实，而不仅仅是一种理论上的呈现，尤有必要将其纳入商法所规范的范畴。虽然绝对商行为在法律上的表现方式有诸多可供选择的机会，将其列入"商事通则"当属最佳的方案。换言之，绝对商行为确实存在类型化、明确化的可能性，在立法论的层次上，将一系列典型的商行为给予明文规定（绝对商行为），并辅以营业商行为和附属商行为，能够全面地规制商行为，具有妥当性，在法律适用上不但不存在困难还增强了法律适用的明确性。故而，该种模式是一种比较好的商行为立法模式，我国将来在《商事通则》的立法上可以考虑予以借鉴。另外，应当将投机买、卖与有关票据或其他商业证券的行为作为基本的绝对商行为列入未来的"商事通则"之中，以强化绝对商行为条款的适用性、明确性。②

五　基本商行为与附属商行为

基本商行为是绝对商行为与相对商行为的总称，这一点被普遍认可。有学者对基本商行为的介绍较为详细，并认为，基本商行为是指直接从事营利性营业行为的商行为。实际上，其系构成商主体与商行为概念的基础，故谓之。传统商法学者多强调基本商行为在内容上以商品交易为基础的"直接媒介商品交易"的属性，故称为"买卖商行为"或"固有商行为"。不过，随着现代经济的发展，基本商行为的概念得到了明显的扩大。如旅馆、饭店、娱乐业本属间接为商品交易服务的，也视为基本商行为。③

辅助商行为又称附属商行为，是基本商行为的对称。附属商行为理论也被称为相对性商行为理论或推定性商行为理论。中国商法学界对附属商行为的研究相对来说丰富一些。

---

① 刘文科：《商行为的法律构造》，载王保树主编《商事法论集》2007年第2期，法律出版社2008年版，第11、12页。

② 张志坡：《日本法上的绝对商行为及其启示》，《安徽大学学报》（哲学社会科学版）2012年第3期。

③ 范健：《商行为论纲》，《南京大学法律评论》2004年秋季卷。

　　什么是附属商行为？有学者认为，它是指行为本身并不能直接达到商主体所要达到的营业目的，但可以对基本商行为的实现起辅助作用的行为。如货物运输、仓储保管、加工包装及其他服务活动与商品买卖这一基本商行为相比就是辅助商行为。在现代商事企业中，多数是一业为主多种经营，因而往往都是基本商行为与辅助商行为相结合。同时，还应注意辅助商行为的相对性。如运输在旅馆业中属于辅助商行为，但在运输企业则又属于基本商行为。① 还有学者认为，附属商行为是指商法认为，即便某些行为在性质上不属于商法所规定的绝对商行为或客观商行为，而属于民事性质的行为，但是，只要此类行为是商人在从事商事经营活动过程中所实施的，则此类民事行为即成为商事行为，适用商法的规定。② 还有学者认为，附属商行为是指不具有直接营利性内容，但对基本商行为起协助作用的辅助行为，又称为辅助商行为。③ 还有学者认为，附属商行为是指依附于商人身份的商行为或那些依附于其他商行为的的商行为。附属商行为原本是民事行为，由于这些民事行为依附于商人或其他商行为，因此，法律认可其商事特性。④

　　对于附属商行为理论的存在价值，有学者认为，其是大陆法系国家商法典存在法律漏洞的产物；是司法和制定法用来填补此种法律漏洞的手段。因为，无论是法国商法典还是德国商法典，都只能对各种典型的商行为作为界定，并通过此种界定去区分商行为和民事行为。然而，商事社会的发展往往使越来越多的商事行为得以出现，这些商事行为因为没有及时被商法典所规定而无法成为绝对商行为或基本商行为，它们仍然被认为是具有民事性质的行为。为了弥补商法典对商行为范围规定所存在的缺陷，及时将商人所为的某些重要行为上升到商行为的高度，大陆法系国家的学说和判例提出了附属性的商行为理论。⑤ 还有学者直接提出，附属商行为的意义在于，将某种原本属于民事的行为视为商行为，从而扩大了商法的

---

① 范健：《商行为论纲》，《南京大学法律评论》2004 年秋季卷。
② 张民安：《附属商行为制度研究》，《南京大学法律评论》2004 年春季号。
③ 苗延波：《中国商法体系研究》，法律出版社 2007 年版，363 页。
④ 刘文科：《商行为的法律构造》，载王保树主编《商事法论集》2007 年第 2 期，法律出版社 2008 年版，第 12 页。
⑤ 张民安：《附属商行为制度研究》，《南京大学法律评论》2004 年春季号。

调整范围。①

　　商法学者还对附属商行为进行了分类。如有学者提出，在现代社会，附属商行为可以分为两类即附属于商人身份的商行为和附属于其它商行为的商行为。其中，前一种附属商行为是指某种民事行为，因为商人在其商事活动中实施，法律即认为该种民事行为转为商事行为。一般学者在讨论附属商行为时主要指此种类型的商行为。在此种类型的附属商行为中，附属商行为理论主要适用于两种领域即契约领域和非契约债务领域，诸如准契约债务、侵权债务以及准侵权债务。这些领域原本由传统民法调整，但由于它们同商人的身份和商人的商事经营活动相联系，因此，被现代商法认为属于附属商行为。后一种附属商行为是指某些商事行为同其他商事行为之间存在依附关系，此种附属商行为理论亦有自己的特定适用范围。除了论及附属商行为以外，商法学家也论及附属商行为的对立面即附属性民事行为，此种理论认为，某些性质上属于商事行为的行为亦可以变为民事行为，如果该种行为由某一民事主体所为的话，假如牙医出售假牙给其病人的行为，出售假牙的行为原本系商事行为，但由于民事主体实行，故此种商行为转变为民事行为。② 还有学者认为，附属商行为分为两类：附属于商人那个人身份的商行为和附属于商行为的商行为。前者包括附属性商事契约和非契约债务；后者包括附属于同一个人实施的商行为的商行为和附属于另外一个行为人实施的商行为的商行为。③ 这两种分类基本相同，但还有学者对附属商行做了其他分类，认为包括两大部分内容，其一是商人为了营业而实施的必要的行为，其二是商人为了促进营业的维持和便宜而实施的行为。这些行为中既有他人参与的法律行为，也有对合同的履行行为，营利性是营业商行为的本质属性，而附属商行为则不以营利为必要。附属商行为以法律行为为主，但不以法律行为为限，且不要求营利性，其内容广泛，无法列举，包括通知、履行等行为，是一种对营业必不

---

　　① 曾大鹏：《从法理到法条的转换：评苗延波先生的〈商法通则〉草案建议稿》，《河北法学》2010 年第 7 期。

　　② 张民安：《附属商行为制度研究》，《南京大学法律评论》2004 年春季号。

　　③ 刘文科：《商行为的法律构造》，载王保树主编《商事法论集》2007 年第 2 期，法律出版社 2008 年版，第 12 页。

可少的手段性行为。①

六 固有商行为与推定商行为

有学者将商行为分为固有商行为与推定商行为，区分标准就在于商行为的认定方式的差异。固有商行为又称为完全商行为，它是指商主体所实施的营利性行为或经商法典列举非由商主体实施亦可认定的商行为。在商法基本规范健全的情况下，对于商行为的认定都可直接依据法律的规定。上述绝对商行为与相对商行为都属于固有商行为。推定商行为又称为准商行为，它是指不能直接根据商法规定加以认定，而必须依据商法的规定或通过事实推定的方法方可确认为其性质的商行为。例如，非商主体以营利为目的而从事的咨询服务、信息服务等活动均属之。推定商行为往往与商主体的营利性营业行为具有间接的联系，通常包括商主体通过非商主体所为的行为。②

此外，在民商分立情况下，民事公司（合伙）本不属于商主体，其为自身本来的事业而从事的活动，并不属于商行为，但若系为营业而实施的行为，则被推定为商行为，适用有关商行为的规定，并且该民事公司（合伙）也被视为商主体。③

除上述基本分类之外，还有学者从实践中的商行为类型出发，将商行为归纳为三种基本模式：一是诸如买卖、租赁、运输等性质单纯的商行为，性质与法律行为相似，但却侧重于行为的外部性或者客观性；二是诸如企业自主行为以及决议行为等商行为，它们几乎全无意思表示适用的可能；三是诸如融资租赁、无名合同以及附属商行为等复合型的商行为，它们可能同时包含了表意和非表意行为、法律行为和非法律行为，从而呈现出综合性的特征。④

---

① 张志坡：《论附属商行为——对日本商法的观察》，《河南省政法管理干部学院学报》2010 年第 1 期。

② 范健：《商行为论纲》，《南京大学法律评论》2004 年秋季卷。

③ 任先行、周林彬：《比较商法导论》，北京大学出版社 2000 年版，第 390 页。

④ 叶林：《商行为的性质》，《清华法学》2008 年第 4 期。

第三节　商行为的法律规范

一　我国的商行为法律规范

我国还没有形式意义上的商法，因此没有法定的商行为概念，仅通过一系列的单行立法建立起了具体商行为法律制度，主要有《证券法》、《保险法》、《票据法》、《信托法》、《商业银行法》、《海商法》等。但是，《民法通则》中民事行为、债权、民事责任等关于民事行为的一般性规定是适用商行为的。另外，在我国统一的《合同法》制定之前，立法实践是将商主体之间的商事合同与非商主体之间的民事合同相区别的。民事合同由《民法通则》予以规范，商事合同则由《经济合同法》、《技术合同法》、《涉外经济合同法》等商法规范予以调整。在统一《合同法》颁布以后，立法上不再区分商行为与民事法律行为，而是共同适用《合同法》。

基于商行为与法律行为之间的关系，有学者提出了商行为法律适用的建议：首先是法律行为的相关规则。即商主体在进行商行为时，其行为当然也接受法律行为的评价。法律行为对商行为的评价也分为适法行为、违法行为、可撤销行为以及效力待定行为。但是，因为商行为的特殊性，法律行为在对商主体的营业行为进行评价的同时，法律上或者行业规则上首先在规则上已事先作出了评价，这种评价对商行为的要求便是商行为的合规则性。这里的规则，一是指法律规则，二是商事惯例。法律规则中，当然包括制定的法律规则和认可的法律规则。商事惯例则表现为商业交往中的习惯性规则。①

当然，对于发展中的我国商行为法律规范，有学者认为立法上是值得检讨的，有关商行为的立法呈现出下列缺陷：（1）民事行为的过度商化。（2）我国商行为立法的商法不足。我国选择了民商合一的立法模式，大量商事规范被整合到民法中。但是，由于法律行为与商行为之间的差异未引起应有的重视，立法者对商行为规则独有的价值追求缺乏应有的认知和

---

① 喻胜云：《法律行为、民事行为及商行为比较研究——基于德国民、商法典及我国相关法律比较考察》，载王保树主编《商事法论集》2009 年第 2 卷，法律出版社 2009 年版，第 22—23 页。

尊重，导致很多本应该出现的商行为规则被扼杀了，以致出现了我国商行为立法的商法不足。（3）立法上固执地贯彻民商合一体制，无视商行为之特殊性，未作区分地一体规定民事行为与商行为。（4）商事司法上，无奈地适用民事法律制度审理商事案件。由于缺乏抽象商行为制度，商业实践中出现的尚未有单行法调整的营利行为只能求助于民事法律，然而无论是《民法通则》中的民事行为制度，还是《合同法》总则部分的规定，均无调整商行为的特殊规则。法官经常在处理商事案件中把道德和公平放在第一位，注重公平而非效率。这种看似体现社会公平的司法判断，实际上根本性地否定了商业预期，破坏了商业规律和程序，严重损害了商主体的合法权益，不利于市场经济的繁荣和发展。①

二 我国的商行为法律规范的重构

我国的民商立法对于商行为的规范已经建立了体系，对商行为的调控也可以说是系统的。在我国商法理论上，没有人否认我国事实上存在的"商行为"与法律行为或民事行为之间有许许多多的客观差别，也没有人否认我国法律对"商行为"有特别规范的必要。事实上，我国民商事立法不仅实现了对"商行为"的系统和体系化规范，而且尤以商事单行法（包括合同法）对"商行为"予以特别规范。哪怕是学者提出的"商行为通则"所涉及的商行为的特有事项，诸如营利实现的请求权、商行为的代理、商事留置权、商事保证以及商事债权的消灭时效，② 在我国现行的民商事立法上都有规范的依据。商法学者有关商行为及其独立性的讨论，并没有对我国的商行为法律规范的适用产生消极的影响，也说明我国现行民商事立法对于商事活动的调控是有效的。

但是，因为我国学术界有关民商立法的不同路径的思考，必然会提出商行为应当由商法统一规范的问题。不少商法学者主张以商事通则对商行为进行统一规范。

有学者提出，在商事通则中，应当首先对商行为作出界定，然后将商法上的物权行为、商法上的债权行为、交互计算等基本制度及商事买卖等

---

① 樊涛：《我国商行为制度的评判与重构——兼论与法律行为制度的区别》，《河南师范大学学报》（哲学社会科学版）2008 年第 5 期。

② 参见王保树《中国商法》，人民法院出版社 2010 年版，第 92—102 页。

章的具有共性的内容以及海商、信托、期货投资、证券投资、融资租赁、银行、保险、票据、广告等不宜在商法具体规定的商行为之法律属性与法律适用作一般性规定，——予以明确规定。①《商法通则》除了针对商行为的一般规范之外，还应弥补《合同法》之缺漏，将原有的立法经验予以肯定，对学界基本上达成了共识并且在生活中常见的雇用、合伙、服务、旅游、咨询、借用、储蓄、医疗、培训、餐饮、住宿、出版等类型的商事合同，详加规定。《商法通则》还应将现代社会中产生的、极富商事运作能力的新型合同类型，如特许经营合同、保理合同、信用卡合同等加以确认，从而满足当前丰富多彩的商事生活之需求。②

　　有学者提出，在构建我国的商行为法律规范时，必须明确民法是市场经济的基本法，民法与商法的关系是一般法和特别法的关系。以此为基础，可以通过制定一部完全意义上的民商合一的民法典，或者在制定民法典以外、再制定一部独立的商法典，或者在制定一部《民法典》同时维持我国商事单行法的现状，或者在制定一部民法典时、同时制定《商法通则》等方式，实现对商行为的统一规范。或许以商事通则规定商行为的内容、并由单行法律规定具体商行为的立法模式，是一种科学的立法模式。首先，在法的理念上，应强化商行为的独有的价值，应尽快制定《商法通则》，对"商行为"作出系统的规定，从而对我国现存的、分散的有关商行为的商事行为法重新整合，化解我国现有的调整商行为的商事单行法相互之间的不协调，从而发挥《商法通则》在调节商行为中的系统效应。其次，在立法技术上，应采取推定法的法律控制，从而合理地界定商行为。在未来的《商法通则》中不对商行为概念作出明确的界定，而只是规定商行为的确定方法或者对其外延加以界定，从而满足商事交易和商事私法实践的客观需要。商法上的推定客观上需要与民事诉讼中的举证相结合，举证的结果直接影响到法律条款的适用情况。对于非商人的行为是否为营利性的，是比较难以认定的。一般来讲，对于非商人，则根据其行为的客观目的、当地的商业习惯、交易惯例等予以确定。最后，在法的表现形式上，应体现一般商行为与具体商行为的结合。具体地讲，我国

---

① 范健、王建文：《商法论》，高等教育出版社 2003 年版，第 675 页。

② 方新军：《现代社会中的新合同研究》，中国人民大学出版社 2005 年版，第 183—191、274—279、332—338 页。

将来的商行为立法应采取集中与分散相结合的立法模式，一方面在《商法通则》中对商行为作出一般性规定，即具体商行为均具有的共性内容，如商行为的界定、商行为的法律属性与法律适用等不宜在具体商行为法中规定的内容；另一方面应分别以商事单行法的模式对各具体商行为予以具体规定。①

还有学者认为，对于商事合同制度适用的规则，在立法上加以体现，有两种途径。一是改造现有合同法，尽管名称仍可称为合同法，但把现行合同法的内容改造成为完全的商事合同法制度，把现行合同法中不属于或者不能适用于商事合同的制度，另外用特别法如消费者合同法等加以规定。二是保留现行合同法，在"商法通则"中规定商行为的一般规则，实际上就是合同法在商事合同领域中的专门适用规则，通过"商法通则"中商行为的一般规则体现出来。通过"商事通则"中的相关规定，实现构建商行为一般规则的目的。但此种方式的关键是如何梳理《合同法》的制度，哪些适用于商事合同而不适用于民事合同，哪些相反。另外，哪些制度比较概括，既可适用于民事合同，也可适用于商事合同，而在适用商事合同领域时需要作出进一步的解释或规定。这种方式有一定难度，处理不好就会与合同法的规定重复或者使商事通则中的相关规定陷于空洞。但是，一旦明确了一套适用于商事合同的具体规则，商行为的一般规则得以确立，则不仅使商事合同的法律调整更加有效、有序，而且对我国商法体系的建立也将起到具有操作性、现实性的作用。②

还有观点认为，我国在构建商事行为立法时，坚持开放的商事行为立法理念固然重要，但更为重要的是将商事行为立法的开放理念具体落实。有两种路径可以贯彻落实商事行为立法的开放理念：一是借助一定的立法技术使得商事行为体系具有开放性，即将商事行为立法内容的规定可以采用概括主义和列举主义相结合的方法，用列举主义规定已被人们所默认的商事行为，而用概括主义为处于争议地位和将来可能被纳入商事行为范畴

---

① 樊涛：《论我国商行为立法模式的构建》，《漯河职业技术学院学报（综合版）》2006 年第 4 期。

② 吕来明、郝春峥：《商事合同制度适用初探——兼谈"商事通则"中商行为一般规则的建立》，载王保树主编《中国商法年刊（2007）》，北京大学出版社 2008 年版，第 237 页。

的行为留有一定的空间，从而实现原则性和灵活性的统一；二是商事行为立法应该注重同司法保持互动，即商事行为法的完善有必要借助司法的理想来实现，比如可以在商事行为立法条款中规定司法判决对于商事行为的确定具有一定的参照标准，至于概括性的商事行为立法条款更需要借助司法的恰当解释和补充。作为未来《商事通则》主要组成部分的商行为立法应该做如下定位：首先，《商事通则》所规定的商事行为以民法所规定的民事行为为基础，即有关民事行为的一般理论可以有限地适用于《商事通则》所规定的商事行为领域；其次，《商事通则》所规定的商事行为必须具有统摄力，即《商事通则》所规定的商事行为能够从宏观角度指导诸多单行商法规范对商行为的判断和规定。总之，《商事通则》所规定的商事行为制度应该扮演着沟通民事行为和丰富的商事活动的作用，作为沟通桥梁的《商事通则》所规定的商事行为制度，一方面缓解民事行为制度由于其抽象性而对商事活动的指导存在不利的局面，另一方面弥补单行商事法律由于数量众多从而导致它们对于商事行为的判断存在冲突的情景。①

当然，也有学者提出了对商行为统一规范应当单独立法的主张，认为：商行为就是营利性行为，但并非所有营利性行为都由商法调整，法律体系之间有分工合作的关系，商行为以及商事关系不仅受商法调整，还受到其他法律调整，"集中的商法"仅需调整以"商人形态"表现出来的营利性行为——持续进行的营业行为。因此，"商法所应调整的"商行为，主要是指那些持续进行、已"成为营业"的营利性行为。这种营业行为，可能是商人进行的，也可能是非商人以商人形态进行的。例如，未经依法登记，却以公司形态实施的事实营业行为。对于非商人不以商人形态实施的营利性行为，虽其实质为商行为，但法律应坚持宽容姿态，在商法中不以商行为对待，不进行特别管制，以促进民间资财的流动。虽然中国在传统上属民商合一的国家，但这不能成为对商行为不进行统一规制的理由。民商合一，仍需考量在统一民法典的框架下，如何安排商行为的统一调整的问题。因此，无论是否创制相对独立的商法法典，中国都有必要以某种形式对营业行为进行统一规制。从可行性角度而言，中国应制定专门的

---

① 王慧：《商事行为：界定、规制与立法设计》，《西部法学评论》2008年第2期。

《营利及营业行为法统一规制法》，当然，也可将其置于民法典中，成为独立的一章。基于成文法的稳定性特征，在立法技术上，对商行为做统一界定，有利于明确商法所规范的行为范畴，减少司法实践中的争议。[1]

① 蒋大兴：《商行为的法律适用——关于理性社会、交易预期与规则简化的宣言》，《扬州大学学报》2011 年第 2 期。

第 七 章

营 业 论

第一节 营业的诠释

一 营业的一般解读

营业不仅与商事公司有关，还与商事合伙等其他商事组织有关，因而是整个商事法律中的一般规则。虽然说"营业"具有日常生活中的用语含义，但是终究和法律概念是不同的。出现法律概念，却没有相关规则的规定，势必会造成法律的漏洞。① 因此，在营业的研究中，营业的概念是最基础的问题。在商法学界，学者从不同角度对营业进行界定。

一般认为，"营业"有两种含义：一为主观意义，指营业活动，即以营利为目的而进行连续的、有计划的、同种类的活动；二为客观意义，指供进行营业活动之用的有组织的一切财产以及在营业活动中形成的各种有价值的事实关系的总体。②

类似的观点还有，营业具有主观意义和客观意义双重含义，因此，必然使得以营业为起点的商法逻辑体系不是层层递进的，而是双管齐下的。首先，客观意义的营业，是指为了一定的营利目的而运用全部有组织的财产。在这一意义上，商人与营业构成了具有商法意义的主客体关系。主客体关系包括归属与支配关系。商法作为私法的特别法，营业财产的基本的

---

① 刘文科：《论商法一般法的构成》，载王保树主编《商事法论集》，法律出版社 2009 年版，第 64 页。

② 吴建斌：《现代日本商法研究》，人民出版社 2003 年版，第 82 页。

归属与支配关系由民法来规范。而商法主要解决财产的利用问题。主观意义上的营业是指商人的营业活动。商法通过商行为规范商人的营业活动。商行为和营业活动是不可分割的，商行为是微观上的营业，而营业是宏观上的商行为。法律规定了各种商行为的具体规则，包括构成要件、法律后果，但是，各种具体的商行为也存在一般意义的抽象规则，例如，商行为的进行必须符合诚实信用的原则，这一原则便可以直接上升为营业活动的规则。因而，传统理论所认为的商人制度、商行为制度，完全可以纳入以"营业"这一核心法律概念所构建起来的体系之中。①

从主观和客观两方面来界定营业，这获得了商法学界的广泛认同。而营业概念中的主观方面和客观方面具有密切的关系，有学者提出，当强调营业是商法中一种特有的客体的时候，实际上是指客观意义上的营业。但是，如果没有主观意义上的营业活动，则客观意义上的营业也就失去了存在的基础和价值。② 但也有学者提出不同的意见，其认为，这两个方面，可以单独分离，形成独立的规则体系，但是，更多的情况是营业是主观和客观方面的融合，在营业的规则中，包含着两者密不可分的关系，一旦将其分割，则导致规则的不统一，不能体现实践的需求。③

二 营业的其他解读

有学者从规范的需求角度提出，营业至少有两个方面：一是将营业作为商人的营利活动，又称为活动的营业；二是将营业作为实现一定的营利目的而运用的有机能的财产，又称为组织的营业，或直接称为营业财产。作为活动的营业，我国法上有所采用，如"营业性演出"等。作为营业财产的概念，虽然我国法未直接明确作出规定，但作为近似概念的使用，有如上述相关法律规范规定的"企业产权"。④

还有学者总结出营业的特殊性表现：营业属于商人，而不是适用于所有的"人"；营业须采用一定的形式，具有一定的营业场所；营业是持续

① 刘文科：《论商法一般法的构成》，载王保树主编《商事法论集》，法律出版社 2009 年版，第 70 页。

② 刘文科：《营业：商法上的特殊客体》，《政法论坛》2010 年第 5 期。

③ 王艳华：《以营业为视角解释商法体系》，《河北法学》2010 年第 5 期。

④ 王保树：《寻求规制营业的"根"与"本"》，载王保树主编《中国商法年刊 (2007)》，北京大学出版社 2008 年版，第 209 页。

的、反复的、不间断的，不是偶尔为之；营业不以取得和占有财产为最终目的，而以运用财产取得最大利益为目的。与一般民事生活领域比较，营业是一种超出个别性的特殊商事生活。①

另有学者从营运价值理论的角度审视"营业"的内涵，将"营业"理解为：蕴涵营运价值的、持续营运状态下的营业财产，是营业财产和营业活动有机结合的、具有整体性的价值体系。这种理解下的营业，至少要包括以下两个要素：（1）持续的营运状态的存在；（2）具有财产和活动有机结合后的整体性价值要素。②

有学者突出了营业的形成，并认为，营业并不单单是企业的客观的资产，而是这些资产的有机组合，不仅需要物的要素，也需要有人的要素。第一，营业的主体必须具备营业的资格。第二，必须有适合于营业的财产。第三，必须有营业组织和场所。第四，商人在营业上必须有表示营业的名称，即商号。第五，在具备了上述要素之后，为了保障交易安全，还必须将上述要素进行登记，最终完成营业的形成。③

第二节　营业财产

一　营业财产的认定标准

客观意义上的营业，即营业财产。营业财产，有的学者称其为"营业资产"。营业财产，是指为了一定的营利目的而运用的全部有组织的财产。以何种标准判断营业财产，这是营业财产法律规则的核心问题。认定营业财产应当更突出客观意义营业的机能性；营业财产是为了一定的营利目的组织化的以人和物的资源构成的有机的具有机能的财产。

有学者认为，营业财产是具有独特法律属性的财产形态，营业财产的独特性可以概括为以下四个方面：（1）营业财产具有权属的可控性。营业财产是企业可以控制的各种经济资源。无论这种资源的表现形式如何，

---

① 朱慈蕴：《营业规制在商法中的地位》，《清华法学》2008年第4期。

② 徐民、王丽娜：《营业价值理论视角下营业概念的扩张》，《海南大学学报》（人文社会科学版）2009年第2期。

③ 刘文科：《论商法一般法的构成》，载王保树主编《商事法论集》，法律出版社2009年版，第71页。

无论是否能载入资产负债表，无论是否是有形资产，凡属于企业可控制的资源，都可纳入营业财产。（2）营业财产具有要素的整体性。营业财产的构成情况复杂，每个资产要素都可以相对独立出来，甚至单独转让。但这些资产要素必须结合为有机的整体，才具有营业财产的属性。（3）营业财产具有价值的确定性。营业财产的评估价值并非营业财产的真实市场价值，营业财产具有创造价值的可能性，但最终价值只能通过签约、拍卖等市场交易才能确定。（4）营业财产具有权属的可转让性。营业财产具有整体性特征，这就打破了财产的物质形态，使得很难依照普通民法规则转让营业财产。营业财产转让通常要由企业权力机构决议后才能成立，转让方亦要全部履行整体交付义务。但在办理营业财产转移时，依然要分别办理变更登记或者合同转让等手续。①

有学者强调营业财产的整体性和有机结合，并这样论证这两个特性：从表面上看，营业财产也是由无数单一财产构成的，包括有形资产和无形资产。但是，单一财产结合为营业财产，并不是单一财产的混合，而是服务于一定经营目的的有机结合。这种有机结合的营业财产，更注重于其整体性和作为整体的运用价值，而忽略其个别性特征。所谓营业财产的整体性并不意味着必须是企业整体，它可以是一个企业的整体资产，也可以表现为企业的一个或多个子系统。即使是一个子系统的营业财产，它也以其相对独立性区别于单一财产的个别性。当然，强调营业财产的整体性和有机结合，并不意味着否定单一财产的存在价值和被处分的可能。例如某项设备既可以充当营业财产的组成要素，也可以作为一项单一财产存在与被卖出。但是，单一财产一旦构成营业财产的一部分，它的个别性（不论是功能还是价值）将由于所服务的整体经营的目的被忽略，而不可能最大限度地发扬。②

还有学者提出，营业财产具有机能性、复合性和变动性。（1）机能性。营业财产不是各组成部分的简单相加，而是一个超越各组成部分之上的、区别于各组成部分的独立的有机整体。（2）营业财产的复合性表现在三个方面：其一，财产形态的复合性。营业财产本身是一项财产，同时作为其组成部分的动产、不动产、债权、工业产权、商号权等也是独立的

---

① 叶林：《营业资产法律制度研究》，《甘肃政法学院学报》2007 年第 1 期。

② 朱慈蕴：《营业规制在商法中的地位》，《清华法学》2008 年第 4 期。

财产；其二，权利存在的复合性。商人对营业财产整体享有权利，同时组成营业财产的个别物或权利也归属于商人；其三，法律规则适用上的复合性。（3）变动性。营业财产是商人从事营业活动的基础，为满足经营之目的和需要，营业财产的范围处于不断的增减变化之中。组成部分的变动性和不确定性正是营业财产在商事实践中生命力的体现，是其作为具有社会活力财产之价值的展示。但这种恒久的变动并不影响营业财产的独立性，正如细胞的脱落和再生虽使有机体发生某种量的变化，却不改变其质的规定性一样。① 与之类似的观点还有，营业财产具有有机整体性、价值浮动性和复合性。（1）有机整体性。营业财产作为一个财产整体，并不单纯是物或权利的简单相加或机械堆积，而是这些有形财产和无形财产有机结合而成的组织一体的财产，其具有较各要素之固有效用之总和更高的独立价值。（2）价值浮动性。营业财产作为客观意义上的营业，是以营业活动为基础而存在的，其整体价值的浮动是商事经营活动的必然结果，更是商人追求的目标。商人可通过增加或减少营业财产的构成要素，以实现整体价值之浮动，即各构成要素的变动是价值浮动的外在表现形式。（3）复合性。营业财产的复合性应当立足于营业财产本身，而不应拆分营业财产及其组成部分，更不能将两者的不同特性简单结合后强加于作为有机整体的营业财产之上。②

还有学者强调营业财产的独立性，认为营业财产是围绕特定营业目的、由各种营业用财产组成的、具有独立经营机能的财产整体。"独立性"有以下三层含义：其一，营业财产是由营业用财产围绕特定的营业目的结合而成的。其二，营业财产的价值大于各项财产的价值总和。其三，资产特定化（Asset Lock—in）。③

还有学者认为，营业财产是商人的有组织的、具有机能的全部或者一部财产，是多数的物和权利的集合。营业财产是动态的意义上把握企业的财产，它虽不是独立的权利主体，却是以营业自身将法律主体从外观上表

---

① 孙英：《营业财产：特殊的财产形态》，《山东审判》2008 年第 6 期。
② 张学文、任璐：《营业财产论纲》，《福建论坛》（人文社会科学版）2009 年第 12 期。
③ 李凡、陈国奇：《营业财产独立性辨析》，《政治与法律》2008 年第 3 期。

现出来。① 目的性、组织性和机能性为营业财产的特性。目的性，指营业财产是以营利为目的而存在的，营业财产有使用价值和价值，但是对于商主体而言，营业财产的存在是为了实现营利目的。组织性，是指营业财产是集合财产，营业财产不是单个财产的简单相加，营业财产包含诸多的财产形式。机能性，指营业财产的功能，营业财产可以是企业的全部财产，但不一定是企业全部财产，也可以是企业的部分财产，只要该部分财产具有独立的机制和功能。②

更有学者从营业财产构成元素的角度论证了营业财产的特点，认为营业财产不仅是独立性与整体性的统一，而且是要素、常素与偶素的有机统一。前者表明，营业财产的各个元素具有独立性。营业财产的各个元素的集合具有整体性。后者表明，营业各组成部分的地位和作用存在较大差异，有的元素决定着商主体的存亡，是任何商主体的营业行为的必备要件，应称为要素；有的元素大多数情况下也是必备要件，可称为常素；还有的元素在营业中可有可无，称为偶素。③

二　营业财产的范围

（一）关于积极财产与消极财产

谢怀栻指出，营业财产包括积极财产（资产）与消极财产（负债），如各种不动产、动产、无体财产等。④ 有学者认为，营业财产是多数的物和权利的集合，具有的价值超越各单个物的财产价值的总和。其构成是：积极财产和消极财产。其中，积极财产包括物（含动产、不动产等）、权利（物权、债权、有价证券、专利权、商标权、著作权、商号权）和商业秘密、商誉、地理条件、客户关系和其他无形财产等；消极财产包括营业上各种债务形成的财产。并提出，考虑到实践操作的简便性，商法宜规定：营业财产是指商人为了一定的营利目的而运用的有组织的并具有机能

---

① 王保树：《中国商法》，人民法院出版社 2010 年版，第 73 页。

② 王艳华：《以营业为视角解释商法体系》，《河北法学》2010 年第 5 期。

③ 郭娅丽：《营业转让中财产移转规则的构建——民法中的"从物"理论及其现代应用》，《山西师大学报》（社会科学版）2011 年第 2 期。

④ 谢怀栻：《外国民商法精要》，法律出版社 2006 年版，第 257 页。

的财产。营业财产由商业账簿作出记载。①

还有学者提出，营业财产包括积极部分与消极部分，前者包括有形财产如动产、不动产等；无形财产如用益物权、担保物权、股权、债权、专利权、商标权、著作权和商号权等财产权利，以及具有经济价值的经营资源或事实关系如商誉、顾客关系、销售渠道、特殊的区位（地理位置）、创业年代等。后者指营业上的各种负债。需要注意的是，如上的列举不是限制性的，而是例示性的，凡是商人为实现特定的营业目的而运用的全部财产及有经济价值的经营资源，都是营业财产的有机组成部分。②

也有学者认为，营业财产，是以营利为目的进行经营活动的财产的总称。营业财产包括积极财产和消极财产。积极财产包括：动产、不动产、有形财产、无形财产（如知识产权、商誉），还包括有价值的事实关系（如地理位置、销售渠道、顾客名单等）；消极财产，即负债。营业财产（企业财产）是一种集合财产。营业财产不同于一般民法上的物，企业财产是单个物的综合，但是，并非单个物的叠加，营业财产具有大于单个无总体价值的价值。营业财产具有营利性、组织性和机能性的特点。营业财产可以对单独的构成部分使用，也可以把部分作为一个标的物，还可以把整个营业财产作为整体支配。营业财产的性质是动态的，营业财产服从营利目的，时刻处于变化状态。③

对于营业财产的范围，我国学者均表述为积极财产与消极财产。但在积极财产或者消极财产的具体构成上，学者的表述存在些许差异。

（二）关于有形财产与无形财产

有学者认为，营业财产是企业可以控制的各种经济资源。无论这种资源的表现形式如何，无论是否能载入资产负债表，无论是否是有形资产，凡属于企业可控制的资源，都可纳入营业财产。从静态角度，营业财产可分为有形资产和无形财产，前者是具有物理外观的财

①　王保树：《寻求规制营业的"根"与"本"》，载王保树主编《中国商法年刊（2007）》，北京大学出版社 2008 年版，第 209 页。

②　孙英：《营业转让法律制度研究》，载王保树主编《商事法论集》，法律出版社 2008 年版，第 128—129 页。

③　王艳华：《以营业为视角解释商法体系》，《河北法学》2010 年第 5 期。

产，如商品、现金、有价证券、机械、器具、原材料等。后者包括商业名称、商事招牌、工业产权、租赁权、顾客名单、商业秘密、企业声誉和地理位置等。营业活动产生的债务等消极财产亦可纳入营业财产。① 简言之，营业财产包括有形资产和无形资产。前者主要指商品、现金、有价证券、机械、器具、原材料等具有物理外观的财产，后者通常表现为商业名称、商事招牌、工业产权、租赁权、顾客名单、商业秘密、企业声誉和地理位置等。②

（三）关于事实关系

营业财产中的"事实关系"，包括专有技术（Know—How）、信誉、顾客关系、销售渠道、地理位置、创业年代等。③ 对于事实关系能否归入积极财产的范畴，学者间存在一定的分歧。

有观点认为，事实关系具有很大的经济价值，将其归入积极财产范畴并无不当。有学者指出，事实关系应当被纳入营业财产的积极部分，且与动产、不动产等有形财产相对而言，属于无形财产。④ 还有学者认为，事实关系本身虽非民法上的独立财产，但对于营业财产而言，商誉、地理位置、创业年代等事实关系作为营业的沉淀物，使得营业财产构成要素得以有机结合而产生更高的价值，欠缺这些事实关系将导致营业财产的固有价值不复存在，因而事实关系理应被赋予独立的地位与财产价值，成为营业财产中最重要的构成要素。⑤ 营业财产，是供营业活动之用的有组织的一切财产以及在营业活动中形成的各种有价值的事实关系的总体。财产，包括积极财产和消极财产，如各种动产、不动产、无体财产、债权等；事实关系，包括专有技术、信誉、顾客关系、销售渠道、地理位置、创业年代等。事实关系是与财产并列的营业财产类型。⑥

另有观点认为，从是否具有经济价值、能否带来经济收益之角度区分

① 叶林：《营业资产法律制度研究》，《甘肃政法学院学报》2007 年第 1 期。

② 朱慈蕴：《营业规制在商法中的地位》，《清华法学》2008 年第 4 期。

③ 谢怀栻：《外国民商法精要》，法律出版社 2006 年版，第 257 页。

④ 杨兆龙：《杨兆龙法学文集》，法律出版社 2005 年版，第 122 页。

⑤ 张学文、任璐：《营业财产论纲》，《福建论坛》（人文社会科学版）2009 年第 12 期。

⑥ 王艳华：《以营业为视角解释商法体系》，《河北法学》2010 年第 5 期。

积极财产和消极财产，毫无疑问，事实关系应归入积极财产。但如果从事实关系本身是不是法律上承认的独立财产而言，商誉、销售渠道、地理位置、创业年代等事实关系，不能够独立转让，也不具有独立的价值，只有附着于营业财产的其他部分才具有经济价值。因此，事实关系本身无法归入民法财产的范畴。①

第三节　营业转让

在我国，尽管立法上尚未明文确定营业及营业转让的概念，但在实践中却存在着大量应用营业转让的实例，只不过没有冠以营业转让的名称而已。如著名的联想收购 IBM 全球 PC 业务的事例，就是十分典型的营业转让。因为在此次收购中，联想集团收购的并非只是单纯的财产，更重要的是受让了 IBM 的各种无形财产（包括专利、商标、品牌）以及具有财产价值的各种事实关系（如客户、营销渠道、技术等）。

一　营业转让的概念

对于营业转让的概念，我国学者的界定方式较为一致，包括营业转让的标的（营业财产）和性质（买卖），只是在措辞上稍存差异。例如，营业转让指通过签订合同，将客观意义上的营业作为一个有机的组织体进行转让的活动。② 有学者指出，营业转让是以客观意义上的营业财产为标的的买卖行为，即营业保持整体性，由一个主体转到另一个主体。③ 又如，营业转让是指通过签订合同将客观意义上的营业的全部财产或部分重要财产作为一个有机的组织体进行转让的经济活动。④ 又如，营业转让是指通过签订合同将以一定营利为目的而组成的机能性财产进行转让的活动。⑤

---

① 孙英：《营业转让法律制度研究》，载王保树主编《商事法论集》，法律出版社 2008 年版，第 128—129 页。
② 吴建斌：《最新日本公司法》，中国人民大学出版社 2003 年版，第 26 页。
③ 谢怀栻：《外国民商法精要》，法律出版社 2006 年版，第 257—258 页。
④ 张完连：《营业转让独立性之考究》，《无锡商业职业技术学院学报》2010 年第 3 期。
⑤ 胡伟：《论营业转让中债权人保护的法律规制》，《南阳师范学院学报》（社会科学版）2010 年第 1 期。

再如，营业转让是指至少包含一种现物要素的营业财产整体转让的契约行为。[①] 再如，所谓营业转让，又称为营业让与或营业让渡，指对营业整体的转让，具体是指转让营业财产的行为。[②] 再如，营业财产转让可以定义为：商主体通过签订合同的形式，将能够实现营利目的的财物、权利以及事实关系作为一个有机组织体一并进行有偿转让的活动。[③]

还有学者强调了营业转让的多重法律后果。如有学者指出，营业转让是指营业的转让人通过与营业受让人订立转让合同，将其营业让与受让人，受让人向转让人支付营业对价，并取得营业的经营者地位。营业转让不仅使受让人受让了营业财产，也通常使受让人从营业转让人承继了营业活动。[④]

当然，也有学者认为，营业转让不限于营业的买卖。"商事企业转让（营业转让），指商主体将客观意义上的营业作为一体，或出卖，赠与或租赁，或抵押于他人的商事交易法律行为"。[⑤]

二　营业转让的本质

对于营业转让的本质，有学者指出，营业转让，实际上是营业转让人和营业受让人就转让营业财产订立的债权合同。[⑥] 还有学者进一步提出，营业转让为独立的法律行为，营业转让合同为单一合同而非复数合同。[⑦]

还有学者将这种合同的性质进一步界定为买卖合同。例如，营业转让的实现方式是订立营业转让合同。营业转让合同在性质上属于买卖合同，即让与人与受让人就转让营业而订立的合同，其标的是包含事实关系在内的组织化的财产集合体，这些财产部分是有体物，部分是无体物，它的价值不是独立存在的，而是依附于某些有体物，是以他物为载体的。所以说

---

① 郭娅丽：《论营业转让制度的规范对象与立法模式——一个基础性分析框架》，《法学杂志》2010 年第 11 期。

② 潘勇锋：《试论营业转让中债权人保护》，《人民司法》2011 年第 19 期。

③ 史玉成、王卿：《论营业资产转让的法律效力》，《政法论丛》2011 年第 3 期。

④ 朱慈蕴：《营业规制在商法中的地位》，《清华法学》2008 年第 4 期。

⑤ 樊涛、王延川：《商法总论》，知识产权出版社 2006 年版，第 289 页。

⑥ 王保树：《商法总论》，清华大学出版社 2007 年版，第 185 页。

⑦ 李凡、陈国奇：《营业财产独立性辨析》，《政治与法律》2008 年第 3 期。

营业转让合同是一种有着复杂内容的混合合同。① 再如，营业转让行为，属合同行为，实践层面更多的是买卖合同行为。②

但有学者不赞同将营业转让合同确定为买卖合同。其认为，营业转让与财产转让是一对功能比较类似的概念，利用财产转让的形式，也能部分达到营业转让所能达到的目的，大致能完成前述营业转让所能实现的法律形态的变更。但由于营业转让中的标的"营业"是为一定的营业目的而被组织化的功能性财产，其不仅包括各种有形或无形的财产，而且还包括商誉、客户关系、营业秘诀、销售渠道等具有财产价值的事实关系。而财产转让中的财产，则仅限于法律上承认的财产，所以营业转让所能实现的功能，利用财产转让的形式充其量只能部分地实现，对于转让方而言，其无法获得超出财产价值总和的组织价值，对于受让方而言，其不能避免从零起步的创业艰险。而且，两者在法律效果上也存在着以下几点区别：第一，财产转让的情形，转让方只承担财产转让合同中所载明的财产转让的义务，但在营业转让的情形下，即使合同中没有载明，转让方也必须将有关营业的所有财产（包括各种具有财产价值的事实关系）转移至受让方。第二，财产转让的情形，除非存在着串通、欺诈等行为，受让方不承担受让营业上的债务。而在营业转让的情形下，如受让方继续使用转让方的商号，受让方负有清偿受让营业上债务的义务，但可通过通知债权人或发出公告而免除。第三，财产转让的情形，除非合同中有约定，转让人不承担竞业禁止的义务，但在营业转让的情形下，即使合同未作约定，转让人也应该承担竞业禁止的义务。第四，财产转让的情形，受让方不继承与转让方劳动者的劳动关系的义务。而在营业转让的情形下，各国法律通常都会对劳动者的利益采取特殊的保护措施。③

至于营业转让合同的法律适用，即是适用合同法的一般规定，还是单独制定法律规范，学者之间存在分歧。

有学者认为，营业的转让不仅是就"债"的意义而言的，还包括移

---

① 张完连：《营业转让独立性之考究》，《无锡商业职业技术学院学报》2010 年第 3 期。

② 余竹旗：《论营业转让中的债权人保护》，《安徽大学学报》（哲学社会科学版）2009 年第 2 期。

③ 刘小勇：《国外营业转让规制及其在我国的引入——日本及美国法对我国的启示》，《山东大学学报》（哲学社会科学版）2010 年第 2 期。

转营业活动。如果仅就"债"的意义讨论，合同法在一定程度上可以满足营业转让的需求。但是，如在营业活动的意义上讨论则大不相同，通过营业转让，受让人、承租人和经营受托人便承继了某种营业活动。显然，后者不可能在合同法范围内解决。仅就营业转让而言，因营业转让而发生的法律关系不仅包括买卖关系、原有债权债务关系，还包括发生营业活动的一切要素的安排，甚至包括竞业关系，如此复杂的社会关系仅依靠合同调整，是无法实现资源合理配置、营业活动有序进行的目标的。① 上述观点似乎表明，营业转让的权利义务关系已经超出了合同法的规范范围。

还有学者提出，营业转让合同不属于《合同法》中规定的典型合同的任何一种，我国商法亦未对营业转让合同作出规定，这表明对营业转让合同的规制尚未引起立法者的重视。在商法未作规定的情况下，营业转让应受《合同法》的规范和调整。为了规范营业转让行为，有必要在商法上单独规定营业转让合同，就营业转让合同的形式、内容、权利义务作出明确规定。商法应充分发挥法的提示和指引功能，在将来制定商事通则时，有必要将营业转让合同相关的规则纳入进去，以引导当事人签订营业转让合同，并向受损害的一方提供救济相关的规则。②

当然，也有学者认为营业转让应当适用合同法有关买卖的规定。营业转让行为是一种债权行为，并非投资行为，虽与一般的资产买卖行为不同，但在没有特殊规定时，原则上还是应当适用民法中买卖合同的有关规定。③

三 营业转让的形式

营业转让在实践中的形式问题，不仅关系到营业转让的范围，而且关系到营业转让的法律适用，尤其是在对营业转让有相应的法律规范的情况下。我国学者对营业转让的形式的认识，还是存在很大差异的。

有学者认为，营业转让是各种资产交易的基础形式，受让方以支付现金购得营业财产，是营业转让的最典型形式。此外，商业实践在此基础

---

① 朱慈蕴：《营业规制在商法中的地位》，《清华法学》2008 年第 4 期。

② 周洪政：《对营业转让合同作为非典型合同的典型分析》，《湖南大学学报》（社会科学版）2011 年第 1 期。

③ 潘勇锋：《试论营业转让中债权人保护》，《人民司法》2011 年第 19 期。

上，已演绎出诸多更复杂的营业转让。例如，以股权作为支付手段的营业财产的转让、公司合并、公司分立、营业财产的承包、营业财产的租赁、营业财产的抵押等。① 在这个意义上，营业转让的范围十分广泛，形式多样化。还有学者认为，营业转让从广义上讲包括两种类型：第一种是将企业所有权终极转让给他人，即一般意义上的营业转让；第二种是指将企业所有权暂时移转于他人，如营业租赁、营业担保等。②

也有学者提出，从我国商业实践出发，营业转让有以下几种表现形式：（1）营业的全部转让。营业全部转让是指企业的整体财产由转让方交给受让方，这些财产具备有机性、组织性、功能性，其实质是一体转让，没有其中除外的部分资产。（2）营业的重要部分转让。营业“重要部分”转让在实践中的具体表现形式，如企业将重要资产出卖的行为，企业剥离部分营业（部门）出卖的行为，转让客体为具有组织性、机能性、一体性的营业财产的公司重大资产转让等。（3）商号转让引发的营业转让。商号转让是指商主体将其享有的商号权利全部让与受让人的行为，各国商法对商号的理解存在歧义，但一致认为通过商号可以区别不同的营业主体，大多数国家立法认为商号转让时，根据外观主义法理，商号应当连同营业一起转让，或者在营业废止时转让。（4）商铺租赁权转让引发的营业转让。为保证承租人的投资能够收回，使之乐于在承租期间投下资本、劳力，以发挥商铺的利用价值，带动社会经济发展，立法赋予承租人在租赁期满时，享有要求延展租约的权利。但是，出租人可能基于某些理由，拒绝承租人的续展请求，或者将商铺收回，或者再行出租，两种情形都导致原承租人不仅不能再租赁商铺，而且长期投资形成的附于商铺的无形财产亦将转让给所有人或新的承租人，事实上实现了营业整体转让的效果。（5）商业特许经营权的实质是营业转让。③

但是，另有学者认为，公司合并不属于营业转让的范围。营业转让包含一方取得营业财产、另一方支付对价的基本要素，该对价可以是现金、

---

① 叶林：《营业资产法律制度研究》，《甘肃政法学院学报》2007 年第 1 期。
② 张完连：《营业转让独立性之考究》，《无锡商业职业技术学院学报》2010 年第 3 期。
③ 郭娅丽：《论营业转让制度的规范对象与立法模式——一个基础性分析框架》，《法学杂志》2010 年第 11 期。

有价证券或他价值形式，但是不包括受让人企业本身的股权在内，否则将过分扩大营业转让的范围，使之与转投资中的实物出资以及部分形式的公司合并在外观形态上无法区分。混淆公司合并与营业转让的后果，实际抹杀了营业转让的特性，规避了法律对于营业转让的特殊规制。因此，营业转让中尤其应排除以受让公司股权为对价的方式。①

四　营业转让的内部决策程序

由于营业转让的标的比较重大，往往会引起转让方经营方向的转变或经营规模的变化，甚至会影响到转让方商主体资格的存续，所以营业转让决策权在一个企业内部的配置就显得非常重要。在个体企业与合伙企业中，营业转让由个体企业的出资者或合伙企业的合伙人决定。而在公司中，应经过哪些程序来确定营业转让呢？《公司法》第38条和第100条规定，公司合并、分立、解散、清算或者变更公司形式，由股东（大）会作出决议，但对营业财产转让是否需经股东（大）会决议，《公司法》没有规定。

有学者认为，营业财产是集合性资产，转让营业财产涉及公司宗旨和主要营业活动，应列为公司重大事项，宜由股东（大）会决议为之。再者，营业财产转让涉及转让范围的确定、商号的转让、债权债务的承担、法定竞业禁止义务的承担等重大事宜。为了确保企业决定权行使的正当性，转让营业财产时，应履行必要的内部决议程序。除非公司章程另有规定，不宜由法定代表人或者董事会自行决定。营业财产转让涉及交易主体和交易事项两方面的效力。在主体方面，营业财产转让涉及对转让人、受让人和营业相对人（含债权人及债务人）的效力；在交易事项方面，涉及营业财产转让范围的推定、商号转让、债权债务承担以及竞业禁止等诸多事项。②

还有学者建议，我国公司法应明确规定所有类型的公司如进行营业的全部或重要部分的转让的，应由股东大会决议，而重要的财产转让则由董事会决议，这样的权限划分就可以比较好地协调股东利益、经营效率以及交易安全之间的冲突。至于何为"重要部分"，则不仅应从量的方面判

---

① 潘勇锋：《试论营业转让中债权人保护》，《人民司法》2011年第19期。

② 叶林：《营业资产法律制度研究》，《甘肃政法学院学报》2007年第1期。

断，还应该从质的方面（对公司存续的影响程度）进行综合的判断。至于具体的量化标准，也不妨定为30%（这与我国目前对上市公司的规定一致）。①

但也有学者持反对意见，其认为，由于营业转让的范围有大有小，在公司营业部分转让的情形下，如果一味要求公司召开股东（大）会进行决议，势必会影响公司决策的效率，对股东来说也并非总是有利的。因此，可以考虑仿照日本《公司法典》的立法模式，规定公司营业转让达到公司总资产的一定比例（公司章程规定更小比例的，依该比例）时，须由股东（大）会进行决议，但有限责任公司章程另有规定的，从其规定。股东（大）会对营业转让事项进行决议时，须以特别决议的形式作出，对于少数反对该决议的股东，宜赋予其股份回购请求权。②

倘若营业转让需履行股东大会的特别决议程序，那么，未经股东大会决议的营业转让的法律效力如何呢？有学者认为应当采取相对无效说。其理由是：营业转让的概念具有天然的模糊性，再加上无论受让人多么小心谨慎地确认是否通过股东大会的决议，股东大会都有可能因违法而被法院判定无效，故公司只能向恶意或有重大过失的受让人主张营业转让无效，而不能对抗善意的受让人。③

五　营业转让合同

营业转让应当订立合同，通过合同的约定和履行，完成营业财产在不同的商主体之间的移转。营业转让合同应当采用书面形式，并就营业转让的标的、当事人的权利义务关系，尤其是营业转让的效果，作出明确的约定。

（一）关于营业转让合同的标的

有学者认为，营业转让的标的物是作为组织的统一体的营业财产。换言之，营业转让的标的物不是一般的商品，也不是用于营业的一般财产，而是作为组织的统一体的营业财产。当然，被转让的作为组织统一体的营

---

① 刘小勇：《营业转让与股东大会的决议》，《清华法学》2010年第5期。
② 张如海：《试论我国营业转让法律制度之构建》，《法学杂志》2010年第10期。
③ 刘小勇：《营业转让与股东大会的决议》，《清华法学》2010年第5期。

业财产，并非一定是全部的营业财产，也可以是营业财产的一部分，但是，被转让的一部分营业财产应是重要的营业财产，并且是为实现一定的营业目的而组织化了的、被作为有机一体的机能性财产。①

还有学者将营业转让的标的分为三种情况：（1）全部营业；（2）部分营业，这里的部分营业如生产某种产品的完整的生产线、分店，其都是可以独立运作的能体现其有机组织体价值的财产；（3）企业重大部分。并提出，不论是上述哪一种情况，被转让标的本身是可以作为一个整体来运作，是为实现一定的营业目的而组织化了的、被作为有机一体的机能性财产。②

然而，对于营业转让合同中没有明确排除的财产，是否也一并列入转让的范围呢？学者有不同意见。

有学者认为，除非法律规定必须明示转让的营业财产外，除非转让双方明确约定某项财产不属于转让资产范围，转让方须将营业财产全部交付给受让人。关于民事权利的一般处分规则与确定营业财产转让范围的特殊规则有所不同。依照前者，凡是没有明确规定转让的财产，属于不转让的财产；依照后者，凡未明确排斥转让的资产，均应转让给受让方。③ 类似的观点还有，营业财产的复合性和变动性特征，决定了当事人可以约定哪些组成部分纳入转让范围，而其整体性特征决定了除非法律另有规定或合同另有约定，营业财产的所有组成部分均在转让范围之内。也就是说，确定营业转让范围的原则是"非排除即包括"，这与处分一般财产或权利时，除非法律另有规定，合同中没有明确约定的财产或权利不包括在转让范围内——"非包括即排除"之转让范围确定原则相反，这也是营业财产之特殊性在合同法领域的体现。④

另有学者认为，营业转让属于私法自治的范畴，应充分体现当事人的意思自由，转让的标的物不应由法律规定，而应交由当事人约定。如果笼统规定，没有通过约定排除的，都属于转让范围，则在部分营业转让的情

① 王保树：《商法总论》，清华大学出版社 2007 年版，第 185 页。
② 张完连：《营业转让独立性之考究》，《无锡商业职业技术学院学报》2010 年第 3 期。
③ 叶林：《营业资产法律制度研究》，《甘肃政法学院学报》2007 年第 1 期。
④ 孙英：《营业转让法律制度研究》，载王保树主编《商事法论集》，法律出版社 2008 年版，第 140 页。

况，如何界定被转让部分的营业与未被转让部分的营业之间的界限？对于没有约定在内的财产是不是必然不属于营业转让范围？这要由该财产属于什么性质的财产、该财产的存在对营业构成何种程度的影响、该财产的价值、该财产对转让人和受让人的重要性以及转让的营业财产的价值与对价是否等价等因素来综合确定。①

（二）营业转让人的义务

营业转让合同一经订立，即对当事人发生效力，转让人应履行一定的义务，这一义务主要包括营业的移转义务和竞业禁止义务。

1. 营业转让人的移转义务

营业转让人应当履行转移营业财产的义务，然而，营业财产的构成非常复杂，因此，营业转让人在转移营业财产时，也要根据财产的形态，分别履行移转义务。

有学者认为，营业的转让人应对营业的受让人履行移转作为组织的营业的义务，包括办理相关手续，移转属于该营业的全部财产。如有关物及权利的移转：动产的提交，不动产、商号、知识产权的移转与变更登记，普通债权人对于债务人的通知或承诺，有价证券的依法交付和必要的名义更换等。在上述权利移转的同时，经营业转让当事人之间合意，营业转让人和他人订立的借贷合同、供给合同、聘任合同和劳动合同，可移转由营业受让人履行，但需得相关第三人同意。② 依据营业转让合同的规定，营业转让人应将合同规定的营业移转给营业受让人。营业移转不同于买卖合同标的物的移转，转让人不仅需移转构成营业的一切财产，同时负有移转构成营业的一切事实关系的义务。前者，包括办理财产移转手续、不动产登记和传授商业秘密等；后者，包括移转营业上发生的劳动关系、聘任关系、介绍客户关系。③ 营业转让人因营业转让而剥离全部或部分营业，自然有义务按照营业转让合同，交付动产，办理不动产所有权的移转登记，办理商标权、专利权等权属变更登记，交付、背书或过户有价证券，移交

---

① 周洪政：《对营业转让合同作为非典型合同的典型分析》，《湖南大学学报（社会科学版）》2011年第1期。

② 王保树：《寻求规制营业的"根"与"本"》，载王保树主编《中国商法年刊（2007）》，北京大学出版社2008年版，第210页。

③ 朱慈蕴：《营业规制在商法中的地位》，《清华法学》2008年第4期。

客户名单、销售网络、进货渠道等信息资源，传授操作方法、制造工艺等技术，等等。①

2. 竞业禁止义务

我国学者普遍认为，营业转让人对营业受让人承担竞业禁止的义务。但学者对于营业转让人的竞业禁止义务产生的根据，意见有所不同，倾向性观点认为营业转让人的竞业禁止义务为法定义务。

有学者认为，为了保证营业转让的实效，营业转让人在转让其营业后，应负有在相同营业内竞业禁止的义务。因此，我国商法应规定：转让营业时，如当事人无另外的意思表示，则营业转让人不得从事同一营业。当然，这里应明确规定不得从事同一营业的"一定的期限"和"一定的地区"。营业转让人之所以应承担此种义务，主要是营业者的地位因营业转让已经移转，营业收益应归属于营业的受让人，而不是营业的转让人。②

也有学者认为，竞业禁止义务产生的根据既源于法律的规定，也源于营业转让合同的约定。营业受让人承继营业活动是受让营业的应有之意。而承继营业活动当然应包括利用营业构成中的客户关系，以及其他事实关系。如果营业转让人继续使用已转让营业构成中的客户关系及其他事实关系再经营同类营业，则不仅侵害了营业受让人的营业权利，也使营业受让人受让营业变得毫无意义。就营业转让合同的约定而言，竞业禁止义务的实质根据是营业转让中有关经营者地位移转的立场，转让人履行竞业禁止义务应是营业转让的当然效果。营业转让中和转让后，转让人不能和受让人抢夺或妨害属于营业的客户关系。因此，商事通则应将转让人竞业禁止义务的具体内容、范围、时间与以不正当竞争目的实施相关行为的场合纳入规制的内容，以使营业转让人在一定范围承担并履行竞业禁止义务。③

还有观点认为，营业转让人转让营业后负有竞业禁止义务，这是营业转让的应有之意。虽然我国法没有明文规定营业转让人的竞业禁止义务，

① 周洪政：《对营业转让合同作为非典型合同的典型分析》，《湖南大学学报》（社会科学版）2011 年第 1 期。

② 王保树：《寻求规制营业的"根"与"本"》，载王保树主编《中国商法年刊（2007）》，北京大学出版社 2008 年版，第 210 页。

③ 朱慈蕴：《营业规制在商法中的地位》，《清华法学》2008 年第 4 期。

但根据《合同法》第 60 条第 2 款对附随义务所做规定，营业转让人应当遵循诚实信用原则，根据营业转让合同的性质、目的和交易习惯履行竞业禁止义务。营业转让人的竞业禁止义务是由诚实信用原则所派生出来的义务，将来有必要参考公司职工竞业禁止义务的规定，将营业转让人所负有的竞业禁止义务直接上升为法定义务。[①]

关于营业转让人的竞业禁止义务，是否应采取法律明文规定的方式，学者之间存在一定的分歧。

有学者认为，营业转让人的竞业禁止义务完全可以交由当事人意思自治。如果是大型企业，由于其在签订营业转让合同之际，一般均会聘请律师或本身就聘有法务人员，如确有课以竞业禁止义务的必要，必定会在合同中明确约定；而且，如果是大型企业间的营业转让，一旦转让人将包括技术、经销渠道、店铺、客户以及劳动者等各种财产或事实关系转让给受让人之后，就很难重新开展原来的业务，故对于大型企业而言，也许无太大必要立法明文规定；但对于小型企业或自然人，尽管他们内心多半会期待转让人承担竞业禁止义务，但由于其本身法律知识与经验有限，怠于或疏于特别约定竞业禁止义务的可能性较大。而且，企业规模越小，对于经营者个人的信用、经营活动、技术等因素依附性越强，因转让人竞业而损害营业转让实效的可能性就越大，故对于小企业或小商人等主体，确有必要明文规定竞业禁止义务。并提出建议，在当事人没有特别约定时，转让人亦应负竞业禁止义务，但应将地域限制于城市中的区、农村中的乡镇一级为妥。当然，有的情形下，当事人之间有可能存在着追求协同效应或规模效应的意图，故也应允许当事人以特约排除该义务的产生。[②]

另有学者认为，由于营业转让是一个重大的交易行为，对双方当事人产生重大的影响，同时极可能同时对社会公益产生较大的影响，因此采取任意性规范允许当事人选择加以排除并不妥当，营业转让人的竞业禁止义务的法定化有其必要性。但是，如果对竞业禁止义务采取强行性规范，将本质上属于私益主体之间的利益冲突采用公法手段解决，有侵害私权之嫌

① 周洪政：《对营业转让合同作为非典型合同的典型分析》，《湖南大学学报》（社会科学版）2011 年第 1 期。

② 刘小勇：《论营业转让人的竞业禁止义务——以日本法为中心展开》，《太平洋学报》2009 年第 10 期。

疑。因此法律规定营业转让人的竞业禁止义务的，义务人可在规定范围内进一步对强制性事项作出安排；同时也规定经过法定程序可免除该义务的情形。① 有学者也赞同将转让人的竞业禁止义务法定化，并具体设计为，转让人需自营业转让日起一定年限内，不得自行或者通过第三人经营，或者为第三人经营与所转让营业相同的营业。但转让人于转让日前已经自行或者通过第三人经营，或者为第三人经营该营业，且营业受让人明知者除外。但也指出，若双方对营业转让人的竞业禁止义务有特别约定，从其约定。转让双方也可约定免除前述竞业禁止义务。对转让人课以竞业禁止的义务，其目的是保护受让人的利益，使受让人实现受让营业的目的。但是，该项竞业禁止义务还需要注意约束时间宜适当，一般为 10 年；适用的地域与相关营业的市场范围为宜；在立法作出一般规制的同时承认约定竞业禁止义务的效力。② 还有学者认为，法律在规定转让人的竞业禁止义务时，应该力求兼顾各方当事人利益关系，既不会侵害转让人的营业自由，又保护受让人的合法权利。（1）对竞业禁止的规定不应具有强制性。（2）对竞业禁止期限的设定应由双方当事人协商。（3）营业转让人竞业禁止地点问题。如果双方当事人对禁止营业的具体地点进行了约定，依意思自治原则，应依当事人约定为准。对于当事人只约定竞业禁止义务，未约定禁止营业具体地点情形，应规定受让人不得在同一市镇及相邻市镇内从事同一营业。③

　　另有学者并不认为营业转让人的竞业禁止义务有法定化的迫切需求。当营业转让人违反竞业禁止的义务时，如何向营业受让人提供救济，可以有多种方式。有观点认为，其一，竞业禁止义务应是营业转让合同中的不作为义务，转让后仍为同类营业，则违反了不作为义务，故可诉请停止该竞业行为，并对于竞业带来的损害，请求损害赔偿。其二，营业转让后，原有客户关系等事实关系已经归属于受让人，若转让人仍然进行同类营业，夺取原有客户和厂商关系，或利用原有营业秘密等，应属于不正当竞

---

① 郭娅丽：《论营业转让人的竞业禁止义务》，《河北法学》2011 年第 3 期。

② 朱慈蕴：《营业转让的法律规则需求》，《扬州大学学报》（人文社会科学版）2011 年第 2 期。

③ 史玉成、王卿：《论营业资产转让的法律效力》，《政法论丛》2011 年第 3 期。

争行为,故根据《反不正当竞争法》相关规定,请求转让方负不正当竞争之责任,停止不正当竞争行为,并赔偿损失。[1]

(三) 营业转让合同对营业受让人的效力

营业受让人受让营业财产,应按营业转让合同约定的数额支付转让价款,这属于营业转让的常态。此外,有观点提出,在特殊情况下,营业受让人还应当具有减价请求权。如果营业转让人对约定由营业受让人承担的营业相关债务未进行如实披露,且对转让价款的确定造成了影响,营业受让人基于民法上等价有偿原则和公平原则,有权主张减少转让价款。减价权的行使实质上是合同变更的一种形式。在商法上直接规定营业受让人的减价权,有利于规范商人的商行为,对不诚信的营业转让人能够起到警示作用,也方便权利受侵害的营业受让人直接援引。商法对减价权的单独规定是一种方式的强调,与《合同法》上合同变更和减少价款的规定并不重复。[2]

营业转让合同对于营业受让人有约束力,营业受让人在合同有效成立后,不得解除或者变更营业转让合同。这实际上就要求营业转让合同就合同成立后,对有可能影响营业受让人的合同权利的事项尽量作出预先的约定或安排,赋予营业受让人解除或变更合同的权利,这其中就包括营业受让人的减价权。在一个实行契约自由的领域,营业转让当事人对营业转让风险的估计,完全应当由当事人自己决定,不宜由法律对之直接作出规定。

六 营业转让与商号转让

在营业转让与商号转让关系问题上,主要有两种立法例:第一种是商号随同营业一并转让,如《德国商法典》第23条规定:商号不得与使用此商号的营业分离而让与;《日本商法典》第24条规定:商号只能和营业一起转让或在废止营业时转让;《韩国商法典》第25条规定:商号,只有在废止营业时,或和营业一并进行时方可转让;《澳门商法典》第31

---

[1] 李领臣、王拥:《营业转让的法律效果——基于日本和台湾地区的理论研究和法律规范》,《理论建设》2011年第4期。

[2] 周洪政:《对营业转让合同作为非典型合同的典型分析》,《湖南大学学报》(社会科学版) 2011年第1期。

条第 6 款也有类似规定。学者们叫做"绝对转让主义"。绝对转让主义认为，商号应当同营业同时转让，或者在营业终止时转让，商号转让以后，转让人不再享有商号权，受让人独占该商号。第二种是商号可与营业分离而转让，也叫"相对转让主义"，或自由转让主义。例如，《意大利民法典》第 2565 条规定：商业名称除非随着商业资产的移转并且经转让人同意而转让，否则无论何种企业，均禁止其商业名称转让。也就是说，商主体可以不转让营业而只转让商号，或者只转让商号而不转让营业。

在我国，因为无相应的法律规定，营业转让是否会引起商号转让，学者的观点则在绝对转让主义和相对转让主义之间徘徊不定。

有学者认为，商号以及企业名称是企业开展经营活动的外部特征，是相对人识别企业及产品差异性的重要标志，已在客观上与企业营业活动结为整体。如果容忍单独转让商号，就容易使相对人对企业及其产品发生错误认识，进而影响交易安全和稳定。而禁止独立转让商号，未必给转让方造成重大的利益妨碍。两者相权，似应禁止单独转让商号。依此，如果转让协议未明确约定转让方继续保留商号，应视为商号已随同营业财产一并转让给受让人。即使转让协议明确约定转让方保留原有商号，转让方也不得在全部转让营业财产后，继续使用该商号从事同业经营活动。①

还有学者指出，相对转让主义存在弊端，即如果允许当事人对商号和营业分别进行单独转让，就会有法律漏洞被人利用，如恶意的当事人先转让其商号，并将转让前使用该商号所负的债务转归商号受让人承担，然后，再单独转让营业，这样转让人可以在法外获利。这不符合公平原则，使得转让人能够借此逃避债务，规避法律，有损于债权人利益。而且，对社会公众而言，商号单独转让的情况下，所标志的是义务和责任主体的转移，但支持这种义务和责任的营业并未随之转移。商号的受让只是有商号其"表"，而无商号原来所代表的实际信用之"里"。对于作为转让人的债权人这一善意第三人来说，如果请求商号受让人来履行债务，则债权获得实现的保障已经大大降低；对于仍然信任该商号而欲与该商号所代表之企业进行交易者，由于"号"是"人"非，受让人并不一定具有转让人的营业所具有的实际履行能力，这无异于一种欺诈甚至陷阱。因此，商号

---

① 叶林：《营业资产法律制度研究》，《甘肃政法学院学报》2007 年第 1 期。

应当同营业一起转让或者在营业废止时单独转让。① 还有学者从正面角度论证禁止商号单独转让的合理性：商号应当属于营业财产转让的范围，应当同营业财产一并转让，而不能单独转让。第一，营业财产的转让是商主体通过签订合同的形式，将能够实现营利目的的财物、权利以及事实关系作为一个有机组织体一并进行有偿转让的活动。商号的价值在于，因为其凝聚了公众对该企业的信誉度，是属于能够"实现营业目的的事实关系"，因此，从营业财产的含义角度分析，其应当属于营业财产转让的范围。第二，商号只有与以上营业财产一并存在的情况下，才有其价值。但同时指出，基于商号的贬值或其他不利因素，受让人可选择放弃受让商号，但转让人不能据此将商号单独转让，这主要是考虑保护其他交易相对人的知情权。②

除此之外，还有学者并未明确指出商号能否与营业相分离而单独转让，而是就营业受让人继续使用营业转让人的商号与营业受让人未继续使用营业转让人的商号这两种情况，分别论证了营业转让人债务的承担问题，从而间接承认了商号单独转让的可能性。例如，营业受让人继续使用营业转让人商号的，对营业转让人营业所生之债务，营业受让人也负有清偿责任。应该指出，营业转让人和营业受让人并不真正存在连带债务关系，营业受让人所负清偿责任非因连带债务引起。但是，在营业受让人继续使用营业转让人的商号的情况下，营业上的债权人认为使用商号者就是债务人，营业受让人承担了营业上的债务。基于对债权人信赖的保护，肯定营业上的债权人对营业受让人的债务清偿请求权是必要的。营业受让人虽然没有继续使用营业让与人的商号，但营业受让人已就承受营业转让人营业所生债务刊登广告，营业上的债权人可对营业受让人请求清偿债务。之所以如此，主要是基于对营业受让人承受债务广告的承诺的信赖。并且，承担"营业所生之债务"，应包括交易上的债务和营业上的侵权行为所生之债务。问题是，如何对广告作出判断？就一般意义而言，只要广告使用的文字和广告所显示的目的被社会公众理解为有承担营业所生之债

---

① 任尔昕、张完连：《论营业转让与商号转让》，《甘肃社会科学》2007 年第 2 期。

② 史玉成、王卿：《论营业资产转让的法律效力》，《政法论丛》2011 年第 3 期。

务，营业受让人即应对债务负清偿责任。① 还有学者认为，受让人不继续使用原营业商号的，须在接受资产的范围内对所有原营业债权人承担责任；受让人继续使用原营业商号的，依商法外观主义法理，则应与转让人承担连带清偿责任，且转让人的责任有一定期限之限制。②

营业转让时是否转让商号？或者说商号可否独立于营业财产单独转让？这本来就属于营业转让的当事人意思自治的范畴，学者太过于担心营业转让的当事人的智商，而总是希望现实中的营业转让都按照学者以法律规范设计的意图进行。殊不知，营业转让本身就相当复杂，营业财产是一个集合体，营业转让可以是部分营业财产的转让，也可以是全部营业财产的转让，这都取决于当事人的意思；营业财产转让的方式具有多样化，并不以营业财产的"买卖"为限；再者，商号仅仅是营业财产的组成部分，允许营业财产的部分转让，何以不允许商号单独或者与部分其他营业财产结合予以转让？在这一点上，我国商法应当对于营业转让具有更多的包容，给予当事人尽可能广阔的自由决定营业转让事项的空间。绝对转让主义或者相对转让主义，似乎不应当成为我国商法处理营业转让和商号转让的关系的某种路径。

七 营业转让与债权人保护

（一）关于营业转让时债权人保护的法律规范的局限性

营业转让本质上是一种合同，因此，从理论上说，营业转让中的债权人保护，可以适用现行法律规范中的相关规则。当然，我国法律对于营业转让涉及以的债权人保护，提供的制度措施会有局限性。

有学者认为，我国保护营业转让中的债权人利益的撤销权规范，存在以下局限性：第一，《合同法》赋予债权人的撤销权难以真正得到贯彻实施。债权人在整个改制活动中属于外部人，改制企业是否应通知债权人，在改制的相关文件中并不明确；且债权人要证明价格不合理，由于企业的个体差异较大，对企业整体价值的衡量很难有合适的参照，聘请专业机构

---

① 王保树：《寻求规制营业的"根"与"本"》，载王保树主编《中国商法年刊（2007）》，北京大学出版社 2008 年版，第 211 页。

② 张如海：《试论我国营业转让法律制度之构建》，《法学杂志》2010 年第 10 期。

重新评估需要改制企业的配合，且成本高昂，事实上不具有可操作性。第二，《企业破产法（试行）》提供的解决方案无法实现。该法规定的撤销权只能由清算组向法院申请追回财产，债权人不能行使该项权利。正是基于上述背景下，最高人民法院推出了《关于审理与企业改制相关民事纠纷案件若干问题的规定》及一系列相关文件。①

（二）关于营业转让人的债务负担

营业转让人是否因营业转让而豁免债务，学者普遍认为不发生债务豁免的问题。此问题首先涉及的就是保护营业转让时的债权人利益问题。

有学者提出，由于营业的转让，营业上的债务虽然也转移到营业受让人，但对于债权人的关系，除非办理了债务承担的变更手续，营业受让人不是当然的债务人。对于债权人而言，营业转让人仍应对债务负责。因此，商法应规定：营业转让人不因营业转让而免除对营业上所发生债务的清偿责任，但营业转让人与营业受让人协商一致并取得债权人同意而变更债务承担手续的除外。②

还有学者认为，转让人并不因营业转让而豁免债务，其债务主体的地位并不改变。在受让人对原营业债务亦负清偿责任时，实际上产生并存的债务承担之法律效果，即受让人加入到转让人与债务人间的债权债务关系中，转让人与受让人成为"不真正连带债务人"。但在债务加入的情况下，转让人承担责任是有时效限制的。③

还有学者认为，营业转让应坚持方便债权人行使债权的原则，即营业上的债务并不因营业转让而当然免除营业转让人（债务人）的清偿责任，仅在有特别法律制度安排情况下，才由受让人对债权人履行债务。第一种是全部营业转让的场合，此时伴随着全部营业转让，转让人一般将清算解散，如果受让人不承担债务，对债权人利益维护十分不利。为此，在受让人决定全面接受转让人的营业时，应特别了解债务负担程度，合理确认营业受让价格。第二种是受让人继受转让人商号的场合，这一规定体现的是

① 郭娅丽：《"金蝉"不再"脱壳"——论营业转让中债权人的利益保护》，《河北法学》2012年第2期。

② 王保树：《寻求规制营业的"根"与"本"》，载王保树主编《中国商法年刊（2007）》，北京大学出版社2008年版，第210页。

③ 孙英：《营业转让法律制度研究》，载王保树主编《商事法论集》，法律出版社2008年版，第145页。

外观主义精神，而不是确认受让人与转让人对债权人承担连带责任。债权人以受让人使用营业上的商号的外观认为债务随着营业转到受让人名下，因而向受让人请求清偿。从保护债权人的外观信赖而言，应认定其有清偿责任，支持债权人的请求。当然，受让人继续使用转让人商号，但受让人、转让人采取法律规定的措施不迟延地告知债权人，转让人继续承担债务，受让人不承担清偿责任。由此，以善意的方式解除了"外观形式"，使债权人依据真实的法律关系向转让人要求清偿债务。第三种是受让人自愿公告承担的场合，受让人虽未继续使用营业转让人的商号，但以广告或公告表示承受转让人因营业产生债务的，则该营业的债权人可以向该受让人提出清偿债务的请求。①

（三）关于"债务随财产变动原则"

为保护债权人的利益，最高人民法院发布《关于审理与企业改制相关民事纠纷案件若干问题的规定》，其第 6 条和第 7 条规定：新设公司在所接收的财产范围内与原企业承担连带民事责任。我国学者将之归纳为"债务随财产变动原则"。诸多商法学者对于该原则的适用表示了异议。

有学者指出，上述规定将营业转让中的债务承担过分简单化了。就私法的一般规则而言，谁负有债务，谁就应当直接对债权人负责并清偿债务。而营业转让作为一种特别营业财产的买卖，其通常并不改变卖方和他人的债权债务关系，或言之，买卖并不改变卖方作为债务人与其他债权人的法律关系，营业转让人仍应对自己负担的债务负责。因此，"债务跟着财产走"实际上是无视私法的一般规则。即使就商法意义而言，也不是不加区别地实行"债务跟着财产走"的原则，只是在营业受让人承诺承担债务或者具备外观主义所称承担债务的外观时，受让营业财产的受让人才承担营业转让前所发生的债务。总体而言，在不妨碍营业自由转让的条件下，营业转让前的债务并不必然跟随营业财产走。恰恰相反，一般场合下仍应由出让人承担；但根据方便债权人实现债权的原则，可以在营业转让时要求受让人承诺承担或者依据外观主义规则予以判断。②

还有学者认为，这种债务概括转移的做法，在法学理论上是值得商榷

---

① 朱慈蕴：《营业转让的法律规则需求》，《扬州大学学报》（人文社会科学版）2011 年第 2 期。

② 朱慈蕴：《营业规制在商法中的地位》，《清华法学》2008 年第 4 期。

的。(1) 企业整体出售属营业转让，可是，客观营业并不一定包括债务，没有必要坚持债务随营业概括转移。上文对营业的范围已作探讨，只有满足主观营业经营的有形和无形资财，才是客观营业的要素。从这一角度考虑，原企业债务并不当然包括在内，只有那些支撑将来主观营业得以继续开展的债务才包括在内，如有关销售方面的一些货物交付债务等，而一些与将来营业继续经营关系不大的债务，如纯粹的金钱债务，并不包括在内。(2) 一概由受让人承受原企业债务，缺乏法理依据。依据民法理论，企业的全部资产是该企业债务的概括担保，当该企业的客观营业被转让时，该企业应获得相应的对价，该对价应当是该企业债务的责任财产。如果原企业获得的对价足以清偿自己的债务，就没有必要通过债务的转移程序由受让人承担清偿责任；如果对价不足以清偿自己的债务，原企业就应当通过破产清算程序来解决债务问题。所以，原企业的营业被转让后，并不当然引起受让人承担债务。(3) 完全由受让人承担债务，不符合效益原则。依据《改制若干规定》第28条，出卖人应公告通知债权人。依该条推测，债权人应向出卖人申报债权，因为出卖人对自己的债务情况是熟知的，受让人无从知道原企业负债情况，即只有出卖人确认有效的第三人债权才可以获得清偿。且有的企业债务纷繁复杂，纠葛缠绕，除了出卖人自己，他人几乎无从厘清。所以，立法要求由受让人清偿原企业债务，程序设计上无异于增加了成本支付，显然不符合效益原则。[1]

也有学者认为，营业转让时的债务承担问题，应当由受让人决定，而无须立法作出强制规定。其理由是：从立法论上讲，如何处理债务承担问题，应以营业转让的制度价值为依据。营业转让的制度价值在于实现资产与负债相分离，为资产"减负"，提高资产的运营效率，实现营业的维持与延续。因此，营业转让的制度设计应着重为受让人提供选择的余地：如果承担债务有利于维护营业上既有的顾客群（因为相当一部分债务是对客户承担的），受让人可以选择承担债务；如果承担债务纯属无益，受让人可以拒绝承担。因此，在债务承担问题上，应由受让人掌握决定权。[2]

另有学者认为，其一，对"债随物走"的法律性质认定不清。"企业

---

① 余竹旗：《论营业转让中的债权人保护》，《安徽大学学报》（哲学社会科学版）2009 年第 2 期。

② 李凡、陈国奇：《营业转让中的债务承担》，《北京仲裁》2010 年第 4 期。

分立说"、"转投资说"、"合并分立说"都不成立。对于该类资产转移行为，实质是不同主体之间的买卖行为，但其标的具有特殊性，为具有有机性的统一整体，该项资产的转移不会带来企业组织结构的变化，一般伴随着债权债务关系的清理、劳动关系是否承继等问题，该资产转移行为的实质是营业转让。其二，"债随物走"原则混淆了债的担保和债的保全制度。其三，"债随物走"原则歪曲了连带责任的基本法理。"债随物走"原则的适用，应当附加一些限制条件，这些限制条件包括：第一，明示或默示的约定。如果双方当事人以合同或其他方式约定受让人承担转让人的债务，这是契约自由原则的体现，只要不违反法律的规定，应予准许"债随物走"。第二，转让存在欺诈性。规定推定性欺诈，根据司法实践经验归纳"欺诈标识"，于此时可以"债随物走"。第三，依据外观主义原理，在营业转让附商号转让的情形下，商号构成债务承担的外观时，可以"债随物走"。第四，受让人继续转让人的事业，受让人与转让人之间存在持续关系，即使受让人未受让转让人的商号，但对外宣称是转让人的延续时，可以"债随物走"。后两者或者可称为是"债随人走"，即构成了人格的延续，受让人应承担转让人所承担的责任。①

但是，也有学者认为，债务随财产变动原则为营业转让的基本原则。在规定这一原则时，应当同时规定，转让人在转让营业财产时应向受让人明确说明其债务，双方在转让的对价中对此债务应予以考虑，即在合理的价格中除去债务为实际转让价格，在这种情况下，受让人继受债务但以转让人说明的债务为限，且没有追偿权。如果转让人对部分或全部债务隐瞒，利用转让营业财产的手段来逃避债务。在这种情况下，基于对债权人的保护，受让人应当在受让营业财产的范围内承担债务，但对于转让人未说明的债务享有对转让人的追偿权。如果转让人与受让人合意逃避债务，无偿转让营业财产或以明显不合理低价转让，债务人可以行使《合同法》中的撤销权。②

（四）关于营业转让时债权人保护制度的完善

关于营业转让时的债权人保护，我国学者提出了一些完善制度措施的

---

① 郭娅丽：《"金蝉"不再"脱壳"——论营业转让中债权人的利益保护》，《河北法学》2012 年第 2 期。

② 史玉成、王卿：《论营业资产转让的法律效力》，《政法论丛》2011 年第 3 期。

建议。

有学者认为，就营业转让时的债权人保护，应解决以下问题：第一，确认营业转让人对债权人的一般清偿义务。营业并不是一个主体，营业上发生的债务均应由营业的经营者负责，营业转让人作为营业转让前的经营者对债权人承担的债务清偿责任并不因营业的转让而当然转让给受让人。为了保护债权人并方便债权人实现债权，应确认债权人向营业转让人请求清偿债务的权利。无疑，营业转让非常复杂，它可能是转让商人的全部营业，也可能是商人营业的一部分。但无论哪种情况，该营业转让人的营业转让对价——营业转让价款仍然属于营业转让人。因此，否认营业转让人对债权人的一般清偿义务，让营业转让人因营业所发生的债务跟着营业财产走，不仅没有法律依据，也没有事实根据。为了使债权人的债权不因营业转让而受到侵害，除了充分运用合同法的学说和制度规则，还应健全商法上的保护制度。例如，营业转让人应于营业转让时以公告的形式通知债权人，债权人可以对营业价款的支付提出异议。如果营业转让人的债权人认为卖出价与其真实的价值不符，其价款不能清偿拖欠的全部债务，则可以行使公开竞价拍卖请求权。总之，确认营业转让人对债权人的一般清偿债务应作为保护债权人的一个原则。第二，基于方便债权人的精神，在营业转让时，对债权人的保护部应仅限于债权人向营业转让人请求清偿债务这一方式，还应允许债权人在法律规定的情形下向营业受让人请求清偿营业（转让前）发生的债务。对此，可以借鉴日本的经验与学说：一是营业受让人继续使用营业转让人商号的，基于保护债权人对外观的信赖，债权人向营业受让人就营业所生之债务主张债权的，营业受让人也负有清偿责任。二是营业受让人虽然没有继续使用营业让与人的商号，但营业受让人已就承受营业转让人营业所生债务刊登广告的，应视为营业受让人向债权人发出的事实的通知，营业上的债权人也可对营业受让人请求清偿债务。[1] 并借鉴公司合并、分立关于事先通知的规则，要求营业转让人须于订立转让合同之日起 10 日内通知营业债权人，并于 30 日内在报纸上公告。营业债权人自接到通知书之日起 30 日内，未接到通知书的自公告之

---

[1]　朱慈蕴：《营业规制在商法中的地位》，《清华法学》2008 年第 4 期。

日起 45 日内，可以要求转让人清偿债务或者提供相应的担保。①

还有学者提出，营业转让中债权人保护的法律规范体系构建，应当遵守一定的原则。营业转让导致转让人某种或者全部营业的变更，对其债务偿付能力有极大的影响。因此，应对营业转让中债权人的利益进行保护。但营业转让本质上属于企业经营决策的范畴，是企业自治范围内的事情，如介入过多难免造成对营业转让的过分限制，反而损害了营业自由，不利于社会财富的整体增长。在我国现行法律制度中建立债权人保护制度，规范营业转让行为，应充分考虑以下两方面的平衡：首先，债权人之间的利益平衡。其次，债权人利益与受让人利益保护之间的平衡。②

还有学者提出了债权保护的事前预防机制和法律基础。第一，完善债权人知情权的实现程序，建立债权保护的事前防范机制。包括：（1）建立商事公告制度，赋予债权人反对权（异议权）和竞价权，保护债权人的知情权。营业转让时，应分别根据不同的债权人设定不同的程序，根据公司债权人债权数额的大小不同，达到一定债权额的债权人应履行个别通知程序；对于其他债权人，则以公告方式通知。（2）建立债券持有人会议制度，保护公司债权人的利益。（3）利用金融债权人的特有机制，完善金融债权人的自我保护。第二，夯实债务承担规则的法理基础，重构债权保护的事后救济机制，具体内容包括：（1）重新阐释"债随物走"原则，保护现时债权人的利益。（2）借鉴美国判例法的继受人责任规则，保护未来债权人的利益。（3）规定转让人和受让人承担连带责任，使债权人的债权实现具有双重保障。③

此外，另有观点将营业转让时的债权保护当做必须立法解决的问题，提出保护债权人利益的立法路径，以《商事通则》专章规定营业转让制度的主要手段，并辅之以单行的商主体法（公司法、合伙企业法、个人独资企业法等）中针对营业转让的特殊问题所作的特殊规定。营业转让时的债权人保护，应当实现商事领域营业转让一般性立法和特殊性立法的统

---

① 朱慈蕴：《营业转让的法律规则需求》，《扬州大学学报》（人文社会科学版）2011 年第 2 期。

② 潘勇锋：《试论营业转让中债权人保护》，《人民司法》2011 年第 19 期。

③ 郭娅丽：《"金蝉"不再"脱壳"——论营业转让中债权人的利益保护》，《河北法学》2012 年第 2 期。

一。商事通则立法应着眼于营业转让活动的一般性需求，对营业转让的基本范畴、理念、价值、原则、制度以及其他营业转让基本理论问题进行规范。但商事通则相对于未来的民法典中的买卖合同而言，仍然是一般法和特别法的关系，民法的私法统帅地位不容动摇。①

（五）关于营业转让时未来债权人保护问题

有学者提出，从我国目前立法来看，营业转让中债权人的保护主要关注的是现时债权人，未来债权人还未进入立法者的视野。当转让人在转让营业后，使用该转让人产品的消费者在若干年后可能受到侵害，该转让人在经营期间产生的环境污染可能在若干年后得以显现等，类似问题可能更多地涉及产品责任、环境侵权责任等问题，因此而产生的未来债权人如何得到法律救济，在我国《产品质量法》、《消费者权益保护法》、《侵权责任法》以及有关环境保护的法律法规中，没有规定。我国应当正视营业转让时的未来债权人的保护问题，并采取立法措施加以解决。②

八　营业转让与债务人保护

一般而言，债权随营业转让而转让，营业上的债权理应归于受让人。因此，营业上的债务人在得知营业转让的情况下，可以向受让人偿还。并且，营业受让人继续使用营业转让人商号的，对于营业转让人的营业所生之债权，债务人对营业受让人作了偿还，只要是善意而无重大过失的，即使债权没有转移给营业受让人，其偿还也应认定为有效。这样做，主要是以外观尊重的法理出发，保护善意的清偿者，使其不致造成双重支付。③

九　营业转让时的劳动者保护

在营业转让过程中，劳动关系随营业一并移转给受让人还是取决于新旧雇主的自由约定？我国学者有不同的观点。

一种观点是，劳动关系随营业一并移转给受让人。

---

① 郭兰英、郭婧：《营业转让中债权人利益的保护》，《山西省政法管理干部学院学报》第 2011 年第 1 期。

② 郭娅丽：《"金蝉"不再"脱壳"——论营业转让中债权人的利益保护》，《河北法学》2012 年第 2 期。

③ 王保树：《寻求规制营业的"根"与"本"》，载王保树主编《中国商法年刊（2007）》，北京大学出版社 2008 年版，第 211 页。

有学者认为，从经济学和法学上考察，劳动关系应随营业转让一并转移给受让人。现实中，一些雇主在企业转让时往往对所存在的劳动关系一并承受，但在企业承继过来之后，就以各种理由解雇被移转企业的原职工。为了确保劳动关系继受之实际效果，应当对新雇主解雇职员进行限制。其一，劳动合同继受后，会出现职工主动辞职或职工与雇主协商解除合同之情形，如遇该种情形需分析真实原因。若职工辞职或同意合意解除劳动合同是由于雇主方面的不当行为或影响所致，法律应将这种劳动合同的终止视为解雇，从而使职工获得被解雇职工应有的权利或利益。其二，在企业转让后新的雇主会对企业进行一定形式的重组以提高企业经营绩效，由此可能会有裁减职工的需要。但应从三个方面规制企业的经济性裁员：首先，解雇须基于"企业的绝对需要"。其次，企业具备裁员条件时，并不意味着就可以实施裁员，而应当努力采取工作调动等对职工来说比解雇更小影响的方法，尽可能避免裁减职工。最后，企业即使具备了裁员条件，尽到了减员回避义务，如果其选择被裁减人员的标准不公平，仍会面临职工的非法解雇主张。①

还有学者认为，我国《劳动合同法》第34条规定："用人单位发生合并或者分立等情况，原劳动合同继续有效，劳动合同由承继其权利和义务的用人单位继续履行。"该规定并未明确规定适用于营业转让，但在解释上，其中的"合并或者分立等情况"应当包括营业转让在内的所有企业并购的情形。营业转让前成立的劳动合同，对营业受让人继续有效。我国未来的立法，应在坚持劳动合同无条件继受的基础上，进一步规定转让人与受让人对转让前的劳动债务承担连带责任。②

有学者也认为，我国相关法律规定，国有企业出售营业时，受让方必须继受既存的劳动关系。但是，在非国有企业出售营业时，《劳动法》、《劳动合同法》和相关法律法规均未要求受让方必须继受劳动关系。因此，有必要进行统一的营业转让立法，强制受让方继受营业上既存的劳动关系，包括相应的社会保险，并成为一个被人们普遍遵守的规则。至于受让人是

———————

① 张完连、杨萍：《论营业转让中劳动者的保护》，《兰州商学院学报》2010年第3期。

② 张如海：《试论我国营业转让法律制度之构建》，《法学杂志》2010年第10期。

否支付受让营业前营业转让人拖欠的职工工资和欠缴的各项社会保险费用，由受让人在合同中作出选择。但是，受让人作出了承诺就应该履行。①

另一种观点认为，劳动关系是否随营业一并移转，在法律没有明文规定的情形下，应由营业转让合同作出约定。例如，有学者认为，商法就一般意义的营业转让作出规定的时候，应该尊重国有企业产权转让的经验。可以考虑规定：转让方应在营业转让前制定职工安排方案，由转让方职工代表大会或职工大会讨论通过。该方案应记载营业转让合同之中，由当事人按照合同履行安排职工的义务。② 还有学者认为，基于保护劳动者的利益，理应支持劳动关系当然承继于受让公司，然而综合考量如下因素，并不支持当然承继的主张：其一，营业转让本质上是资产交易行为，一种混合契约行为。只要不影响营业的有机性，当事人可以自由约定以排除部分财产和事实关系的移转。在法律没有规定需要当然承继劳动关系时，当事人当然可以约定以排除劳动关系的承继。其二，立足于受让方经营灵活、增强竞争力的角度，确实应赋予营业转让当事人在营业转让合同中对劳动关系的承继进行自由约定。③

除此之外，为提升营业转让时劳动者的保护水准，还有学者突出强调了劳动者本身在营业转让中的作用，即应规定除职工反对外，原则上劳动合同应由营业受让人继受。并且，应赋予职工在营业转让时享有一定的知情权。最后，应明确规定营业转让人与受让人对雇主自转让前到劳务关系因期限届满所享有的债权承担连带责任。④

十 营业转让的法律规范体系的完善

（一）营业转让的法律规范现状

我国商事法律、商事行政法规至今没有对营业及营业转让作出较为完

---

① 朱慈蕴：《营业转让的法律规则需求》，《扬州大学学报》（人文社会科学版）2011 年第 2 期。

② 王保树：《寻求规制营业的"根"与"本"》，载王保树主编《中国商法年刊（2007）》，北京大学出版社 2008 年版，第 212 页。

③ 李领臣、王拥：《营业转让的法律效果——基于日本和台湾地区的理论研究和法律规范》，《理论建设》2011 年第 4 期。

④ 胡伟：《营业转让中职工利益保护之规制》，《洛阳师范学院学报》2010 年第 1 期。

整的表述。然而，实质意义上的营业转让立法已经存在，主要表现为：（1）公司法规定的重大资产转让的程序规则（《公司法》第105条），异议股东的股份回购请求权（《公司法》第75条）；物权法规定的浮动抵押制度（《物权法》第81条）；破产法规定的破产管理人实施营业转让应当及时报告债权人委员会（《破产法》第69条）；《反垄断法》第20条第2项规定的"取得资产"行为等。（2）国务院颁布的《全民所有制小型工业企业承包经营责任制暂行条例》和《全民所有制小型工业企业租赁经营暂行条例》对企业承包租赁作出了相应规范。（3）地方性法规，诸如深圳市人大常委会通过的《深圳经济特区商事条例》，就"商人的名称和营业转让"所为专章规定，尤其对商号转让引起的营业转让及其债权债务承担作了规定。（4）相关的部门规章，诸如中国证监会颁布的《上市公司信息披露管理办法》、《上市公司重大资产重组管理办法》等规章，商务部修订通过的《关于外国投资者并购境内企业的规定》等规章，就涉及营业转让的事项均有相应的规定。（5）最高人民法院《关于审理与企业改制有关的民事纠纷案件若干问题的规定》等司法解释，就涉及营业转让的事宜也有相应的规定。

针对我国有关营业转让的法律规范现状，有学者认为，在日益增长的营业社会关系需要调整和商法规则严重缺失的矛盾面前，出现了一种貌似规制营业而又难以规制营业的无奈选择。首先，对营业内涵及营业范围的规定率先出现在公法之中。迫于征收营业税的需要，我国关于营业税的法规对"营业"直接作出了规定。其次，在没有"营业转让"称谓的情况下试图规定营业转让规则。其中，典型之法律规范应属关于企业产权转让的规则。上述对营业社会生活的回应，不论就静态意义而言还是就动态意义而言，其缺陷是不言而喻的。首先，作为活动的营业之表述有着明显的差别。虽然，税法、文化法都试图对营业作出界定，但都不可能对营业作出准确的界定。其次，虽然有关"企业产权"的规定比较接近作为财产的"营业"，但仍不能满足规制营业财产及营业转让的目的。①

更有学者认为，我国有关营业转让的法律规范，从整体上看，比较分散，各自有特定的适用范围，且在某些规则方面存在矛盾冲突，尚未在

---

① 朱慈蕴：《营业规制在商法中的地位》，《清华法学》2008年第4期。

"法律"层次形成适用于所有形式的营业转让的一般规则，包括营业转让的界定、营业转让合同的形式与内容、营业转让合同的登记和公示、营业的转移方式、有关合同的继受、债权债务承担、营业转让中的竞业禁止义务及违反义务的责任承担等。只有建立了有关营业转让的一般规则，也才有可能形成各个营业转让的特殊规则，由此形成自上而下统一的规则体系。[①]

（二）营业转让的法律规范体系

营业转让的法律规范体系，首先要解决的就是营业转让以何种形式安置在中国的商法规范中的问题。

有学者认为，没有商法典的中国，经过多年的实践，营业的概念也显得很重要，营业规则的需求以及营业规则与商人规则、商行为规则的关系也十分引人注意。当营业作为有组织的有机能的财产时，还可以作为转让的标的。基于营业的地位，其相关规则只宜选择商事通则单行法的规范形式，不宜选择其他只适用于个别领域商事关系调整的单行法的形式。[②]

有学者也赞同在商事通则中完整地规定营业规则。其这样论证：营业规制的路径选择依赖于我国既有的法律结构。第一次选择，首先应考虑因营业发生的社会关系的性质。鉴于营业和营业转让都发生在平等主体之间，显然选择私法规制路径是适当的。但是，实践已经表明，营业既具有财产性质，又具有"活动"的内容，且只发生在商人之间，其社会关系的特殊性而非私关系的一般性应引起足够的注意。换言之，营业是围绕商人发生的特殊的社会生活的一部分，不可能在作为一般法的民法中规定。实际上，民法也没有一个制度能够对其统一规定。相反，商法作为特别法应该通过民法所没有的制度统一规制营业，包括营业活动的原则和营业转让、营业租赁、营业委托经营的机制。统一规制不是形式意义的，而是具有实质意义的，即真正使营业制度成为一个和谐的有机整体。营业规制路径的第二次选择，应考虑如何面对我国的商法编纂模式。我国商法采取了单行法的模式。在此模式下，首先，可以考虑编纂一个仅以营业为内容的

---

① 郭娅丽：《论营业转让制度的规范对象与立法模式——一个基础性分析框架》，《法学杂志》2010 年第 11 期。

② 王保树：《寻求规制营业的"根"与"本"》，载王保树主编《中国商法年刊（2007）》，北京大学出版社 2008 年版，第 213 页。

法律，这样有利于充分、详尽地规定营业问题。但是，营业和商法的其他一般制度有如后述的紧密联系，仅以营业问题立法，易于切断和其他相关的一般性的和共同性的规则的联系，不利于对营业关系的调整。因而，不宜以营业问题单独立法。其次，可以考虑在已有单行法律诸如公司法、合伙企业法、个人独资企业法等法律中分别规制营业。这虽然坚持了单行法模式，但分散规定难以避免重复、冲突和增加不必要的立法成本，因而也不可取。这样，可行的做法就只有规定在商事通则中了。因为，营业制度规则具有上述一般性和共同性特征，它和其他商事一般规则共同编纂为一部法是适当的。同时，这样做可以避免营业单独立法和规定在已经颁布但仅适用于某个具体领域的商事法律发生冲突或重复的问题。①

还有学者就确定营业转让的具体规则提出建议。营业转让不仅是财产的转移，还包括主体地位的变化，即营业的主观和客观方面都发生一定的变化。营业转让中不仅涉及转让人、出让人；还包括债权人、债务人、职工等的利益变化；不仅有财产的转移，还有商号是否移转等问题。从本质上而言，营业转让是一种买卖行为，是一种债权契约，只不过买卖的标的是营业财产。由于营业财产具有整体组织性和机能性的特点，将营业财产作为一个组织体转让，能够发挥财产的价值。营业转让可以使用债法的一般规则，但是，由于营业转让中涉及相关利益主体，合同买卖法的规则无法完全规制营业转让活动，有必要在商法中提供营业转让的一般规则，如转让人的竞业禁止义务，营业和商号一同转让原则，债权、债务的承担，劳动关系的承继等规则。此外，由于营业转让的标的是企业的集合资产，关于营业财产所有权的转移，也具有特殊性，可以遵从一般的物权变动原则，但是，基于营业转让的特点，也可以考虑采用更为便利的统一登记等权利移转的公示方式。②

但是，也有学者并不认为以商事通则规范营业转让制度是一个较好的选择。由于商事制度的复杂性和特殊性，《商事通则》并不能包容其全部，依然需要单行法加以补充。从现实情况分析，立法应最大限度利用现有资源，采用民法典与商事单行法相结合的立法模式。因此，我国营业转让制度的立法模式应借鉴《俄罗斯民法典》、《澳门商法典》的立法体例

---

① 朱慈蕴：《营业规制在商法中的地位》，《清华法学》2008 年第 4 期。
② 王艳华：《以营业为视角解释商法体系》，《河北法学》2010 年第 5 期。

和立法内容，在民法典中将营业转让设专节规定，而不是屈居于商号转让制度之下，同时在内容上应进一步拓展，不局限于"企业"的买卖，应包括各种不同形式营业转让的一般规则，然后辅之以单行法包括公司法、金融商品交易法、特许经营法等规定营业转让的特殊规则，以应对经济生活急剧变化的社会现实。① 此外，营业转让的法律规范应将营业财产与营业活动的规则结合起来。商法对营业转让的规制，既是对营业财产的规制，又包含对营业活动的规制，两者是紧密相关、不可分割的。这是因为：第一，营业转让的标的为具有交易价值的营业财产。从商业产生和发展来看，营业财产作为集合体，其集合的目的性非常明确，由于其能满足人们的特定需求，通过交易获取利益的内在驱动催生了营业财产与个人财产的分离。因此，营业财产具有的交易价值是营业转让的前提和基础，理应纳入营业转让法律规制的范围。第二，受让人受让营业后承继营业活动。受让人受让该项营业财产后必须持续利用，一般被认为是营业转让的一个要件。对营业转让的法律规制，从根本上需要解决两个问题：一是营业财产的归属，二是对营业财产的持续利用。简言之，营业转让的本质是财产归属和财产利用问题，商法对其的规制始终是合二为一的。②

---

① 郭娅丽：《论营业转让制度的规范对象与立法模式——一个基础性分析框架》，《法学杂志》2010 年第 11 期。

② 郭娅丽：《商法理念下营业转让的法律规制》，《理论探索》2011 年第 3 期。

第 八 章

商事责任与商事审判

第一节　商事责任

一　商事责任的独特性

关于商事责任是不是一种独立的责任类型，我国商法学界观点不一。

有学者认为，商事责任不是一种独立的法律责任。我国大多数民商法学者及现行法律均奉行"民商合一"的理念，认为商事责任是民事责任的一类。① 还有学者认为，商法并未规定独立的商事责任，商事责任仅仅是通过民事责任、行政责任和刑事责任来体现的，所谓商事责任只不过是对其他部门法律责任的全盘照抄。②

另有学者认为，商事责任是一种独立的法律责任。目前我国仅有少数学者持此种观点。该观点虽然从形式上提出了商事责任的独立性，但实质上并未割裂商事责任与传统民事责任的内在联系，并未从抽象的商事法律关系中提炼出适应商事调整机制的并区别于传统民事责任的商事责任。③ 还有学者认为，商法上的责任制度比起民法上的责任制度，较为特殊，既有加重责任的规定，也有减轻责任的规定。就加重责任而言，为充分维护和确保交易安全，许多国家的商法都实行严格责任原则。就减轻责任而

---

① 赵万一：《商法学》，中国法制出版社 2002 年版，第 456 页。

② 高在敏等：《商法》，法律出版社 2006 年版，第 50 页。

③ 苗延波：《商法通则立法研究》，知识产权出版社 2008 年版，第 192—248 页。

言，严格的商事责任制度过分地保护了交易安全，给商主体带来了沉重的债务负担，进而妨碍了整个社会经济的发展。因此，不能让投资者承担一切赔偿责任，而应对其责任加以适当限制，由社会合理分担一部分风险责任。①

但也有学者认为，应当以一种开放性的研究和创新思路来看待商事责任的问题。一方面，法律责任与部门法并非一一对应的关系，某一部门法虽然侧重于某类责任形式，但这并不意味着排除其他的责任类型，而且法律责任之间的交叉与重合也是现代法律发展的趋势之一，商法借用传统部门法所使用的法律责任形式并无不妥；另一方面，违反商法应承担的法律责任并不是传统民事责任、行政责任和刑事责任的简单相加，现代责任形式与内容还体现出对传统责任形式与内容的拓补、超越与创新，如资格降低、信用减等、产品召回、惩罚性赔偿等责任形式的不断出现。客观存在的商法及商事责任制度并非私法理论演绎和商法学者抽象思维的结果，而是商人活动的产物；商法及商事责任的独立性根源于其所调整的商事关系的独立性。②

二　商事严格责任的法理依据

对于商事严格责任在商事领域中的适用，很多学者为此提供了法理上的依据。

有学者提出，商事交易具有公开性，商人面向社会公众提供商品和服务；商事交易具有社会连续性，某项交易往往会引发随后的系列交易。商人对商事交易的上述特点、性质及后果，有着超乎于一般民事主体的职业敏感性和专业性，也具有更高的预测能力。要求商人承担更高的注意义务，要求商人承担轻过失甚至无过失下的法律责任，有助于保护社会及公众利益，有助于维持稳定的社会经济秩序，更有助于形成合理的社会公平观念。商法自治性和商人营利性为商业发展提供了无限机会和宽松环境，连带责任普遍化非但不会挫伤商人的积极性，反而有利于培育商业信用和商人自律精神。民法强调个人责任而非连带责任，这与民事活动风险系数较低的状况有关，也与民法个人本位理念直接相关，更与民事责任主要是

---

① 樊涛：《商事法律责任制度的独立性探析》，《河南社会科学》2007 年第6 期。
② 樊涛：《我国商事责任制度的缺陷及重构》，《法商研究》2009 年第4 期。

过错责任的传统理念有关,若民法过多地规定连带责任,难免使人感到民法之苛刻与残酷。①

有学者通过经济模型分析认为,严格责任能使外部成本内在化,有助于建立良好的激励机制。在严格责任制下,行为人使附加预防措施的成本同他担负的违约成本以及因附加预防措施而减少的成本都能得到平衡。当对预防稍加变动的效益和成本相等时,他使自己的私人成本减低到最小水平。即当边际个人效益等于边际个人成本时,行为要实行成本内在化。相反,在过错原则下,对预防稍加变动的效益与成本通常得不到平衡,因为行为人仅仅满足法定标准时的私人成本比他未满足法定标准的私人成本要低得多。严格责任采取对当事人连续不断地施加压力的方法促使他发现降低违约损失的新方法,这有利于形成一种良好的激励机制。②

还有人提出,严格责任归责对理解商事责任制度具有举足轻重的地位,一定意义上具有归责原则的作用。第一,严格责任是长期商事实践的产物。第二,严格责任适应了商事活动的特殊性。从主体交易安全需要和意思自治角度,严格责任是交易安全和意思自治的结合物。第三,严格责任符合经济机制的内在需求。责任制度作为商法的制度原则,必须满足商事效益价值需求。第四,严格责任符合商事发展的必然性。商事活动的内在动力是营利,但营利性需求可能突破或践踏社会伦理的底线,伤及民事道德的自尊,这就在内部或外部生发出了商事活动的另一面,寻求自身和外在的规范,这就是严格自己责任。③

三 商事严格责任的表现

将民事责任与商事责任比较后,有学者认为,在法观念上,民事责任主要表现为个人责任和补充责任:行为人要对自己的过失行为后果负责,而不应对他人行为及后果负责;即使行为人为他人利益提供保证,保证责任也主要具有补充责任或非连带责任性质。但在商法领域中,传统民法尊崇的个人责任和补充责任转化为各种形式的加重责任,连带责任和严格责

---

① 张辉、叶林:《论商法的体系化》,《国家检察官学院学报》2004 年第 5 期。
② 许洪臣、张利国:《论商事法上的严格责任》,《商业研究》2004 年第 23 期。
③ 李春:《民、商区分立场下的商事归责研究》,《人民司法·应用》2010 年第 19 期。

任成为商事责任的典型形式。① 商法上的严格责任，其主要表现形式为：（1）实行无过错原则，即债务人无论是否有过错，均对债权人负责。（2）负连带责任，主要在于加重当事人的责任，同时亦不考虑当事人的过错。（3）权、责、利、效相结合，主要是指危险责任。②

也有学者认为，在商事交易中，为确保交易安全顺利进行，增强交易当事人的责任感，对从事交易商主体的义务和责任予以严格要求。严格责任既是客观责任，又属加重责任。其以客观存在损害为确认责任条件，以加重责任力度为承担责任后果。商法上表现为对商主体实行无过失责任、连带责任和责任竞合制度。③

另有学者认为，商事严格责任的表现为两种形式：其一，实行无过错原则。过错责任原则是传统民法的基本原则之一，它强调行为人应就自身过错承担法律责任。基于商主体对商事交易的特点、性质及后果有着超乎于一般民事主体的职业敏感性、专业性和预测能力，商事活动规则要求商主体承担更高的注意义务和无过错责任，以保证商事交易相对方的利益，维护稳定的交易秩序。其二，实行连带责任原则。在民法上，连带关系不得推定。如果有多人共同负有一项义务，这一义务是他们的共同义务，但在这些人相互之间，这一义务仍然是可分义务。民法强调个人责任而非连带责任，这与民事活动风险系数较低的状况有关，也与民法个人本位理念有关，更与民事责任主要是过错责任的传统理念有关。商法赋予债务人之间一种推定的连带关系，这种推定的连带关系可以为债权人提供更多的保证。商法中的这种严格制度与民法中的"民事违约人违约金的减免"、"分期支付款项"、"偿还债务时，应该给民事债务人保留一定的生活必需费"等制度形成了鲜明的对照。④

商事严格责任的具体表现形式，能否简单地概括为实行无过错责任、连带责任或加重责任，还是值得进一步讨论的。学者所讨论的这些责任形式，是否鲜明地彰显了商法确立严格责任的品格，本身就有讨论的空间，

① 张辉、叶林：《论商法的体系化》，《国家检察官学院学报》2004年第5期。
② 许洪臣、张利国：《论商事法上的严格责任》，《商业研究》2004年第23期。
③ 喻磊：《论商法价值确立的商法基本原则》，《华南理工大学学报》（社会科学版）2006年第1期。
④ 樊涛：《我国商事责任制度的缺陷及重构》，《法商研究》2009年第4期。

而这些责任形式在民法中也比比皆是，并非商法所独有。所以，有学者这样认为，严格责任与连带责任是两个不同的概念，两者之间也并非决定与被决定的关系。严格责任并不以连带责任体现，连带责任也并非由严格责任决定，许多连带责任的归责也是过错责任。以连带责任证明商事严格责任，混淆了严格责任与连带责任之间的相互关系。而加重责任一般理解为法律主体责任的承担超出了其应该承担的部分，这也不是事实。"商法中主要体现为对公司发起人、董事、监事、经理、票据债务人、保险人、合伙人、海上运输合同的承运人等责任的加重"，其规定的法理并不是这些主体在责任承担的内容超出了其应该承担的部分，而是基于商事的营利性、他们工作的职业性、以风险与营利的正比性，商事立法为维护交易的安全，对这些主体课以了较一般民事主体更加严格的"义务"。①

四　商事责任的法律规范

究竟应当以何种制度体系规范商事责任，始终为商法学者乐意不断讨论的问题。我国没有形式意义上的商法，所谓的商事责任及其构成欠缺立法上的一般规范，只能依赖于我国不断完善的民法规范。民事责任的制度体系，当然成为商事责任的基础；商事责任无论如何也不可能跳出民事责任的制度体系而另立山头。即使是在讨论商事通则的问题上，也有学者注意到：连带责任、无过错责任是民事责任一般构成要件、责任承担方式上的例外，这种例外只有在法律有明文规定时才能实行，除了相关法律的特殊规定外，商事责任仍遵循民事责任的一般规则。而且这种例外只能由规定适用这种例外的法律责任条文自身规定，"商事通则"无法笼统地规定商事责任中的连带责任与严格责任。另外，在责任承担上，商事责任的承担方式并未超出民事责任的方式。②

因为我国立法上的"民商不分"，其中有关商事责任的制度是否符合商法的发展规律，不能不引起学者的关注，批评也是难免的。有学者认为，我国现行的商事责任在制度设计上，以国家制裁和维护社会经济秩序为目的，过分强调公法责任制度的作用，漠视私法责任制度的价值；而

---

① 喻胜云：《商事严格责任的阐释》，《西部法学评论》2009年第1期。
② 宁金成：《商事通则的立法体系与基本原则》，载保树主编《中国商法年刊（2007）》，北京大学出版社2008年版，第108页。

且，偏重于交易安全，牺牲了效率，相当程度上阻碍了我国经济的发展。尤其是，在立法技术上，"民事责任的不当商法化"与"商事责任的不当民法化"，更导致了法律规则的混乱。商法责任并不具有完全独立于民事责任的特质，故没有必要在民事责任之外规定抽象的、统一的商事责任。实际上，各国对商事责任的规定均体现为民法典与商事单行法相结合的形式，各国均不在商法典中规定商事责任。其原因就在于抽象的商事责任并不存在或者说难以对商事责任作出抽象的规定，只能在相关的具体商法规则之后规定相应罚则或法律后果。因此，我国商事责任的立法形式宜采取：一方面，在民法典中规定民商事责任的一般规则，这样既体现了民事责任与商事责任的共性，又实现了立法的简约；另一方面，在商事单行法中规定具体的商事责任，依据不同的商主体和商行为"量体裁衣"，使商事责任的设计更具针对性。①

当然，商事责任的法律规范问题并没有全面系统地被商法学者所关注。

第二节　商事审判的独立性

一　商事审判概念的确立

有学者从经济审判的初创和发展的历程出发提出，在"中国初步完成了以各个单行法形式为内容的商法体系的建立"的背景下，经济审判越来越多地呈现出其所具有与现代西方商事审判制度相同的一些特点。2000年，全国法院实行大民事审判格局，经济庭更名为民事审判第二庭，经济审判的提法不再使用。此后，民二庭的审判工作又被正式称作民商事审判。经济审判从民事审判走出来，最终又回归到民事审判。但经济审判绝不是绕了一个圈子又回到了原点。继承经济审判的民商事审判，其实质是商事审判。②

有学者认为，对于商事纠纷的审判而言，无论采取经济审判还是商事审判的概念，商事审判的独立性都是客观存在的。他认为，现在的商事审判与从前的经济审判大体相当，以商事审判再现经济审判，这本身就揭示

---

① 樊涛：《我国商事责任制度的缺陷及重构》，《法商研究》2009年第4期。
② 李后龙：《中国商事审判的演进》，《南京大学法律评论》2006年春季号。

了商事审判的内在规律性和独特属性。即无论审判组织形式如何变化，商事审判作为相对独立的审判活动类别，没有失去固有属性，并正在形成适合商事审判特点的独特观念。①

还有学者从商事审判在中国的发展以及其与经济审判之间关系的角度，提出了商事审判的概念。我国的商事审判也不是从民事审判中分立出来的，但与西方国家不同，我国的商事审判并没有走一条先有商事交易，再有商人阶层，继而产生商事法庭和商法规范的发展道路，而是伴随中国社会主义市场经济体制改革的历史进程逐步产生发展的。我国商事法庭的产生发展大致可以分为以下几个阶段。（1）商品经济的恢复发展与人民法院经济审判工作的创生。（2）市场经济体制的建立和人民法院经济审判工作的蓬勃发展。（3）大民事格局的建立与民商审判的定位。（4）商事审判正式走上人民法院审判工作的历史舞台。经济审判是处于初级阶段的商事审判，它已具备了商事审判的一些雏形：（1）从案件当事人来看，经济审判以调整改革开放之初的市场主体——企业法人为主，而不是自然人；（2）其主要调整生产和流通领域的经济关系，显著区别于民事审判所调整的家庭、生活关系。但初创时期的经济审判与实质意义上的商事审判还有一定区别：（1）在当时的经济体制下，企业法人的主要存在形式为全民所有制企业和集体所有制企业，还不能说是自主经营、自主决策、自负盈亏的商主体；（2）国家干预色彩浓重，对商事交易的自治性认识不足，商法作为私法的理念尚未形成。实际上，商法学科和商法学理论在当时的大陆学界也基本上是一片空白，在当时的经济条件和法学理论研究状况下，要提出"商事审判"的概念，并不现实。②

二 商事审判的独立性

商事审判的独立性是相对于民事审判而言的，对此，学者有较为详细的论述。

有学者认为，商事审判之所以应该区别于普通的民事审判，既源于两

---

① 叶林：《商法理念与商事审判》，《法律适用》2007 年第 9 期。

② 李志刚、张颖：《从经济审判到商事审判——名称、制度及理念之变》，《法律适用》2010 年第 11 期。

者所依据的实体法在立法理念和立法技术上表现出明显的差异性，也在于两者在审判理念上具有明显的不同。就立法理念来说，民法实行的是公平优先，而商法系取的则是效益优先兼顾公平；民事审判侧重于静态利益和本人利益的保护，而商事审判更侧重于动态利益和第三人（尤其是善意第三人）利益的保护。因此，倘若我们继续维护长期以来对民商审判不加区分的错误做法，将本属于民事审判的规则适用于商事审判，或者相反，势必均不利于我国民商法制的完善和社会主义市场经济的发展。①

　　还有观点认为，与普通民事审判相比，商事审判主要有如下特殊性：（1）在调整的社会关系方面，民事审判调整平等民事主体之间的财产关系和人身关系，它所确立与维护的是市民社会最基本的生活秩序，通过民事审判维护公平正义和善良风俗。商事审判调整的是平等民事主体之间的商事关系，商事关系是商主体基于营利动机而建立的关系，营利是一切商事活动的本质所在，商事审判中要注重商主体营利性的特点，注意纠纷解决的时效性、确定性和可预见性，通过商事审判发挥对商主体的规范引导作用，维护正常的交易秩序。（2）在价值取向方面，民事审判强调民法上的公平，注重保护民事主体的个人权利和自由利益。民事诉讼中更关注当事人的意思主义，法官更多地运用职权主动进行释明，主动依职权调查取证，更倾向于运用利益衡量原则保护弱势群体的权益。商事审判则强调商法上的效率和交易安全，倾向于通过审判保护商主体的经营权利和收益，进而维护商事交易秩序和规则，更多强调审判结果是否有利于促进社会经济发展与社会财富增加。因而在商事审判中更注重当事人行为的外观效力和公示主义，实现对信赖利益的司法保护。商事审判在诉讼模式上更强调当事人主义和法官的居中裁判，发挥当事人主观能动性，保证当事人获得平等的诉讼进程和诉讼权利保障。（3）在利益保护倾向方面，民事审判偏重于民事权利义务关系的静态保护和原始权利的保护，通过裁判修复当事人之间受到损害的民事关系，进而恢复到以前的和谐状态。商事审判侧重动态保护，关注交易安全和交易秩序的维护。由于商事交易为商主体带来丰厚利润的同时，也产生很大的风险，因而商事审判需要更加关注对行为有效性的保护和利益取得的保障，更加侧重对第三人尤其是善意第

---

① 樊涛：《我国商事审判制度的反思与重构》，《河北法学》2010 年第 2 期。

三人的保护。①

　　也有学者认为，商事审判除遵守民法的平等和诚信原则之外，还具有自身独特之处，主要表现为：在调整的社会关系方面，民事审判调整平等民事主体之间的财产关系和人身关系，它所确立与维护的是市民社会最基本的生活秩序，通过民事审判维护公平正义和善良风俗；商事审判调整的是平等民事主体之间的商事关系，商事审判中要注重商主体营利性的特点，注意纠纷解决的时效性、确定性和可预见性，通过商事审判发挥对商主体的规范引导作用，维护正常的交易秩序。民事诉讼中更关注当事人的意思主义，法官更多地运用职权，主动进行释明，主动依职权调查取证，更倾向于运用利益衡量原则保护弱势群体的权益；商事审判则倾向于通过审判维护商主体的经营权利和收益，更多强调审判结果是否有利于促进社会经济发展与社会财富增加。在利益保护倾向方面，民事审判偏重于民事权利义务关系的静态保护和原始权利的保护，通过裁判修复当事人之间受到损害的民事关系；商事审判需要更加关注对行为有效性的保护和利益取得的保障，更加侧重对第三人，尤其是善意第三人的保护。民事审判注重当事人地位的平等性，商事审判则注重不同主体之间的差异性，典型的如以股东代表诉讼、股东直接诉讼和股份回购请求权诉讼为代表的中小股东特殊诉讼保护机制。商事审判的独立性具有重要意义：一方面，没有商事审判的独立化就没有真正意义上的商法独立。另一方面，商事审判独立化有助于推动和实现商法的独立性。②

三　商事审判的特征

　　商事审判是人民法院对法人之间、法人与其他经济组织之间产生的合同纠纷、侵权纠纷，以及因从事典型商行为产生的纠纷开展的审判活动的总称。商事审判的特征应当是相对于民事审判而言所具有的区别性特征。

　　有学者将我国的商事审判的特征概括为以下六个方面：（1）商主体法不健全导致商主体涉及的法律关系的复杂性。在商主体法不健全、对其缺乏必要的法律规范情况下，商事审判必然会遇到民事审判中所没有的问

---

　　① 余冬爱：《民、商区分原则下的商事审判理念探析》，《人民司法·应用》2011 年第 3 期。

　　② 赵万一：《商法的独立性与商事审判的独立化》，《法律科学》2012 年第 1 期。

题和难题。（2）商事纠纷的跨地域性导致商事审判中突出的地方保护主义。（3）商法规范的分散性导致商事审判面临更多的法律冲突问题。（4）商法的滞后性导致商事审判法律适用无依据的问题十分突出。（5）商事交易的日益复杂化使得商事审判的社会影响力不断增强。（6）商事裁判与国家宏观经济政策的关联度明显强于民事裁判。①

　　学者就商事审判的特征所作的以上表述，是否能够反映商事审判具有不同于民事审判的区别性特征，尚值得进一步讨论。商事审判的特征不应当是因为我国商法发展所处的"不完善"阶段带给商事审判的挑战或烙印，应当是商事审判所独有的理念或制度设计；对于商事审判所独有的理念或制度设计，学术上的研究或许才刚起步。

四　商事审判的功能

　　商事审判面对商事交易的复杂课题，法官在解决商事争议或纷争时，往往会有创新的冲动。有学者格外强调，商事审判法官需在某种程度上承担一定的造法功能，才能积极回应商事活动的挑战。"法官借助于法典中普遍存在的一般条款，频繁进行创造性司法，而创造性司法的结果——商事裁判，客观上也确实对其后发生的相同或相似案件，产生了明显的指导作用。从某种意义上来说，这种能够对其后发生的相同或相似案件产生事实上的法律适用指导的商事裁判，在一定程度上具备了判例的效力，只不过不能直接援引而已"。②

　　在分析和研究我国的商事审判所发挥的作用方面，有观点认为，商事审判具有以下五项功能：第一，商事审判具有司法引导的功能。商事审判概念能够起到的作用就是处理案件思维的模式从司法一体化向民事、商事区别化来转换。第二，商事审判具有习惯确认的功能。在适用法律的时候，商事审判要尊重交易惯例习惯，逐渐确认一系列的商事习惯，确认不同的模式，淡化法律关系，实际上就是实现硬的商法与软的商法的结合。第三，商事审判具有促进交易的功能。商事审判具有专门保护商人的利益的功能，促进和鼓励交易。第四，商事审判具有制度创新功能。通过商事

① 李后龙：《中国商事审判的演进》，《南京大学法律评论》2006 年春季号。
② 范健、王建文：《商法的价值、源流及本体》，中国人民大学出版社 2004 年版，第 265 页。

审判活动，发现适用于商事交易的特别规则，实现制度上的创新，促进商事立法。第五，商事审判具有促进商法研究的功能。[1]

此外，商事审判还具有一定的社会导向作用。为减少和消除商事交易活动中的不安全因素，确保交易行为法律后果的可预见性，我们应该对商事审判中的自由裁量权予以规制。在商事案件的审理中，法律法规有不同规定且可能导致案件不同处理结果时，应进行价值判断，选择适用最符合公平正义、社会效果最佳的法律条文。自由裁量的结论必须符合商业惯例，不得违反社会基本价值观念，不得损害社会公共利益。行使自由裁量权时，应在裁判文书中说明自由裁量的依据、逻辑规则、方法等因素，阐明结果的正当性和合理性。[2]

第三节　商事审判机构

一　我国商事审判机构的设置

世界各国处理商事纠纷的商业诉讼体制，大致可以划分为四种模式：一是没有专门的商事法院，也没有专门的商事诉讼程序，而是由普通法院、职业法官来审理商事纠纷，如爱尔兰、西班牙、日本等国。二是虽然没有专门的商业法院，但是在普通法院内设置专门的审判庭审理商事纠纷，法官均为职业法官，德国、罗马尼亚采用这种制度。三是设有专门的商业法院，但由职业法官和被任命的来自商人的法官组成，如比利时、克罗地亚等国，采用这种模式的有些国家，如法国，商业法院的法官均为从商人中选举出来的非职业法官。而另有一些国家的商业法官均为职业法官，如卢森堡。四是设立由职业法官组成的仲裁法院处理商事纠纷，如俄罗斯。

从审判机构的设置看，我国并没有设立专门的商事法院，商事纠纷主要由内设在普通法院内的经济审判庭审理。经济审判庭的受案范围大致包括十类案件：经济合同纠纷案件，技术合同纠纷案件，商标专利纠纷案件，票据、债券、股票纠纷案件，农村承包合同纠纷案件，企业承包经

---

[1]　山东省高级人民法院民二庭：《商事审判理念与方法若干问题研究》，《山东审判》2010 年第 2 期。

[2]　同上。

营、承租经营合同纠纷案件，企业破产案件，海事海商案件等。2000 年 8 月，最高人民法院推行机构改革，撤销了经济审判庭的建制，商事纠纷统一划归民事审判庭（实践中通常是民事审判二庭）审理。

有学者认为，法院系统的机构改革，仅引起了审判组织名称和内部职权分配的变化，对我国的商业诉讼体制并没有实质性的影响。如今，除了普通法院的民事审判庭审理商事纠纷案件外，有些专门法院也受理一定范围的商事纠纷，如海事、海商纠纷案件的一审主要由海事法院审理，铁路运输法院有权受理当事人一方为铁路运输企业的商事纠纷。因此，中国商事审判采取的是第二种模式。①

二　关于商事法庭的设置问题

我国未设置专门的商事法院或商事法庭，对于大部分商事纠纷的管辖仍然是大民事审判格局，即由民二庭（民事审判第二庭）来审理。有学者认为，这种司法体制严重忽略了商事审判的独立性和特殊性。但现阶段并非必须设立商事法院，而应在普通法院内设置专门的商事裁判机构。②我国商事纠纷由民二庭来审理，实为以民事审判之名行商事审判之实。因此，将民二庭更名为商事法庭，实为名副其实的要求。同时，将民二庭易名为商事法庭，有利于法官正确区分民法和商法，确定法律关系的性质、应适用的法律、应采用的救济方法以及应适用的诉讼程序，同时在实体法适用规则上，应遵循：商事自治法（如公司章程）→商事国际条约→商事单行法→商事习惯法→民事法律。商法的效力优于民法，商事习惯优于民法适用。从法律统一适用的角度考虑，商事法庭只设在基层法院和中级法院为妥，高级法院和最高法院则由民庭统一审理民商案件。审级越高，案件越少，高级法院和最高法院除承担上诉审和少量一审审判任务外，还负有保证法律上下统一适用的职责，因此，相同性质的专门审判庭越少越好。在许多国家，民商事性质的专门审判庭往往只审理一审案件，上诉审由普通审判庭审理，我国海事法院亦同，海事海商上诉案件由高级法院民庭审理。所以，我国高级以上法院不宜设商事法庭等专门审判庭，以避免

---

① 樊涛：《我国商主体法律制度的评判与重构》，《法治论丛》2006 年第 5 期。

② 樊涛：《商法通则：中国商事立法的应然选择》，《河南大学学报》（社会科学版）2008 年第 3 期。

出现适用同一法律有不同的判解。①

还有观点认为，从理念到方法，商事审判与传统民事审判相比，还是有自己的独到之处，掩在民事审判的旗帜之下，不利于商事审判的进一步发展。我国应当重新谋划民事审判的格局。如果步子大一点，成立商事法院不是不可以考虑和论证的。商事法院的作用会更大，影响力也更大。如果步子小一点，就可以考虑按照案件的特性分工，别叫什么民事、商事了，比如婚姻家事、商事、知识产权、海事海商等，按照这个条件进行分工和设立机构，成立婚姻家事庭、商事审判庭、知识产权庭、海事海商庭等。这个时候，就是商事审判复兴的时候。② 也有学者认为，我国目前不宜设置独立的商事法院，而应在普通的人民法院内设置"商事法庭"。"商事法庭"较之于"民二庭"的称谓更实事求是，一定程度上凸显了处理商事案件与民事案件在实体法及程序法上的差异；审理商事案件，应有商人作为陪审员；为迅速有效地处理商事案件，应实行简易审判程序，同时采管辖自由和证据自由原则。③

另有学者提出，我国应当设置独立的商事法庭。设立独立的商事审判庭不仅是适应社会主义市场经济持续发展和与国际司法接轨的客观需要，更是价值理性和技术理性相统一的科学体现。就价值理性而言，民法是以公平为价值追求，旨在为民事主体提供平等的机会，当公平与效率发生冲突时，往往首先考虑个体之间的同等对待。而商法以效益为首要价值目标，即保证商主体能够以最低的成本在最短的时间内获取最大的经济利益，商法关注的其他价值包括自由、公正、秩序等，归根结底是为了促进经济效益的实现。这就要求商事审判具备不同于民事审判的高效性和便捷性，方便商主体的起诉应诉，简化商事纠纷的处理程序，缩短商事审判的审理周期。就技术理性而言，民法是前置性法律，其主体制度、所有权制度、债权制度等为市场交易活动提供一般性的规定。民法规范更多体现为伦理性规范，符合一般生活习惯，社会主体凭借简单的常识就可以理解并

---

① 樊涛：《我国商事审判制度的反思与重构》，《河北法学》2010 年第 2 期。

② 山东省高级人民法院民二庭：《商事审判理念与方法若干问题研究》，《山东审判》2010 年第 2 期。

③ 曾大鹏：《从法理到法条的转换：评苗延波先生的〈商法通则〉草案建议稿》，《河北法学》2010 年第 7 期。

预知法律调整行为的结果。商法是市场经济运行法，围绕市场交易行为的营利性特点，构建反映市场经济基本运作规则的商事制度，无论是主体法方面还是行为法方面，都更多地表现为定量规范和操作规范，需要解读者和适用者具有丰富的专业知识和技能。与此相应，商事审判应当具有不同于民事审判的专业性和技术性，建立专门的审判队伍，设计专业的审判程序，适用科学的审判规则。①

当然，设置商事法庭或者商事法院不是一个主张就可以付诸实施的事情。在我国，商事法庭或者商事法院的设置，应当是我国商法独立发展的一个自然历史过程。对此，有学者乐观地认为，如果实现了商行为法律调整的统一，无论该统一是在民法典内部实现，还是以某种单行规范的形式实现，又或者是在法院的裁判行动中实现，商行为的法律适用都将日益凸显其专门化。在可以想象的未来，也许我们还会迎来一个"商事法院的时代"——日益发达的商行为的法律适用行为，会在司法体系中促成商事裁判组织的发达，甚至可能促成商事法院在中国现代的复兴。②

三　商事审判的职能分工

2000 年，最高人民法院进行以大民事改革为主要特征的机构改革，除了将经济庭更名为民事审判第二庭，纳入大民事审判格局外，对商事审判与民事审判的分工也进行了进一步的调整和明确，这也是现行民事审判和商事审判分工的主要依据。2000 年 12 月，最高人民法院印发的《最高人民法院机关内设机构及新设事业单位职能》（法发［2000］30 号）规定：民一庭审理"有关婚姻家庭、劳动争议、不当得利、无因管理等传统民事案件，房地产案件（包括房屋买卖、租赁、预售、按揭、开发合同案件，土地使用权出让、转让合同案件，建筑工程承包合同等案件）；不动产相邻关系案件，邻地利用权案件以及其他不动产案件（包括山林、水利、草原、滩涂、铁路、机场、公路、桥梁、港口、堤坝等不动产引起的案件。涉及以房地产及其他不动产为抵押的合同，其性质以主合同性质

① 赵吟：《商法独立地位呼唤设立商事审判庭》，《中国社会科学报》2012 年 4 月 11 日第 A07 版。

② 蒋大兴：《商行为的法律适用——关于理性社会、交易预期与规则简化的宣言》，《扬州大学学报》2011 年第 2 期。

确定）；农村承包合同案件；自然人之间、自然人与法人、其他组织之间的合同、侵权案件"。民二庭审理"国内法人之间、法人与其他组织之间的合同纠纷和侵权纠纷案件，审理国内证券、期货、票据、公司、破产等案件"。这一文件不仅是最高法院民一庭与民二庭之间分工的依据，也是法院系统内部原民一庭和民二庭条线系统的分工依据。

有观点认为，从历史的眼光来看，商事审判的分工问题一直存在调整与争论，从最初的包括经济犯罪案件、经济行政案件，到将这些案件逐步分离出去，到商事案件与传统民事案件的纠缠混同，理论上的争执从未停止。但是我们也要看到，在各种争论与区分当中，分工的标准越来越科学，商事审判审理的案件特征越来越清晰，商事审判的理念越来越清晰，这也正是商事审判不断发展并越来越得到广泛认同的原因所在。①

四 商事审判程序

商事审判不同于民事审判，是否在审判程序上亦应当不同？从学理的角度分析，商事审判应当具有符合其特性的审判程序。我国的民事诉讼程序，除海事纠纷诉讼程序、破产程序外，尚没有构建专用于商事审判的其他程序规则。但这正是学者关注和研究的问题。

有学者认为，商事纠纷案件适用《民事诉讼法》规定的普通诉讼程序审理，系计划经济时代的产物，它主要不是为了解决商人间的商事纠纷，它以简单的经济关系和社会结构为基础，以计划经济体制下政府干预、保护或取代个人权利与责任为背景，以满足无产者（主要是债务人）基本生存权利为主要价值取向，以解决简单的民事纠纷为基本功能，因此可以将其定位于"民事型"主导的诉讼程序。同时提出，随着我国市场经济体制的确立，商事交易关系日趋广泛而复杂，客观上就需要按照案件的性质和内在需求在理念上和价值取向上有所差异的原理来设计不同的程序模式，比如家事诉讼与普通民事诉讼及商事诉讼的差异。因此，现代的商主体实体法，客观上催生我国"商事诉讼"的产生，以更好地适应商事交易及商事纠纷的实际需要。②

① 李志刚、张颖：《从经济审判到商事审判——名称、制度及理念之变》，《法律适用》2010年第11期。

② 樊涛：《我国商主体法律制度的评判与重构》，《法治论丛》2006年第5期。

还有学者提出，商事审判在程序上应当"柔性化"。在我国，民事审判与商事审判的区分并不成功。这不仅仅是因为我们将商事审判笼统称为"民商事审判"，更主要的是我们混淆了一般民事审判和商事审判对"柔性化"的不同需要——民事和商事审判采用统一的诉讼规则。而且，在司法改革过程中，我们发现这种统一的诉讼规则使商事审判活动日益丧失其灵活性和宽容性，商事审判方式背离了商人的基本品性，甚至可能对商人的长期交易计划造成伤害。因此，我们必须反思目前对待商事审判和民事审判的一体化思维，重视商事审判"柔性"的一面。首先，立案受理过程的"柔性化"——松绑立案标准。其次，审理形式的"柔性化"——圆桌审判。再次，证明过程的"柔性化"——宽缓证据制度。再次，审理语言和调解方法的"柔性化"——商谈审判。最后，裁判方案"柔性化"——宽缓对法律关系的理解。①

也有观点认为，在商事案件的审理上，可以在不违背我国民事诉讼法的前提下，根据商人独有的特点，在审理程序上进行适当创新。如针对商人求和的特点，采用圆桌式的审判方式。弱化双方的对抗性和紧张关系，创造一种和平解决纠纷的气氛，为双方纠纷的迅速解决创造条件。还可以吸纳专家学者、商人作为人民陪审员，共同组成合议庭。对专业性较强的案件，根据证据的特性，委托权威机关或学者出具相关鉴定结论或专家证言，作为认定案件事实的依据。对于同一债权人以相同诉讼请求，起诉多个债务人，或多个债权人起诉同一债务人的案件，在管辖范围内实行集中管辖。在商事审判中，还应注重充分发挥简易程序的作用。对一些事实清楚、权利义务关系明确，争议不大的简单商事纠纷适用简易程序。以减轻当事人诉累，降低商主体诉讼成本。② 在司法实践中，北京市西城区法院民三庭已经创立了商事审判速裁机制，这是对我国民诉法规定的简易程序的完善和变通。通过在法院内部设立专门的速裁机构，在法律允许的范围内最大限度地简化诉讼程序，缩短结案周期。要求适用速裁程序审理的案件都要在 30 天内结案完毕。其具体内容可以概括为"三简化"、"四当"

---

① 蒋大兴：《审判何须对抗——商事审判"柔性"的一面》，《中国法学》2007年第 4 期。

② 山东省高级人民法院民二庭：《商事审判理念与方法若干问题研究》，《山东审判》2010 年第 2 期。

和"五快"制度。"三简化"就是简化庭审笔录的制作、简化裁判文书的制作、简化当事人的证据交换手续。"四当"即当即开庭、当庭审结、当庭送达、当庭执行。而"五快"为快送、快调、快审、快判、快结。有观点首先肯定了这种速裁机制的积极作用,并提了两点建议。第一,速裁机制在民事诉讼法中没有具体的规定,如何把它规范在简易程序中适用、如何保障当事人的权益值得斟酌。当事人的程序性权利,比如答辩权、反诉权等,不能因为速裁机制而忽视。第二,速裁和调解如何衔接?要反对从一个极端走向另一个极端,只能在法律允许的范围内进行调解,不能强迫当事人放弃权利,而判决要体现司法的尊严,不能放弃。要在速裁机制的条件下协调调解和判决的关系,将其进一步细化。①

另有学者提出了商事审判程序的一般原则,即商事审判通常采取比较宽容的审理程序,更多地强调其审判结果是否有利于促进社会经济发展与社会财富增加。其具体内容包括:(1)更加注意商事行为的稳定性,不轻易判定行为无效。其原因在于良好的经济秩序是以行为的有效运行为条件,过多的无效行为会破坏社会经济正常发展所赖以存在的秩序条件,并最终导致社会经济发展的无序化,影响社会财富的增加。(2)采取更为宽容的程序规则。宽容的审理程序具体包括:第一,宽松的法官选任制度。商事审判中,承担审判任务的除职业法官外,许多国家还允许商人参与审判活动。而在民事诉讼中,法官具有无可替代的优势地位。第二,自由灵活的证据制度。商事审判更强调发挥当事人主观能动性,采用更为宽容的证据规则,商人之间的证据可以通过任何方法提出,其中包括证人证言与推定。第三,灵活的管辖要求。与民事诉讼上的强制地域管辖原则不同,在商事审判的管辖上通常采取的是管辖自由原则,允许商人之间通过订立不遵守法院地域管辖规则的条款,自由选择管辖法院。在立法上,通过在民事诉讼法中单独设编的方式,将商事诉讼的一些特殊规则和要求加以提炼和规范,并具体化为一些审判原则和审判要求,实现商事审判的独立化,凸显商事审判的特殊性。②

还有学者强调,要设计高效便捷的审判程序。在商事纠纷的审理过程

---

① 参见新闻报道《定分止争,只争朝夕——北京市高级人民法院推广商事审判速裁机制》,《中国审判》2010年第9期。

② 赵万一:《商法的独立性与商事审判的独立化》,《法律科学》2012年第1期。

中，速度与效益成正比例关系，审判程序是否高效便捷直接决定商事纠纷主体最终获益的程度。与民事审判侧重职权主义不同，商事审判应当强调当事人主义，即诉讼进程交由商事纠纷主体来推动，法院的主要职责在于为当事人展开诉讼提供便利条件，促进商事纠纷的迅速解决。同时，为了充分尊重商主体的自由意志，商事审判通常采取管辖自由原则，并且重视调解、仲裁等纠纷解决机制在商事裁决中的功能，允许商主体通过协议另作约定。①

第四节　商事审判的理念

关于商事审判的理念，并没有学者从概念上分析何者构成商事审判的理念。但学者都会不由自主地着眼于商法区别于民法的制度结构、观念以及商法的特征，来说明、理解或诠释商事审判的理念。商事审判受商法的规则的影响而应当保持其自身的特性，或许是理解商事审判的理念的基础。因为有这样一种逻辑关系，商法的制度结构、观念以及特征，如何能够落实到商事审判的活动中，所以商事审判的理念在相当程度上又可能是商事审判的裁判或思维方法问题。但不论怎样，商事审判的理念为商法学者近年来热衷讨论的一个议题。

有观点认为，商法在我国的独立存在已是事实，而且商法规范在审判实践中得到了越来越多的适用，商法意识与民法意识存在明显的差异，在我国实行大民事审判格局以后，应当旗帜鲜明地将民二庭的工作特色定位于商事审判。商事审判的工作定位，有助于我们真正研究商法的特点和基本原则，正确适用法律，不断提高审判水平。在审判活动中要引进商法理念，确立商法意识。商法的特点和原则、精神与商法的基本内容及具体制度，决定了我们在审判中应当确立的商法意识：（1）重视对经营主体的资格审查。（2）重视对经营主体的交易相对人的保护。（3）重视行政规章的参照适用。（4）重视维持企业的稳定。（5）重视保障商事合同自由。（6）重视商主体和商行为的营利性特点。（7）重视保障交易简便、迅捷、

---

① 赵旸：《商法独立地位呼唤设立商事审判庭》，《中国社会科学报》2012 年 4 月 11 日第 A07 版。

安全的技术性规范。（8）重视商事习惯和外国立法例的价值。[①]

有学者认为，在商事审判中，应当坚持商法理念和思维。强调商事审判的理念、思维在中国有特殊的现实意义。这是因为，中国长期以来没有独立于一般法院的商事审判机构，缺乏商事审判的传统，这在一定程度上影响了商事审判规律的探索和弘扬商事审判理念、思维。尤其是大民事审判格局的构建，过分着眼于民法、商法都适用民事诉讼程序和对平等主体之间的社会关系共性的统一把握，忽略了它们之间业已存在的不同，从而出现了很多不利于商事审判发展的现象。其一，在法律适用上对于明明是商事的问题，却不适用商法作出的特别规定，而是笼统地适用民法规定去解决。其二，在裁判活动中不区分民法的规定和商法的规定，似乎适用的规则越多越好，有些判决书引用的条文可谓应有尽有。应当说，每一法律条文都有其针对性，如果忽略其差别，只是注意到共同性东西，就可能制造出新的问题和麻烦。其三，在大民事格局的情况下还出现一个问题，有的审判机关常常不自觉地代替商人作出商业判断。可以说，在大民事审判格局下，偏离商事审判思维的情形绝不是鲜有发生的。虽然"偏离"不是有意为之，但与探索商事审判规律不够是密切相关的。强调商事审判的理念、思维是基于商事审判所参与调整的商事关系本身的特殊性。因此，针对我国商事审判现状，也应特别强调探索商事审判规律，大力弘扬商事审判理念和思维。商法与民法相比较而言更讲求效益，更追求交易的安全、迅捷、可靠。基于这一点，商事审判应着重把握以下理念和思维：第一，要尊重商人和商事交易的特殊性。第二，要尊重商人自治和章程等自治规则。第三，要尽可能促进交易，方便交易。第四，要注意外观主义的适用，保护善意第三人的利益。第五，要注意企业维持原则的适用。第六，要注意尊重商法中的特别规定。[②] 法官和律师在面对商事行为纠纷时，应该有一种大视野：首先，能够具有一种商事思维，并能够深切体会商事契约行为、商事组织合约和商事联合行为各自的价值观和制度特性，对于因不同类型行为所引发的案件有区别化认识；其次，应该熟悉法律之间的相互关系，能够在这些商事行为规范中熟练穿梭和游走，这样，才能

---

① 李后龙：《商法思维与商事审判》，《南京社会科学》2004 年第 11 期。
② 王保树：《商事审判的理念与思维》，《山东审判》2010 年第 2 期。

够在商事纠纷中进行合理风险配置和利益分配。①

还有观点认为，商事审判应着重把握三个理念：（1）能动司法的商事审判理念。在审判实践中体现能动司法的理念，应当把握三个方面：一是能动司法要求法官具有高度的社会责任心和敏锐的社会洞察力。二是能动司法体现在具体审判实践中的两个方面。一要总结审判经验，制定出对审判实践具有指导意义的意见。省法院在这方面起到率先垂范的作用，在应对金融危机、服务经济发展以及在合同案件、票据案件、公司法案件的审理中出台具体的指导意见，发挥了很好的作用。二要对在审判实践中发现的问题，积极向有关部门提出司法建议。三是正确认识能动司法与法院所贯彻的居中裁判原则、不告不理原则的关系。（2）维护经济交易中的顺畅与安全的理念。在审判实践中，要保障交易行为的顺畅与安全，应当做到：一是严格限制无效合同的范围。二是进一步确立在交易中的表见代理制度。三是尊重当事人合同自由原则。四是确立在交易中涉及物权的变更原则，并依此确立了一系列的相关制度。（3）诚实守信的理念。在审判实践中，法官应当把握三个方面：一是正确理解诚实信用原则在合同订立和履行中的作用。二是正确理解和发挥诚实信用原则的功能作用。三是慎重适用情势变更原则。②

立足于我国经济发展的现实，也有学者认为，如果说在 20 世纪末的改革攻坚期，商事审判以保障社会主义改革进程的顺利进行为其使命的话，那么，在 21 世纪初，经济体制改革任务基本完成，社会主义市场经济法律体系已经逐步完善的背景下，商事审判的重心则已逐步移转到促进企业发展，维护市场自治，保障市场交易的轨道上来。在这样的历史背景下，与民事审判相比，商事审判应当坚持以下五个特殊理念：其一，对营利性的尊重和保护。其二，尊重自治，维护信用。市场经济也是信用经济，信用是社会财富正常流转的基本前提。在商事审判中，合同违约金约定较高的情况非常普遍，只要当事人是出于正常的商业判断，理应得到支持。其三，讲求效率。出于对诉讼效率的追求，商主体甚至愿意通过调

① 王延川：《商事行为类型化及多元立法模式——兼论商事行为的司法适用》，《当代法学》2011 年第 4 期。

② 山东省高级人民法院民二庭：《商事审判理念与方法若干问题研究》，《山东审判》2010 年第 2 期。

解，牺牲一定的利益，来获得一个即时履行的调解协议。而久拖不决的商事诉讼，则可能将一个正常经营的商主体完全拖垮。其四，尊重商事实践。商法的产生发展历程表明，商法原本就源于商事习惯的法律化。从商法产生的一般规律来看，是先有商事实践，后有商事立法。由于商事活动所特有的发展性和变动性，即使是成文商事立法，也不可能完全满足其调整商事交易实践活动的需要。其五，秉持专业性。商事审判的专业性特征在商事审判的理念上，表现为注意司法中的商业判断、法官具有相关领域的知识背景、审判活动参与人员的专业性等。商事审判中的上述理念可以说是商事审判所独有的特色理念，其与民事审判存在显著差异。①

还有观点认为，从有利于商事审判推进社会管理创新职能的正常发挥的角度看，应当树立以下四个方面的商事裁判理念：（1）尊重商主体营业自由的理念。商事审判应当尊重当事人意思自治，不轻易认定合同无效；慎重调整违约金，严厉制裁违约、失信、欺诈行为；严格情势变更的适用条件，防止当事人转嫁正常的商业风险。（2）全面保护商主体正当利益的理念。商事审判应当旗帜鲜明地依法保护和鼓励商主体通过正当竞争手段和合法投资途径去获取经济利益。还应当树立有偿性判断思维，充分注意到理性的商主体通常不会从事不计成本的经营活动，商事合同当事人对有偿还是无偿没有约定的，一般应推定为有偿；应当加强对诚信守约方可得利益的保护。其实，可得利益赔偿并非使守约方获得了额外的利益，而是对其正常商业利润和利益的保护。（3）促进商事交易便捷高效的理念。商事法官应当树立高效裁判的思维，市场经济体制越完善，市场经济秩序越规范，商事活动流转越快捷，市场主体对法官的效率要求也就越严格。（4）维护商事交易安全的理念。应当保证商事裁判标准的统一。此外，还应当重视外观法理和无因性法理的制度功能，严格把握商主体法定、公示主义、外观主义和严格责任等要求，注重和强化对交易相对人的利益维护。除此以外，商事审判应当格外关注判决方式在推进社会管理创新方面所发挥的不可替代的作用。商事案件的调解难度普遍大于民事案件，过分强调夸大商事审判中调解的作用有违商事审判规律，可能会对商事审判的健康发展产生消极影响。一项商事交易是否安全，或者交易主体

---

① 李志刚、张颖：《从经济审判到商事审判——名称、制度及理念之变》，《法律适用》2010 年第 11 期。

判断交易安全系数的成本是否适当，在很大程度上取决于商事裁判的确定性和可预测性。相对传统民事审判而言，商事审判应当重视发挥判决方式具有的确立行为规则、规范引导市场主体行为的功能，实实在在地推进社会管理创新。[①]

另有观点认为，商事审判的法官应该在全面了解商事审判特殊性的基础上，确立商法意识，尊重商事审判自身的客观规律，树立符合商事审判要求的裁判理念：（1）树立尊重意思自治和权利本位的理念。商事审判应谨慎介入市场主体的自治领域，充分尊重当事人对合同的自由权利和公司的自治权利，不轻率地以司法判断取代商业判断。（2）树立促进商事交易效率与安全并重的理念。商事审判要依法鼓励和保护商主体通过正当交易手段和合法途径去获取经济利益。商事审判要严格把握商主体法定、公示主义、外观主义和严格责任主义的要求，正确适用法律，强化对交易相对方的利益维护。（3）树立保护善意交易相对人的理念。商事审判在充分尊重当事人合同自由的同时，要重视对商主体资格的审查，注意外观主义的适用，尽可能维持商主体及其内外部法律关系的相对稳定，加强对交易相对人权利的司法保护。（4）树立商法优先适用和尊重商事交易规则惯例的理念。商事审判中应当坚持特别法优于普通法的法律适用原则，注意商法的特殊规定，当商法规范与民法规范存在冲突时，应优先适用商法规范。商事审判应尊重并重视行业组织章程、会计师协会和交易所等中介机构或自律组织的业务规则，并将其作为审理商事案件时的重要参考依据。同时，要充分关注和掌握最新的经济政策，并贯彻到商事审判中去。由于商事经济环境的变化发展很快，商事成文法相应地表现出滞后性。商事审判应在法律和政策面临冲突时进行正确的价值判断，作出合乎理性的判决，充分发挥商事审判对商事交易的规范和引导功能。[②]

有学者认为，应树立正确的商事纠纷裁判理念，实现商事裁判行为的法律效果、社会效果与政治效果的有机统一。（1）裁判机构应充分关注商人的营利性。商人的营利性决定了，商人之间的商事契约关系应当合乎

---

① 胡道才：《发挥商事审判的规制指引功能推进社会管理创新》，《人民司法·应用》2011 年第 1 期。

② 余冬爱：《民、商区分原则下的商事审判理念探析》，《人民司法·应用》2011 年第 3 期。

商人之间公平合理的商业逻辑，充分体现商人的营利模式。商人的营利性决定了，即使商人之间未明确约定商事活动的有偿性，裁判者也应采取有偿推定的裁判态度。（2）裁判机构应充分关注商人的专业性。商人是以营利为目的，以反复、经常、持续从事特定商事活动为业的民事主体。商人的专业性决定了三项重要原则：一是商人在与非商人开展商事活动时应当负有较重的信息披露义务；二是在商人在与非商人开展商事活动时应当负有较高程度的谨慎和注意义务尤其是尽职调查义务；三是商人与非商人就商人营业范围内的商事活动发生争讼时，商人应当承担更重的举证责任。（3）裁判机构应充分尊重商人的意思自治。根据意思自治精神，裁判者不仅要尊重商人的自治行为，也要商事关系各方当事人基于意思自治精神达成的契约或契约型安排。凡是不违反强行性法律规定、诚实信用原则和公序良俗原则，不损害社会公共利益的商事行为均属有效。（4）裁判权的能动性、谦抑性与中立性。就裁判权的能动性而言，裁判者应当把商事争讼的双方当事人视为裁判机构的顾客和消费者。市场会失灵，政府也会失灵。但法院和仲裁机构不能失灵。在意思自治机制失灵后，法院和仲裁机构应当有所作为。裁判权（包括司法权与仲裁权）的介入目的不是吞没和否定意思自治精神，而是康复和弘扬意思自治精神。因此，司法权介入的底线是不能威胁和动摇意思自治精神。裁判机构一旦启动商事案件裁判程序，就应恪守裁判权的中立性。①

有学者对商事审判独立化的设计理念是：（1）效益优先的审判理念。效益优先的审判理念也可表述为重效率的审判理念。判断商事审判合理性和合法性的主要依据不是看权利义务的分配或收益与风险的分担是否对等，而是看审判结果是否有利于促进社会经济发展与社会财富的增加，即强调审判结果的经济合理性。（2）侧重动态保护和强调利益均衡的审判理念。商法侧重于对动态交易活动的保护，强调对第三人尤其是善意第三人利益的保护。此外，在进行商事审判中，法官必须结合当事人的价值诉求、社会的公共利益、主流价值倾向、公共政策、公众舆论及社会效果等各种情况确定利益衡量的价值准则。（3）尊重当事人意思自治的审判理念。商事审判思维要求法官充分尊重当事人的合同自由权利和公司自治权

① 刘俊海：《法官如何裁决商人纷争——怎么看转变商事裁判理念》，《人民法院报》2012 年 2 月 27 日第 002 版。

利，维护交易的稳定性，谨慎介入市场主体的自治领域，不轻率地以司法判断取代商业判断。（4）促进商事交易效率与安全并重的理念。一方面，商事审判要依法鼓励和保护商主体通过正当交易手段和合法途径去获取经济利益。另一方面，商事审判要严格把握商主体法定、公示主义、外观主义和严格责任主义的要求，正确适用法律，强化对交易相对方的利益维护。①

　　随着我国商法规范独立的观念深入人心，商法所具有的区别于民法的特性被普遍关注和认同，商法特有的制度结构进一步完善，围绕着商法的解释和适用的商事审判活动，在理念上将会提升到更高的层次。可以预见的是，有关商事审判的理念的讨论还将持续下去。

---

① 赵万一：《商法的独立性与商事审判的独立化》，《法律科学》2012 年第 1 期。

第 九 章

商法基础理论研究的展望

一 我国商法基础理论研究的广度

21 世纪以来，我国商法学者在 20 个世纪 90 年代兴起的商法研究的基础上，继续推进和深化商法基础理论的研究，成效显著。在 21 世纪初，我国商法学者自己都在担忧何为商法？也正是因为存在这样的忧患意识，商法学界从多个角度和层面展开了商法的理念、商法的独立性、商法和民法的关系、商法的法典化路径、商法的基本原则以及具体的商法制度（如商事主体、商行为、商事登记等）的规模化研究，产生了积极的社会影响和学术影响。商法学作为一个独立的最富朝气的应用法学学科，其研究视野正在向纵深和全面的方向不断拓展。

从广度而言，商法学者的研究视界已经遍及商法的基础理论、商事单行法的基础理论、商法规范的适用、商法的法典化（含商事单行法的立法及完善）以及商事审判等方面。商法学的研究内容不仅包括对我国国内法的研究，还包括对域外商法的研究。尤其是对域外商法的研究范围，不再局限于有商法典的德国、法国以及英美等主要国家的商事制度的借鉴比较，商法学者更以全球化的研究视野扩展到了包括地区性国际组织欧盟、发达经济体的俄罗斯和日本，以及市场经济相对发达的南美诸国的商事立法和实务的比较研究层面。在这个层面，域外商法制度及其观念学说的研究在我国已经形成了相当的规模，成为我国学者研究商事立法的有力支撑。

从深度而言，商法基础理论对于商法制度及其观念的发展所具有的导向意义，始终处于学术研究的不断挖掘之中，学者的研究已经跳出了商法的"经院式"的概念分析的层面，将研究的视角延伸到了商事单行法的立法和法律适用层面，提出了许多创造性的研究成果。一方面，我国学者提出了创制我国"商法通则"的理论，这个研究成果虽然没有被立法实践采纳，但其理论导向的意义是深远的，创新型的立法研究思路及其作用当可以普遍推广于我国商法研究的各个方面。另一方面，我国学者十分注重利用商法基础理论评价和分析我国涉及公司、证券、票据、保险、破产、信托等商事单行法的适用和完善，并基于我国商事单行法的具体制度和观念的研究，从中寻找出我国商法基础理论的素材；有关的商事单行法规范发生变动的原因、机理以及变动后的效果等研究成果，不断地体现在商法基础理论的研究中，推动着商法基础理论研究向纵深发展。在商法学科研究的深度方面，我国商法学科已经初步实现了商法基础理论与商事单行法研究之间的有效衔接，并逐步习惯了从我国市场经济发展的角度对商法的地位、作用与功能进行重新认识的研究路径，开始真正架构商法作为独立部门法的功能规范与运行机制的理论基础。

目前，从理论和实务上看，几乎不再有人否认我国商法独立存在的事实了。这是我国商法基础理论21世纪以来的研究成效。

二　我国商法与民法的关系

与其说商法与民法的关系问题是个实践问题，不如说在我国更加是个理论问题，我国商法理论要比实践更多地关注商法与民法的关系问题。

我国商法是在民法的基础上发展和成熟起来的法治现象，但长期以来的许多固有的民法理念和制度体系严重地束缚了我国商法的发展空间，这似乎成为我国商法基础理论发展的一种忧虑。我国的市场经济环境及其发展已经造就"民法"和"商法"的界限日益模糊的客观现实，若我们的法学理论仍然固守"普通法和特别法"的关系论，即使强调商法为民法的特别法，也难以从根本上解决我国商法发展的各种问题，势必还会继续对我国商法的发展产生局限。

"普通法和特别法"的关系论，在商法的规范适用层面具有一定的意义，但却严重地束缚了商法的立法论基础以及商法的理论研究空间，这实际上并不符合我国商法的实际发展状况。如果我们已经充分认识到，商法和民法的关系并非简单的"普通法和特别法"的关系，商法学科的发展受民法理论束缚的忧虑将被极大地缓解。我国商法学科研究的状况，事实上并没有人们担心的那样，因为商法和民法的关系受到了严重束缚。自21世纪以来的研究，我国学者立足于我国商法的动态发展和现实状态，在基础理论和商事单行法的一般制度层面提出了一系列的重要观点和建议，极大地丰富了我国商法基础理论研究的内容，直接推动了我国商法的独立自主的发展。尽管我国尚未制定名为"商法"的法律，但支撑商法的独立存在和发展的商法学或者观念并没有因此受到太大的影响，反而日益受到社会各个层面的重视，商法学者有关我国商法的独立发展思路的诸多研究，在许多方面虽具有摆脱商法发展的局限性的理论束缚的目的或学术价值，但在客观上开阔了我国商法基础理论研究的视野并拓展了其研究的空间。在基础理论领域，尽管学者们在关注点上与以往相比并未发生重大的变化，依旧集中在商法与民法的关系以及商法的立法模式等方面，但在认识上却是有所突破的。近年来，在前期积累的基础上，学者们开始从研究内容、研究方法以及研究角度创新等方面寻求商法基础理论的突破，力图建立独立的能够真正体现商法特点的商法理论体系。我国学者从商法的渊源、惯例的地位、法典崇拜、法官的作用、法的确定性与灵活性、提高立法质量等方面，尝试性地剖析了民法、商法的关系。同时，商法学者也已经认识到，我国的商法基础理论研究似乎不能离开我国民法已经构建的理论模型，但基于民法的理论模型，并以商法的自身特性和自身的发展规律为内容，商法的理论和制度体系是完全可以在既有的民法理论基础上获得发展的。我国学者也初步认识到，我国未来的商法基础理论不应当过于在乎民法的基础评价意义，也没有必要非要在民法和商法之间划出一条边界，如果我们放平心态并充分认识到商法是在民法基础上的理论与制度的"重构"或"续创"，我国商法理论研究和应用的空间将会被有效拓展。但是，这些初步的认识并没有获得商法学科的普遍认同，还有进一步拓展研究方法和思路的巨大空间。

我们不能回避这样的现实，我国的商法基础理论研究尽管在一定程度上受到了我国商法与民法的关系的影响，但更为严重的问题则是，我国有关商法与民法的关系问题的研究，以及与之相关的商法的立法论研究，始终没有摆脱大陆法系商法所确立的制度传统和理论模型的束缚。如果这个结论成立，可以说我国商法学者还没有真正展开具有深度的有我国特色的商法基础理论研究。这实际上就会涉及一个基本问题，我国商法的理念如何？基础理论研究如果在我国的商法理念问题上有所突破，商法与民法的关系或许就清楚了。

我国学者已经充分认识到商法理念在发展商法学以及拓展我国的商法

制度方面所具有的不可替代性，但究竟应当如何认识、确立我国的商法理念，并没有形成共识。对于决定我国商法发展面貌的商法理念，我国学者始终在探讨中。这个问题如果没有定论，很难说我国存在成熟的商法学。从我国商法研究的历史及现状分析，商法学界对商法学研究的基本理念以及如何具体贯彻实施从来没有清晰的思路和全盘的考虑，致使商法学的研究一方面以"经院式"的研究方式思考市场实践问题，另一方面又以"技术派"的研究视角分析商法的法理困境。在研究路径与研究目标都不十分准确的情形下，商法学者的许多汗牛充栋的基础理论研究成果，或者在内容上过多地依赖了域外商法的制度素材和理论积累，或者理论研究有创造性但与实践严重脱节而被束之高阁，不能不说与我国缺乏自己的商法理念有关。我国学者已经习惯于从域外商法制度和观念中"拿过来若干理念"作为我国商法的理念，这在研究方法上就存在固有的缺陷；从我国的商事立法和商事司法实务的本土经验中"提炼总结"出我国商法的理念，尚没有成为我国商法学者的基本研究范式。也正是因为这个原因，我国有关商法理念的研究对于我国的商事立法和司法实务仅产生了相当有限的影响。商法理念的缺乏是导致我国商法很不发达的重要原因，也是我国商法基础理论研究难以突破的一个重要因素。21 世纪以来，我国商法基础理论的研究可以说是比较全面的，已经在相当程度上关注着我国商法的实践问题，并在研究内容上更多地融入了我国商法发展的本土资源。但在总体内容上看，商法基础理论研究还是过多地依赖了域外商法的制度积累和学说经验。我国商法基础理论的发展，若不是集中力量于我国商法发展的本土经验，而过多地在域外法上寻找建构我国商法学的理论模型或体系，那么商法理论研究的生命力是值得怀疑的，毕竟我国目前所处的社会经济文化法治状况已经与我国商法理论经常参照的域外商法发展的背景具有本质上的差异。在这个方面，我们期待学者在挖掘我国商法发展的本土资源方面有更加全面和深入的剖析和论证，并能够坚持和突出中国特色，形成真正推动我国商法基础理论、立法和司法实务发展的研究结论和观点。

三 我国商法的基础理论体系与范畴

基础理论的研究水平往往是衡量一个学科成熟与否的重要标志。作为市场交易基本法律形态的商法，本应当有完善严密的制度规则以及相应的理论体系。但十分遗憾的是，由于我国欠缺商法的传统和历史，尤其是长期以来，我国商法学界重实务、轻理论，因而在我国构建市场经济法律体系的过程中，商法基础理论研究始终没有做好足够的符合我国商法制度体系发展的准备。从总体上看，作为从民法边缘部分成长起来的商法学科，在21世纪以来的基础理论研究取得了巨大成就，但始终未能摆脱民法基本制度与理论体系的阴影，商法学者在有关民商关系、商法立法模式等涉及民法和商法的关系问题上投入过多，似乎与我国民商事立法的实践保持了相当的距离。再者，商法基础理论研究太过于关注大陆法系商法所建构的制度观念，诸如涉及商主体（商人）、商行为、商事关系等基础问题的界定，研究成果多有流于形式和漂浮于概念上的嫌疑，能富有成效地满足我国商事立法和司法实务需求的基础理论研究成果并不多。就我国目前商法研究现状看，商法基础理论研究存在研究成果"静态有余，动态不足"的现象，商法基础理论的发展尤其是理论体系的构建远远落后于我国的商事立法实践。有一种现象应当引起注意，我国商法学者在基础理论研究的内容方面，多是各自画各自的"商法图景"，多少显得有些内容模糊和混乱，实际上也影响了我国商法基础理论的深度发展。从这些方面看，我国商法基础理论研究在内容上"空想"大于"实践"，暂且不说是否有些"幼稚"，至少是滞后于我国的商事立法实践和司法实务。理论与实践相结合的思维范式，在商法基础理论的研究方面并没有产生应有的成效。

随着全球经济一体化和科学技术手段的高速发展，商事活动日益现代化、复杂化和全球化，现代商事法的动态化已经成为商法与传统民法相区别的一个显著特点。这就需要我国商法学者以动态的视角来研究我国商法，构建具有中国特色的商法理论体系。

涉及商法基础理论研究的诸多问题在我国已经被反复提出，并处于不断的持续研究状态中。在研究方法上，我国的商法基础理论研究不应当再局限于长期以来推崇的概念法学的解释论方法，需要逐步脱离大陆法系商法（典）已经划定的商法结构、制度体系和观念的束缚，真正研究具有我国特点的商法基础理论。我国的商事法治的动态发展及其环境，为商法基础理论的研究提供了独有的素材，我们可以借用概念法学上的某些商法术语，来解释和对待我国正在发展中的商法现象，但其内容应当是中国式的。商法为应用法学，概念法学的研究方法具有局限性，难以动态地展现我国商事法治自身所具有的特点和发展趋势，商法的动态研究需要立足于历史分析和比较分析，但更重要的是运用法经济分析和案例实证分析来研究我国已经存在的现实问题。商法及其学科在我国的发展并没有传统的大陆法系商法的历史传承，完全是在我国改革开放后独立自主发展起来的，故其内涵和外延在理论和实践中存在争议。我国学者在 21 世纪的研究，已经解决了不少有关商法的存在之争议，并探寻了我国商法所具有的独立发展特性，而且在这个过程中，我国商法学科的发展也融入了更多的市场经济活动的因素。在这个意义上，商法基础理论已经将具有鲜明的交易性质的法律纳入了商法的范畴进行研究。学者就我国商事立法的质量、规范定位、适用基准等内容进行了理论与实践相结合的研究，尤其关注着商事单行法规范的解释与适用等具体实践问题，明确提出许多完善适应市场经济发展规律的商事立法的理论和建议。但如何能从我国市场经济最为关注而又发展迅速的商事单行法的研究中，抽象出商法的基础理论或者构建商法的基础理论体系，仍然是一个具有挑战的科研课题。商法观念在我国的独立化，意味着我国的学术界不再以民法的理念、原则和制度来简单地评价商法了，商法应当有其自成体系的理念、原则和制度；商法的解释和适用应当独立并发展成为一个独立的最富朝气的法学学科。我国商法的动态发展，将促成我国商法基础理论的开放性研究，商法基础理论研究不会是一个封闭的形态，应当更加具有包容性，不断容纳更多的涉及交易性质的法律，后续的研究会更有活力。我国商法基础理论研究若能在这一点有所突破，就不会再是肤浅的、幼稚的，一定会走向成熟。

我们不能不注意到域外的商事法治经验对我国商事法治的影响，不论是在商事法治理论还是在商事立法和实务领域，其影响都是巨大的。改革开放以来，我国在短时期内颁布了相当数量的商事法律和法规，从商法现代化模式上表现为外力和内力的共同推进，使商事法律制度在形式上具备了现代特征。这些商事法律规范蕴涵着现代商法的法律程序和法律意识，但是，这些法律程序和法律意识在我国是否已经达到了实质性现代化，则是有所疑问的。究其原因，与缺乏现代商法意识形态密切有关。在全球化背景下，如何借鉴和移植，适时而适当地重构我国的商法体系和规则，已成为我国法律变革之重要环节。我国商法对现代商法的借鉴与移植中有个目标、重点和选择的问题。我们的目标是要借鉴和移植那些能充分反映现代市场经济发展要求的商法理念和具体商法制度。在具体商法制度和商法理念上，重点应放在对现代商法理念的借鉴，这是创新我国商法的关键步骤。毕竟，我国商法是随着我国市场经济体制的建立和发展而逐步发展起来的，应当具有十分明显的本土特色；但在借鉴域外法经验的场景下，我国已经具有什么样的本土经验以及这些本土经验所发挥的效果如何，常常被理论研究所忽视，这恰恰是我们动态研究我国的商事法治所必须关注的问题，更是十分棘手的问题。发展我国的商法学科，借鉴国际经验，吸收国外成熟制度的有益启示，取长补短，固然重要；但立足本土，"本国问题中心主义"应当成为我国商法学者基础理论研究的基本出发点。我国特殊的历史文化背景以及转型时期特定的社会经济环境，决定了我国商法理论本土化的重要性；即便在商法高度国际化的背景下，对本土环境的理解和把握，仍然是决定我国商法制度及其理念发展和演变的决定性因素。我们期待着我国商法基础理论体系的建构，更加期待具有我国本土特色的商法基础理论体系的建构。

关键词索引

参 考 文 献

著作

1. 陈本寒主编：《商法新论》，武汉大学出版社 2009 年版。

2. 陈剑平编：《商法学教程》，上海大学出版社 2005 年版。

3. 陈康华：《商法概论》，上海教育出版社 2002 年版。

4. 陈醇：《商行为程序研究》，中国法制出版社 2006 年版。

5. 范健：《德国商法：传统框架与新规则》，法律出版社 2003 年版。

6. 范健主编： 《商法》，高等教育出版社、北京大学出版社 2002 年版。

7. 范健主编：《商法》，高等教育出版社 2007 年版。

8. 范健主编：《商事法律报告》（第一卷），中信出版社 2004 年版。

9. 范健、王建文：《商法基础理论专题研究》，高等教育出版社 2005 年版。

10. 范健、王建文：《商法论》，高等教育出版社 2003 年版。

11. 范健、王建文：《商法的价值、源流及本体》，中国人民大学出版社 2007 年版。

12. 樊涛、王延川：《商法总论》，知识产权出版社 2006 年版。

13. 樊涛、王延川：《商事责任与追诉机制研究：以商法的独立性为考察基础》，法律出版社 2008 年版。

14. 方新军： 《现代社会中的新合同研究》，中国人民大学出版社 2005 年版。

15. 封丽霞：《法典编纂论——一个比较法的视角》，清华大学出版社 2002 年版。

16. 高在敏：《商法的理念与理念的商法》，陕西人民出版社 2000 年版。

17. 高在敏、王延川、程淑娟编著：《商法》，法律出版社 2006 年版。

18. 高晋康编：《商法》，浙江大学出版社 2009 年版。

19. 官欣荣主编：《商法原理》，中国检察出版社 2004 年版。

20. 郭晓霞：《商行为与商主体制度研究》，中国人民公安大学出版社 2010 年版。

21. 顾耕耘：《商法教程》，上海人民出版社 2001 年版。

22. 顾功耘主编：《商法》，上海人民出版社 2001 年版。

23. 顾功耘、沈贵明编：《商法专题研究》，北京大学出版社 2009 年版。

24. 顾肖荣：《商法的理念与运作》，上海人民出版社 2005 年版。

25. 郭娅丽：《营业转让法律制度研究》，法律出版社 2012 年版。

26. 何勤华、魏琼主编：《西方商法史》，北京大学出版社 2007 年版。

27. 胡志民、周建平等编著：《商法学》，立信会计出版社 2006 年版。

28. 金涛、阮利编：《商事法律运用》北京大学出版社 2012 年版。

29. 蒋大兴：《公司法的展开与评判——方法、判例、制度》，法律出版社 2001 年版。

30. 李克武：《公司登记法律制度研究》，中国社会科学出版社 2006 年版。

31. 李黎明等：《商法教程》，首都经济贸易大学出版社 2002 年版。

32. 李惠阳：《商主体登记法律制度研究》，对外经济贸易大学出版社 2009 年版。

33. 李平主编：《商法基本理论问题研究》，四川大学出版社 2007 年版。

34. 雷兴虎：《商主体法基本问题研究》，中国检察出版社 2007 年版。

35. 雷兴虎等：《商法概论》，清华大学出版社 2011 年版。

36. 林刚主编：《商法学论点要览》，法律出版社 2004 年版。

37. 林嘉主编：《外国民商法》，中国人民大学出版社 2000 年版。

38. 林嘉主编：《商法总论教学参考书》，中国人民大学出版社 2002 年版。

39. 刘敏：《实践中的商法》，北京大学出版社 2011 年版。

40. 柳经纬、刘永光：《商法总论》，厦门大学出版社 2004 年版。

41. 刘永军：《商法学》，中国政法大学出版社 2004 年版。

42. 刘文主编：《商法学》，中国人民公安大学出版社 2011 年版。

43. 吕来明、李仁玉主编：《商法学》，北京大学出版社 2007 年版。

44. 苗延波：《中国商法体系研究》，法律出版社 2007 年版。

45. 苗延波：《商法总则立法研究》，知识产权出版社 2008 年版。

46. 彭真明、常健、江华：《商法前沿问题研究》，中国法制出版 2005 年版。

47. 覃有土主编：《商法学》，高等教育出版社 2004 年版。

48. 全先银：《商法上的外观主义》，人民法院出版社 2007 年版。

49. 任先行：《商法总论》，北京大学出版社、中国林业出版社 2007 年版。

50. 任先行、周林彬：《比较商法导论》，北京大学出版社 2000 年版。

51. 任尔昕、石旭雯：《商法理论探索与制度创新》，法律出版社 2005 年版。

52. 石玉颖主编：《商事登记制度与实践》，中国工商出版社 2009 年版。

53. 石少侠：《商法思考的印迹》，中国检察出版社 2008 年版。

54. 施天涛：《商法学》，法律出版社 2004 年版。

55. 汤玉枢、朱崇实编：《商法学》，厦门大学出版社 2009 年版。

56. 童列春：《商法学基础理论建构：以商人身份化、行为制度化、财产功能化为基点》，法律出版社 2008 年版。

57. 童兆洪：《商事审判的理论思辨》，人民法院出版社 2008 年版。

58. 王保树：《商法总论》，清华大学出版社 2007 年版。

59. 王保树主编：《中国商法》，人民法院出版社 2010 年版。

60. 王保树编：《商法》，北京大学出版社 2011 年版。

61. 王保树主编：《中国商法年刊（2004）》，黑龙江人民出版社 2005 年版。

62. 王保树主编：《中国商法年刊（2007）》，北京大学出版社 2008 年版。

63. 王保树主编：《商事法论集》，法律出版社 2007 年版。

64. 王保树主编：《商事法论集》，法律出版社 2008 年版。

65. 王保树主编：《商事法论集》，法律出版社 2009 年版。

66. 王利明等：《民法学》，法律出版社 2005 年版。

67. 王利明：《民法》，中国人民大学出版社 2000 年版。

68. 王作全主编：《商法学》，北京大学出版社 2002 年版。

69. 王璟：《商法特性论》，知识产权出版社 2007 年版。

70. 王建文：《中国商法立法体系：批判与建构》，法律出版社 2009 年版。

71. 王建文：《商法教程》，中国人民大学出版社 2009 年版。

72. 王兰：《管制罅隙下的自治：商事登记制度发展与模式反思》，法律出版社 2011 年版。

73. 王妍：《商事登记中公权定位与私权保护问题研究》，法律出版社 2011 年版。

74. 魏国君等：《变革中的平衡——中国商事法律制度更新初探》，法律出版社 2007 年版。

75. 吴建斌：《最新日本公司法》，中国人民大学出版社 2003 年版。

76. 谢怀栻：《外国民商法精要》，法律出版社 2006 年版。

77. 徐强胜：《商法学》，清华大学出版社 2012 年版。

78. 徐学鹿：《什么是现代商法——创新中国市场经济商法理论与实践的思索》，中国法制出版社 2003 年版。

79. 徐学鹿、梁鹏：《商法总论》，中国人民大学出版社 2009 年版。

80. 徐学鹿、吕来明编：《商法研究》（2011 年卷），法律出版社 2012 年版。

81. 薛夷风：《民商事组织形态法律制度的研究》，法律出版社 2011 年版。

82. 杨兆龙：《杨兆龙法学文集》，法律出版社 2005 年版。

83. 叶林、黎建飞主编：《商法学原理与案例教程》，中国人民大学出版社 2006 年版。

84. 于新循：《现代商人法纵论——基本理论体系的探寻与构建》，人民法院出版社 2007 年版。

85. 张民安、刘兴桂主编：《商事法学》，中山大学出版社 2002 年版。

86. 张民安：《商法总则制度研究》，法律出版社 2007 年版。

87. 张俊浩主编：《民法学原理》（修订第 3 版），中国政法大学出版社 2000 年版。

88. 张家镇等编：《中国商事习惯与商事立法理由书》，中国政法大学出版社 2003 年版。

89. 张璎主编：《商法总论》，北京大学出版社 2009 年版。

90. 曾大鹏：《商事物权与商事债权制度研究：兼议商法通则立法》，中国法制出版社 2012 年版。

91. 赵万一：《商法基本问题研究》，法律出版社 2002 年版。

92. 赵万一：《商法》，中国人民大学出版社 2009 年版。

93. 赵金龙：《商法学》，中国财政经济出版社 2004 年版。

94. 赵旭东主编：《商法学》，高等教育出版社 2007 年版。

95. 赵旭东主编：《商法学教程》，中国政法大学出版社 2004 年版。

96. 赵中孚主编：《商法总论》，中国人民大学出版社 2007 年版。

97. 朱羿锟：《商法学通论》，北京大学出版社 2009 年版。

98. 郑昆白主编：《商法》，中国政法大学出版社 2008 年版。

99. 周晖国：《商法本位论：商法作为独立法律部门的内在依据》，法律出版社 2010 年版。

100. 邹海林主编：《中国商法的发展研究》，中国社会科学出版社 2008 年版。

论文

1. 曹兴权：《商主体制度的逻辑理路与规范展开》，《北方法学》2008 年第 2 期。

2. 陈雪萍：《论商法的原则》，《社会科学论坛》2005 年第 10 期。

3. 陈运雄、蔡梅娥：《论我国商人概念的法律界定》，《求索》2005 年第 12 期。

4. 范健：《论我国商事立法的体系化——制定〈商法通则〉之理论思考》，《清华法学》2008 年第 4 期。

5. 范健：《我国〈商法通则〉立法中的几个问题》，《南京大学学报》2009 年第 1 期。

6. 范健：《商行为论纲》，《南京大学法律评论》2004 年秋季卷。

7. 范健、王建文：《商主体论纲》，《南京大学法律评论》2003 年春季号。

8. 樊涛：《商法通则：中国商事立法的应然选择》，《河南大学学报》（社会科学版）2008 年第 3 期。

9. 樊涛：《我国商主体法律制度的评判与重构》，《法治论丛》2006 年第 5 期。

10. 樊涛：《商事能力制度初探》，《法学杂志》2010 年第 4 期。

11. 樊涛：《我国商事责任制度的缺陷及重构》，《法商研究》2009 年第 4 期。

12. 樊涛：《商事法律责任制度的独立性探析》，《河南社会科学》2007 年第 6 期。

13. 冯翔：《商事登记行为的法律性质》，《国家检察官学院学报》2010 年第 3 期。

14. 冯果、柴瑞娟：《我国商事登记制度的反思与重构——兼论我国的商事登记统一立法》，《甘肃社会科学》2005 年第 4 期。

15. 官欣荣：《反思商法的法律地位——在制订〈商事通则〉的语境下展开》，《法学杂志》2009 年第 12 期。

16. 郭富青：《论我国商法体系的建构技术》，《法律科学》2008 年第 2 期。

17. 郭富青：《论商事登记制度的若干法律问题——兼论我国商事登记的改革与完善》，《甘肃政法学院学报》2002 年第 3 期。

18. 郭娅丽：《论营业转让制度的规范对象与立法模式——一个基础性分析框架》，《法学杂志》2010 年第 11 期。

19. 郭娅丽：《营业转让中财产移转规则的构建——民法中的"从物"理论及其现代应用》，《山西师大学报》（社会科学版）2011 年第 2 期。

20. 蒋大兴：《商人，抑或企业？——制定〈商法通则〉的前提性疑问》，《清华法学》2008 年第 4 期。

21. 蒋大兴：《商行为的法律适用——关于理性社会、交易预期与规则简化的宣言》，《扬州大学学报》2011 年第 2 期。

22. 蒋大兴：《审判何须对抗——商事审判"柔性"的一面》，《中国法学》2007 年第 4 期。

23. 雷兴虎：《"商事通则"：中国商事立法的基本形式》，《湖南社会科学》2004 年第 6 期。

24. 李振华：《论我国商事登记制度的建立与完善》，《理论界》2006

年第 2 期。

25. 李永军：《论商法的传统与理性基础——历史传统与形式理性对民商分立的影响》，《法制与社会发展》2002 年第 6 期。

26. 李少伟、王延川：《商法的规范对象——商事关系论要》，《甘肃政法学院学报》2005 年第 3 期。

27. 李建伟：《对我国商个人立法的分析与反思》，《政法论坛》2009 年第 5 期。

28. 李凡、陈国奇：《营业财产独立性辨析》，《政治与法律》2008 年第 3 期。

29. 李凡、陈国奇：《营业转让中的债务承担》，《北京仲裁》2010 年第 4 期。

30. 李后龙：《中国商事审判的演进》，《南京大学法律评论》2006 年春季号。

31. 李后龙：《商法思维与商事审判》，《南京社会科学》2004 年第 11 期。

32. 李志刚、张颖：《从经济审判到商事审判——名称、制度及理念之变》，《法律适用》2010 年第 11 期。

33. 李春：《民、商区分立场下的商事归责研究》，《人民司法·应用》2010 年第 19 期。

34. 李振华：《论我国商事登记制度的建立与完善》，《理论界》2006 年第 2 期。

35. 李少伟、王延川：《商法的规范对象——商事关系论要》，《甘肃政法学院学报》2005 年第 3 期。

36. 林敏：《商法基本原则研究》，《中国人民大学学报》2002 年第 4 期。

37. 林艳琴：《对我国商自然人法律制度的审视》，《政法论坛》2009 年第 1 期。

38. 刘文科：《营业：商法上的特殊客体》，《政法论坛》2010 年第 5 期。

39. 刘保玉、陈龙业：《析商事通则与民法一般规则的关系——商事通则立法的可行性悖议》，《河南省政法管理干部学院学报》2005 年第 4 期。

40. 刘云升：《商事通则构造论》，《河北法学》2007 年第 4 期。

41. 刘小勇：《营业转让与股东大会的决议》，《清华法学》2010 年第 5 期。

42. 刘小勇：《论营业转让人的竞业禁止义务——以日本法为中心展开》，《太平洋学报》2009 年第 10 期。

43. 吕来明：《论我国商主体范围的界定》，《北方法学》2008 年第 4 期。

44. 苗延波：《论商法的独立性》，《河南省政法管理干部学院学报》2008 年第 1 期。

45. 苗延波：《论中国商法的立法模式（下）——兼论〈商法通则〉的立法问题》，《法学评论》2008 年第 2 期。

46. 马建兵、任尔昕：《我国商主体法律制度的构建》，《国家检察官学院学报》2008 年第 2 期。

47. 马齐林：《商法的价值论》，《黑龙江政法管理干部学院学报》2002 年第 2 期。

48. 倪浩嫣：《再论商人》，《法学杂志》2009 年第 11 期。

49. 潘勇锋：《试论营业转让中债权人保护》，《人民司法》2011 年第 19 期。

50. 钱玉林：《商法的价值、功能及其定位——兼与史际春、陈岳琴商榷》，《中国法学》2001 年第 5 期。

51. 秦亚东、马楠：《我国商主体登记制度相关立法检讨——以立法目的为理论尺度》，《黑龙江省政法管理干部学院学报》2010 年第 6 期。

52. 任尔昕：《我国商事立法模式之选择——兼论〈商事通则〉的制定》，《现代法学》2004 年第 1 期。

53. 任尔昕、张完连：《论营业转让与商号转让》，《甘肃社会科学》2007 年第 2 期。

54. 石少侠：《我国应实行实质商法主义的民商分立——兼论我国的商事立法模式》，《法制与社会发展》2003 年第 5 期。

55. 石旭雯：《商事外观主义的法律构成》，《河北法学》2009 年第 5 期。

56. 史际春、陈岳琴：《论商法》，《中国法学》2001 年第 4 期。

57. 史际春、姚海放：《再论商法》，《首都师范大学学报》2003 年第

1 期。

58. 石慧荣：《商业登记的制度检讨与立法展望》，《西南民族大学学报》（人文社科版）2008 年第 7 期。

59. 史玉成、王卿：《论营业资产转让的法律效力》，《政法论丛》2011 年第 3 期。

60. 孙英：《营业财产：特殊的财产形态》，《山东审判》2008 年第 6 期。

61. 田东平、陈敦：《论商业登记的法律效力》，《北京工商大学学报》（社会科学版）2002 年第 6 期。

62. 王保树：《商事通则：超越民商合一与民商分立》，《法学研究》2005 年第 1 期。

63. 王保树：《商事审判的理念与思维》，《山东审判》2010 年第 2 期。

64. 王延川：《商事行为类型化及多元立法模式——兼论商事行为的司法适用》，《当代法学》2011 年第 4 期。

65. 王延川：《商法的独立性考察——以商法与民法的关系为对象》，《贵州大学学报》（社会科学版）2007 年第 4 期。

66. 王建文：《中国现行商法体系的缺陷及其补救思路》，《南京社会科学》2009 年第 3 期。

67. 王建文：《从商人到企业：商人制度变革的依据与取向》，《法律科学》2009 年第 5 期。

68. 王慧：《商事行为：界定、规制与立法设计》，《西部法学评论》2008 年第 2 期。

69. 王瑞龙、林蕾：《制定〈商法通则〉之利弊分析——兼论〈商法通则〉的体例安排》，《河北法学》2004 年第 1 期。

70. 王远明、唐英：《公司登记效力探讨》，《中国法学》2003 年第 2 期。

71. 王艳华：《以营业为视角解释商法体系》，《河北法学》2010 年第 5 期。

72. 夏雅丽、丁学军：《论商法的特征及基本原则》，《西北大学学报》2002 年第 2 期。

73. 肖海军：《论商主体的营业能力——以投资主体与营业主体的二

重结构为视角》，《法学评论》2011 年第 5 期。

74. 徐强胜：《商主体的类型化思考》，《当代法学》2008 年第 4 期。

75. 徐民、王丽娜：《营业价值理论视角下营业概念的扩张》，载《海南大学学报》（人文社会科学版）2009 年第 2 期。

76. 杨继：《商法通则统一立法的必要性和可行性》，《法学》2006 年第 2 期。

77. 叶林：《商行为的性质》，《清华法学》2008 年第 4 期。

78. 叶林：《试论商业登记的法律性质》，《中国工商管理研究》2011 年第 11 期。

79. 叶林：《营业资产法律制度研究》，《甘肃政法学院学报》2007 年第 1 期。

80. 余能斌、余立力：《制定"民商法律总纲"完善民商法律体系》，《武汉大学学报》（社会科学版）2002 年第 6 期。

81. 于新循、刘乃睿：《解析我国商自然人的法律形态》，《云南行政学院学报》2007 年第 1 期。

82. 喻胜云：《商事严格责任的阐释》，《西部法学评论》2009 年第 1 期。

83. 余竹旗：《论营业转让中的债权人保护》，《安徽大学学报》（哲学社会科学版）2009 年第 2 期

84. 张辉、叶林：《论商法的体系化》，《国家检察官学院学报》2004 年第 5 期。

85. 张洪松：《商人概念的反思与重构——基于〈深圳特区商事条例〉的研讨》，《甘肃政法学院学报》2011 年第 1 期。

86. 张民安：《附属商行为制度研究》，《南京大学法律评论》2004 年春季号。

87. 张如海：《试论我国营业转让法律制度之构建》，《法学杂志》2010 年第 10 期。

88. 曾大鹏：《商法通则：扬弃民商分立与民商合一》，《法学杂志》2008 年第 5 期。

89. 曾大鹏：《从法理到法条的转换：评苗延波先生的〈商法通则〉草案建议稿》，《河北法学》2010 年第 7 期。

90. 郑在义：《论我国商主体的法定化》，《国家检察官学院学报》

2006 年第 3 期。

91. 赵万一：《论民商法价值取向的异同及其对我国民商立法的影响》，《法学论坛》2003 年第 6 期。

92. 赵万一、叶艳：《论商主体的存在价值及其法律规制》，《河南省政法管理干部学院学报》2004 年第 6 期。

93. 赵万一：《商法的独立性与商事审判的独立化》，《法律科学》2012 年第 1 期。

94. 赵旭东：《〈商法通则〉立法的法理基础与现实根据》，《吉林大学社会科学学报》2008 年第 2 期。

95. 赵旭东：《商法的困惑与思考》，《政法论坛》2002 年第 1 期。

96. 朱慈蕴：《我国商事登记立法的改革与完善》，《国家检察官学院学报》2004 年第 6 期。

97. 朱慈蕴：《营业规制在商法中的地位》，《清华法学》2008 年第 4 期。

98. 朱慈蕴：《营业转让的法律规则需求》，《扬州大学学报》（人文社会科学版）2011 年第 2 期。

99. 周洪政：《对营业转让合同作为非典型合同的典型分析》，《湖南大学学报》（社会科学版）2011 年第 1 期。

100. 邹海林：《我国商法发展过程中的若干问题》，载渠涛主编《中日民商法研究》（第 3 卷），法律出版社 2005 年版。